De _____

Para _____

Pão Diário
Mulheres

Publicações
Pão Diário

© 2022 Ministérios Pão Diário. Todos os direitos reservados.

Autores:
Alyson Kieda • Amy Boucher Pye • Amy L. Peterson • Anne M. Cetas • Cindy Hess Kasper
Elisa Morgan • Ester Pirosca Escobar • Jennifer Benson Schuldt • Julie Schwab • Karen Huang
Karen Kwek • Karen Pimpo • Keila Ochoa Harris • Kirsten H. Holmberg • Linda Washington
Lisa M. Samra • Monica La Rose • Patrícia Raybon • Poh Fang Chia • Remi Oyedele
Ruth Wan-Lau • Xochtil E. Dixon • Yohana Ang

Coordenação editorial: Adolfo Hickmann
Tradução: editores do *Pão Diário*
Revisão: Dalila de Assis, Dayse Fontoura, Lozane Winter, Rita Rosário, Thaís Soler
Adaptação e edição: Rita Rosário
Projeto gráfico e capa: Audrey Novac Ribeiro
Foto da capa: © Shutterstock
Diagramação: Denise Duck Makhoul

Referências Bíblicas:
Exceto se indicado o contrário, as citações bíblicas foram extraídas da Bíblia Sagrada:
Nova Versão Transformadora © 2016, Editora Mundo Cristão

Proibida a reprodução total ou parcial, sem prévia autorização, por escrito, da editora.
Todos os direitos reservados e protegidos pela Lei 9.610, de 19/02/1998.

Pedidos de permissão para usar citações deste livreto devem ser direcionados a:
permissao@paodiario.org

Publicações Pão Diário
Caixa Postal 4190, 82501-970 Curitiba/PR, Brasil
publicacoes@paodiario.org
www.publicacoespaodiario.com.br
Telefone: (41) 3257-4028

Código: XT812
ISBN: 978-65-5350-033-4

1.ª edição: 2022 • 2.ª impressão: 2023

Impresso na China

Introdução

> *"O Senhor é abrigo para os oprimidos,*
> *refúgio em tempos de aflição. Quem conhece teu nome confia em ti,*
> *pois tu, Senhor, não abandonas quem te busca."*
> —Salmo 9:9-10

As meditações deste *Pão Diário — Mulheres* trazem orientações da Palavra de Deus como fonte perene de encorajamento, fé, esperança e *refúgio em tempos de aflição*. As autoras se empenharam em escrever textos que visam fortalecer a sua caminhada com Cristo. A sua dedicação e o seu empenho em buscar a Deus tornarão a leitura diária um caminho acessível e compreensível para você entender os propósitos de Deus. As Escrituras Sagradas nos edificam e nos ajudam a encorajar uns aos outros.

Quando desanimamos ou enfrentamos dificuldades, somos encorajadas por nossa fé em Deus e pela esperança de vida eterna que o Seu Filho nos prometeu. Bom é saber que podemos orar ao Senhor e depender dele, pois Ele tem planos para cada uma de nós e quer nos dar esperança e futuro (Jeremias 29:11).

Além disso, Ele ainda quer:
- Suster-nos quando lhe entregamos nossas preocupações (Salmo 55:22).
- Que sejamos fortes e corajosas, pois Ele não nos abandona (Deuteronômio 31:6).
- Que coloquemos nossa fé e esperança nele (Salmo 16:8; João 14:27).
- Que tenhamos o espírito de poder, amor e equilíbrio (2 Timóteo 1:7).
- Que sejamos fortalecidas por Ele (1 Pedro 5:7; Filipenses 4:13).

Portanto:
- Tenhamos coragem, pois a Bíblia é nossa fonte diária de encorajamento (João 14:27; 16:33).
- Tenhamos fé. Ele nos ampara com a Sua mão (Isaías 41:10).
- Tenhamos esperança. Ele renova nosso ânimo (2 Coríntios 4:16).

Que a nossa oração seja sempre de gratidão porque Deus é o nosso refúgio e força, sempre pronto a nos socorrer em tempos de aflição. Não temeremos quando vierem os vendavais e o oceano se revoltar! Nós nos alegraremos no Senhor, ainda que precisemos suportar muitas provações, pois a nossa fé está em Jesus. (Salmo 46:1-3; 1 Pedro 1:6).

A Bíblia em um ano

Janeiro

- 1 Gênesis 1–3; Mateus 1
- 2 Gênesis 4–6; Mateus 2
- 3 Gênesis 7–9; Mateus 3
- 4 Gênesis 10–12; Mateus 4
- 5 Gênesis 13–15; Mateus 5:1-26
- 6 Gênesis 16–17; Mateus 5:27-48
- 7 Gênesis 18–19; Mateus 6:1-18
- 8 Gênesis 20–22; Mateus 6:19-34
- 9 Gênesis 23–24; Mateus 7
- 10 Gênesis 25–26; Mateus 8:1-17
- 11 Gênesis 27–28; Mateus 8:18-34
- 12 Gênesis 29–30; Mateus 9:1-17
- 13 Gênesis 31–32; Mateus 9:18-38
- 14 Gênesis 33–35; Mateus 10:1-20
- 15 Gênesis 36–38; Mateus 10:21-42
- 16 Gênesis 39–40; Mateus 11
- 17 Gênesis 41–42; Mateus 12:1-23
- 18 Gênesis 43–45; Mateus 12:24-50
- 19 Gênesis 46–48; Mateus 13:1-30
- 20 Gênesis 49–50; Mateus 13:31-58
- 21 Êxodo 1–3; Mateus 14:1-21
- 22 Êxodo 4–6; Mateus 14:22-36
- 23 Êxodo 7–8; Mateus 15:1-20
- 24 Êxodo 9–11; Mateus 15:21-39
- 25 Êxodo 12–13; Mateus 16
- 26 Êxodo 14–15; Mateus 17
- 27 Êxodo 16–18; Mateus 18:1-20
- 28 Êxodo 19–20; Mateus 18:21-35
- 29 Êxodo 21–22; Mateus 19
- 30 Êxodo 23–24; Mateus 20:1-16
- 31 Êxodo 25–26; Mateus 20:17-34

Fevereiro

- 1 Êxodo 27–28; Mateus 21:1-22
- 2 Êxodo 29–30; Mateus 21:23-46
- 3 Êxodo 31–33; Mateus 22:1-22
- 4 Êxodo 34–35; Mateus 22:23-46
- 5 Êxodo 36–38; Mateus 23:1-22
- 6 Êxodo 39–40; Mateus 23:23-39
- 7 Levítico 1–3; Mateus 24:1-28
- 8 Levítico 4–5; Mateus 24:29-51
- 9 Levítico 6–7; Mateus 25:1-30
- 10 Levítico 8–10; Mateus 25:31-46
- 11 Levítico 11–12; Mateus 26:1-25
- 12 Levítico 13; Mateus 26:26-50
- 13 Levítico 14; Mateus 26:51-75
- 14 Levítico 15–16; Mateus 27:1-26
- 15 Levítico 17–18; Mateus 27:27-50
- 16 Levítico 19–20; Mateus 27:51-66
- 17 Levítico 21–22; Mateus 28
- 18 Levítico 23–24; Marcos 1:1-22
- 19 Levítico 25; Marcos 1:23-45
- 20 Levítico 26–27; Marcos 2
- 21 Números 1–3; Marcos 3
- 22 Números 4–6; Marcos 4:1-20
- 23 Números 7–8; Marcos 4:21-41
- 24 Números 9–11; Marcos 5:1-20
- 25 Números 12–14; Marcos 5:21-43
- 26 Números 15–16; Marcos 6:1-29
- 27 Números 17–19; Marcos 6:30-56
- 28 Números 20–22; Marcos 7:1-13

Março

- 1 Números 23–25; Marcos 7:14-37
- 2 Números 26–27; Marcos 8:1-21
- 3 Números 28–30; Marcos 8:22-38
- 4 Números 31–33; Marcos 9:1-29
- 5 Números 34–36; Marcos 9:30-50
- 6 Deuteronômio 1–2; Marcos 10:1-31
- 7 Deuteronômio 3–4; Marcos 10:32-52
- 8 Deuteronômio 5–7; Marcos 11:1-18
- 9 Deuteronômio 8–10; Marcos 11:19-33
- 10 Deuteronômio 11–13; Marcos 12:1-27
- 11 Deuteronômio 14–16; Marcos 12:28-44
- 12 Deuteronômio 17–19; Marcos 13:1-20
- 13 Deuteronômio 20–22; Marcos 13:21-37
- 14 Deuteronômio 23–25; Marcos 14:1-26
- 15 Deuteronômio 26–27; Marcos 14:27-53
- 16 Deuteronômio 28–29; Marcos 14:54-72
- 17 Deuteronômio 30–31; Marcos 15:1-25
- 18 Deuteronômio 32–34; Marcos 15:26-47
- 19 Josué 1–3; Marcos 16
- 20 Josué 4–6; Lucas 1:1-20
- 21 Josué 7–9; Lucas 1:21-38
- 22 Josué 10–12; Lucas 1:39-56
- 23 Josué 13–15; Lucas 1:57-80
- 24 Josué 16–18; Lucas 2:1-24
- 25 Josué 19–21; Lucas 2:25-52
- 26 Josué 22–24; Lucas 3
- 27 Juízes 1–3; Lucas 4:1-30
- 28 Juízes 4–6; Lucas 4:31-44
- 29 Juízes 7–8; Lucas 5:1-16
- 30 Juízes 9–10; Lucas 5:17-39
- 31 Juízes 11–12; Lucas 6:1-26

A Bíblia em um ano

Abril

- [ ] 1   Juízes 13–15; Lucas 6:27-49
- [ ] 2   Juízes 16–18; Lucas 7:1-30
- [ ] 3   Juízes 19–21; Lucas 7:31-50
- [ ] 4   Rute 1–4; Lucas 8:1-25
- [ ] 5   1 Samuel 1–3; Lucas 8:26-56
- [ ] 6   1 Samuel 4–6; Lucas 9:1-17
- [ ] 7   1 Samuel 7–9; Lucas 9:18-36
- [ ] 8   1 Samuel 10–12; Lucas 9:37-62
- [ ] 9   1 Samuel 13–14; Lucas 10:1-24
- [ ] 10   1 Samuel 15–16; Lucas 10:25-42
- [ ] 11   1 Samuel 17–18; Lucas 11:1-28
- [ ] 12   1 Samuel 19–21; Lucas 11:29-54
- [ ] 13   1 Samuel 22–24; Lucas 12:1-31
- [ ] 14   1 Samuel 25–26; Lucas 12:32-59
- [ ] 15   1 Samuel 27–29; Lucas 13:1-22
- [ ] 16   1 Samuel 30–31; Lucas 13:23-35
- [ ] 17   2 Samuel 1–2; Lucas 14:1-24
- [ ] 18   2 Samuel 3–5; Lucas 14:25-35
- [ ] 19   2 Samuel 6–8; Lucas 15:1-10
- [ ] 20   2 Samuel 9–11; Lucas 15:11-32
- [ ] 21   2 Samuel 12–13; Lucas 16
- [ ] 22   2 Samuel 14–15; Lucas 17:1-19
- [ ] 23   2 Samuel 16–18; Lucas 17:20-37
- [ ] 24   2 Samuel 19–20; Lucas 18:1-23
- [ ] 25   2 Samuel 21–22; Lucas 18:24-43
- [ ] 26   2 Samuel 23–24; Lucas 19:1-27
- [ ] 27   1 Reis 1–2; Lucas 19:28-48
- [ ] 28   1 Reis 3–5; Lucas 20:1-26
- [ ] 29   1 Reis 6–7; Lucas 20:27-47
- [ ] 30   1 Reis 8–9; Lucas 21:1-19

Maio

- [ ] 1   1 Reis 10–11; Lucas 21:20-38
- [ ] 2   1 Reis 12–13; Lucas 22:1-20
- [ ] 3   1 Reis 14–15; Lucas 22:21-46
- [ ] 4   1 Reis 16–18; Lucas 22:47-71
- [ ] 5   1 Reis 19–20; Lucas 23:1-25
- [ ] 6   1 Reis 21–22; Lucas 23:26-56
- [ ] 7   2 Reis 1–3; Lucas 24:1-35
- [ ] 8   2 Reis 4–6; Lucas 24:36-53
- [ ] 9   2 Reis 7–9; João 1:1-28
- [ ] 10   2 Reis 10–12; João 1:29-51
- [ ] 11   2 Reis 13–14; João 2
- [ ] 12   2 Reis 15–16; João 3:1-18
- [ ] 13   2 Reis 17–18; João 3:19-36
- [ ] 14   2 Reis 19–21; João 4:1-30
- [ ] 15   2 Reis 22–23; João 4:31-54
- [ ] 16   2 Reis 24–25; João 5:1-24
- [ ] 17   1 Crônicas 1–3; João 5:25-47
- [ ] 18   1 Crônicas 4–6; João 6:1-21
- [ ] 19   1 Crônicas 7–9; João 6:22-44
- [ ] 20   1 Crônicas 10–12; João 6:45-71
- [ ] 21   1 Crônicas 13–15; João 7:1-27
- [ ] 22   1 Crônicas 16–18; João 7:28-53
- [ ] 23   1 Crônicas 19–21; João 8:1-27
- [ ] 24   1 Crônicas 22–24; João 8:28-59
- [ ] 25   1 Crônicas 25–27; João 9:1-23
- [ ] 26   1 Crônicas 28–29; João 9:24-41
- [ ] 27   2 Crônicas 1–3; João 10:1-23
- [ ] 28   2 Crônicas 4–6; João 10:24-42
- [ ] 29   2 Crônicas 7–9; João 11:1-29
- [ ] 30   2 Crônicas 10–12; João 11:30-57
- [ ] 31   2 Crônicas 13–14; João 12:1-26

Junho

- [ ] 1   2 Crônicas 15–16; João 12:27-50
- [ ] 2   2 Crônicas 17–18; João 13:1-20
- [ ] 3   2 Crônicas 19–20; João 13:21-38
- [ ] 4   2 Crônicas 21–22; João 14
- [ ] 5   2 Crônicas 23–24; João 15
- [ ] 6   2 Crônicas 25–27; João 16
- [ ] 7   2 Crônicas 28–29; João 17
- [ ] 8   2 Crônicas 30–31; João 18:1-18
- [ ] 9   2 Crônicas 32–33; João 18:19-40
- [ ] 10   2 Crônicas 34–36; João 19:1-22
- [ ] 11   Esdras 1–2; João 19:23-42
- [ ] 12   Esdras 3–5; João 20
- [ ] 13   Esdras 6–8; João 21
- [ ] 14   Esdras 9–10; Atos 1
- [ ] 15   Neemias 1–3; Atos 2:1-21
- [ ] 16   Neemias 4–6; Atos 2:22-47
- [ ] 17   Neemias 7–9; Atos 3
- [ ] 18   Neemias 10–11; Atos 4:1-22
- [ ] 19   Neemias 12–13; Atos 4:23-37
- [ ] 20   Ester 1–2; Atos 5:1-21
- [ ] 21   Ester 3–5; Atos 5:22-42
- [ ] 22   Ester 6–8; Atos 6
- [ ] 23   Ester 9–10; Atos 7:1-21
- [ ] 24   Jó 1–2; Atos 7:22-43
- [ ] 25   Jó 3–4; Atos 7:44-60
- [ ] 26   Jó 5–7; Atos 8:1-25
- [ ] 27   Jó 8–10; Atos 8:26-40
- [ ] 28   Jó 11–13; Atos 9:1-21
- [ ] 29   Jó 14–16; Atos 9:22-43
- [ ] 30   Jó 17–19; Atos 10:1-23

A Bíblia em um ano

Julho

- [ ] 1 Jó 20–21; Atos 10:24-48
- [ ] 2 Jó 22–24; Atos 11
- [ ] 3 Jó 25–27; Atos 12
- [ ] 4 Jó 28–29; Atos 13:1-25
- [ ] 5 Jó 30–31; Atos 13:26-52
- [ ] 6 Jó 32–33; Atos 14
- [ ] 7 Jó 34–35; Atos 15:1-21
- [ ] 8 Jó 36–37; Atos 15:22-41
- [ ] 9 Jó 38–40; Atos 16:1-21
- [ ] 10 Jó 41–42; Atos 16:22-40
- [ ] 11 Salmos 1–3; Atos 17:1-15
- [ ] 12 Salmos 4–6; Atos 17:16-34
- [ ] 13 Salmos 7–9; Atos 18
- [ ] 14 Salmos 10–12; Atos 19:1-20
- [ ] 15 Salmos 13–15; Atos 19:21-41
- [ ] 16 Salmos 16–17; Atos 20:1-16
- [ ] 17 Salmos 18–19; Atos 20:17-38
- [ ] 18 Salmos 20–22; Atos 21:1-17
- [ ] 19 Salmos 23–25; Atos 21:18-40
- [ ] 20 Salmos 26–28; Atos 22
- [ ] 21 Salmos 29–30; Atos 23:1-15
- [ ] 22 Salmos 31–32; Atos 23:16-35
- [ ] 23 Salmos 33–34; Atos 24
- [ ] 24 Salmos 35–36; Atos 25
- [ ] 25 Salmos 37–39; Atos 26
- [ ] 26 Salmos 40–42; Atos 27:1-26
- [ ] 27 Salmos 43–45; Atos 27:27-44
- [ ] 28 Salmos 46–48; Atos 28
- [ ] 29 Salmos 49–50; Romanos 1
- [ ] 30 Salmos 51–53; Romanos 2
- [ ] 31 Salmos 54–56; Romanos 3

Agosto

- [ ] 1 Salmos 57–59; Romanos 4
- [ ] 2 Salmos 60–62; Romanos 5
- [ ] 3 Salmos 63–65; Romanos 6
- [ ] 4 Salmos 66–67; Romanos 7
- [ ] 5 Salmos 68–69; Romanos 8:1-21
- [ ] 6 Salmos 70–71; Romanos 8:22-39
- [ ] 7 Salmos 72–73; Romanos 9:1-15
- [ ] 8 Salmos 74–76; Romanos 9:16-33
- [ ] 9 Salmos 77–78; Romanos 10
- [ ] 10 Salmos 79–80; Romanos 11:1-18
- [ ] 11 Salmos 81–83; Romanos 11:19-36
- [ ] 12 Salmos 84–86; Romanos 12
- [ ] 13 Salmos 87–88; Romanos 13
- [ ] 14 Salmos 89–90; Romanos 14
- [ ] 15 Salmos 91–93; Romanos 15:1-13
- [ ] 16 Salmos 94–96; Romanos 15:14-33
- [ ] 17 Salmos 97–99; Romanos 16
- [ ] 18 Salmos 100–102; 1 Coríntios 1
- [ ] 19 Salmos 103–104; 1 Coríntios 2
- [ ] 20 Salmos 105–106; 1 Coríntios 3
- [ ] 21 Salmos 107–109; 1 Coríntios 4
- [ ] 22 Salmos 110–112; 1 Coríntios 5
- [ ] 23 Salmos 113–115; 1 Coríntios 6
- [ ] 24 Salmos 116–118; 1 Coríntios 7:1-19
- [ ] 25 Salmos 119:1-88; 1 Coríntios 7:20-40
- [ ] 26 Salmos 119:89-176; 1 Coríntios 8
- [ ] 27 Salmos 120–122; 1 Coríntios 9
- [ ] 28 Salmos 123–125; 1 Coríntios 10:1-18
- [ ] 29 Salmos 126–128; 1 Coríntios 10:19-33
- [ ] 30 Salmos 129–131; 1 Coríntios 11:1-16
- [ ] 31 Salmos 132–134; 1 Coríntios 11:17-34

Setembro

- [ ] 1 Salmos 135–136; 1 Coríntios 12
- [ ] 2 Salmos 137–139; 1 Coríntios 13
- [ ] 3 Salmos 140–142; 1 Coríntios 14:1-20
- [ ] 4 Salmos 143–145; 1 Coríntios 14:21-40
- [ ] 5 Salmos 146–147; 1 Coríntios 15:1-28
- [ ] 6 Salmos 148–150; 1 Coríntios 15:29-58
- [ ] 7 Provérbios 1–2; 1 Coríntios 16
- [ ] 8 Provérbios 3–5; 2 Coríntios 1
- [ ] 9 Provérbios 6–7; 2 Coríntios 2
- [ ] 10 Provérbios 8–9; 2 Coríntios 3
- [ ] 11 Provérbios 10–12; 2 Coríntios 4
- [ ] 12 Provérbios 13–15; 2 Coríntios 5
- [ ] 13 Provérbios 16–18; 2 Coríntios 6
- [ ] 14 Provérbios 19–21; 2 Coríntios 7
- [ ] 15 Provérbios 22–24; 2 Coríntios 8
- [ ] 16 Provérbios 25–26; 2 Coríntios 9
- [ ] 17 Provérbios 27–29; 2 Coríntios 10
- [ ] 18 Provérbios 30–31; 2 Coríntios 11:1-15
- [ ] 19 Eclesiastes 1–3; 2 Coríntios 11:16-33
- [ ] 20 Eclesiastes 4–6; 2 Coríntios 12
- [ ] 21 Eclesiastes 7–9; 2 Coríntios 13
- [ ] 22 Eclesiastes 10–12; Gálatas 1
- [ ] 23 Cânticos 1–3; Gálatas 2
- [ ] 24 Cânticos 4–5; Gálatas 3
- [ ] 25 Cânticos 6–8; Gálatas 4
- [ ] 26 Isaías 1–2; Gálatas 5
- [ ] 27 Isaías 3–4; Gálatas 6
- [ ] 28 Isaías 5–6; Efésios 1
- [ ] 29 Isaías 7–8; Efésios 2
- [ ] 30 Isaías 9–10; Efésios 3

A Bíblia em um ano

Outubro

- 1 Isaías 11–13; Efésios 4
- 2 Isaías 14–16; Efésios 5:1-16
- 3 Isaías 17–19; Efésios 5:17-33
- 4 Isaías 20–22; Efésios 6
- 5 Isaías 23–25; Filipenses 1
- 6 Isaías 26–27; Filipenses 2
- 7 Isaías 28–29; Filipenses 3
- 8 Isaías 30–31; Filipenses 4
- 9 Isaías 32–33; Colossenses 1
- 10 Isaías 34–36; Colossenses 2
- 11 Isaías 37–38; Colossenses 3
- 12 Isaías 39–40; Colossenses 4
- 13 Isaías 41–42; 1 Tessalonicenses 1
- 14 Isaías 43–44; 1 Tessalonicenses 2
- 15 Isaías 45–46; 1 Tessalonicenses 3
- 16 Isaías 47–49; 1 Tessalonicenses 4
- 17 Isaías 50–52; 1 Tessalonicenses 5
- 18 Isaías 53–55; 2 Tessalonicenses 1
- 19 Isaías 56–58; 2 Tessalonicenses 2
- 20 Isaías 59–61; 2 Tessalonicenses 3
- 21 Isaías 62–64; 1 Timóteo 1
- 22 Isaías 65–66; 1 Timóteo 2
- 23 Jeremias 1–2; 1 Timóteo 3
- 24 Jeremias 3–5; 1 Timóteo 4
- 25 Jeremias 6–8; 1 Timóteo 5
- 26 Jeremias 9–11; 1 Timóteo 6
- 27 Jeremias 12–14; 2 Timóteo 1
- 28 Jeremias 15–17; 2 Timóteo 2
- 29 Jeremias 18–19; 2 Timóteo 3
- 30 Jeremias 20–21; 2 Timóteo 4
- 31 Jeremias 22–23; Tito 1

Novembro

- 1 Jeremias 24–26; Tito 2
- 2 Jeremias 27–29; Tito 3
- 3 Jeremias 30–31; Filemon
- 4 Jeremias 32–33; Hebreus 1
- 5 Jeremias 34–36; Hebreus 2
- 6 Jeremias 37–39; Hebreus 3
- 7 Jeremias 40–42; Hebreus 4
- 8 Jeremias 43–45; Hebreus 5
- 9 Jeremias 46–47; Hebreus 6
- 10 Jeremias 48–49; Hebreus 7
- 11 Jeremias 50; Hebreus 8
- 12 Jeremias 51–52; Hebreus 9
- 13 Lamentações 1–2; Hebreus 10:1-18
- 14 Lamentações 3–5; Hebreus 10:19-39
- 15 Ezequiel 1–2; Hebreus 11:1-19
- 16 Ezequiel 3–4; Hebreus 11:20-40
- 17 Ezequiel 5–7; Hebreus 12
- 18 Ezequiel 8–10; Hebreus 13
- 19 Ezequiel 11–13; Tiago 1
- 20 Ezequiel 14–15; Tiago 2
- 21 Ezequiel 16–17; Tiago 3
- 22 Ezequiel 18–19; Tiago 4
- 23 Ezequiel 20–21; Tiago 5
- 24 Ezequiel 22–23; 1 Pedro 1
- 25 Ezequiel 24–26; 1 Pedro 2
- 26 Ezequiel 27–29; 1 Pedro 3
- 27 Ezequiel 30–32; 1 Pedro 4
- 28 Ezequiel 33–34; 1 Pedro 5
- 29 Ezequiel 35–36; 2 Pedro 1
- 30 Ezequiel 37–39; 2 Pedro 2

Dezembro

- 1 Ezequiel 40–41; 2 Pedro 3
- 2 Ezequiel 42–44; 1 João 1
- 3 Ezequiel 45–46; 1 João 2
- 4 Ezequiel 47–48; 1 João 3
- 5 Daniel 1–2; 1 João 4
- 6 Daniel 3–4; 1 João 5
- 7 Daniel 5–7; 2 João
- 8 Daniel 8–10; 3 João
- 9 Daniel 11–12; Judas
- 10 Oseias 1–4; Apocalipse 1
- 11 Oseias 5–8; Apocalipse 2
- 12 Oseias 9–11; Apocalipse 3
- 13 Oseias 12–14; Apocalipse 4
- 14 Joel 1–3; Apocalipse 5
- 15 Amós 1–3; Apocalipse 6
- 16 Amós 4–6; Apocalipse 7
- 17 Amós 7–9; Apocalipse 8
- 18 Obadias 1; Apocalipse 9
- 19 Jonas 1–4; Apocalipse 10
- 20 Miqueias 1–3; Apocalipse 11
- 21 Miqueias 4–5; Apocalipse 12
- 22 Miqueias 6–7; Apocalipse 13
- 23 Naum 1–3; Apocalipse 14
- 24 Habacuque 1–3; Apocalipse 15
- 25 Sofonias 1–3; Apocalipse 16
- 26 Ageu 1–2; Apocalipse 17
- 27 Zacarias 1–4; Apocalipse 18
- 28 Zacarias 5–8; Apocalipse 19
- 29 Zacarias 9–12; Apocalipse 20
- 30 Zacarias 13–14; Apocalipse 21
- 31 Malaquias 1–4; Apocalipse 22

1.º de janeiro

Bom para você

Provérbios 24:13-14

A sabedoria é doce para a alma;
se você a encontrar, terá um futuro brilhante.
—Provérbios 24:14

As pessoas ao redor do mundo gastaram cerca de 98,2 bilhões de dólares em chocolate em 2016. Esse número impressiona, mas não surpreende. O chocolate é delicioso e nós gostamos de consumi-lo. Assim, muitos pessoas se alegraram quando souberam que esse prazeroso doce tem benefícios significativos para a saúde. Contém flavonoides que ajudam a proteger o corpo contra o envelhecimento e as doenças cardíacas. Nunca uma recomendação médica foi tão bem recebida ou aceita, com moderação é claro!

Salomão sugeriu que há outro "prazer" digno de nosso investimento: sabedoria. Ele recomendou ao seu filho comer mel "pois é bom" (24:13) e comparou sua doçura à sabedoria. A pessoa que se alimenta da sabedoria de Deus nas Escrituras a considera não apenas "doce para a alma", mas também benéfica para o ensino e a capacitação. Ela nos equipa para "toda boa obra" que precisaremos realizar na vida (2 Timóteo 3:16-17).

A sabedoria é o que nos permite fazer escolhas inteligentes e entender o mundo ao nosso redor. E vale a pena investir e compartilhar com os que amamos, como Salomão queria fazer com seu filho. Podemos nos sentir ainda melhor quando nos deleitamos com a sabedoria de Deus na Bíblia. É um doce prazer que podemos desfrutar sem limites; na verdade, somos encorajadas a fazer isso! Somos gratas a Deus pela brandura de Suas Escrituras! —*Kirsten Holmberg*

De que maneira a sabedoria divina tem sido branda com você?

Senhor Deus, por favor,
nutre-nos com a Tua sabedoria.

2 de janeiro

Entrega secreta

Mateus 6:1-4

*Mas, quando ajudarem alguém necessitado,
não deixem que a mão esquerda saiba o que a direita está fazendo.*
—Mateus 6:3

Os lírios, tulipas cor-de-rosa e narcisos amarelos esperavam por Karin à porta de sua casa. Por 7 meses, uma pessoa cristã anônima lhe enviou lindos buquês. Mensalmente eles chegavam com uma nota de encorajamento bíblico e assinada: "com amor, Jesus". Karin compartilhou as fotos dessas entregas secretas no *Facebook*.

As flores lhe deram a oportunidade de celebrar a bondade de alguém e reconhecer o modo como Deus expressou o Seu amor por meio de Seu povo. Mês após mês, cada entrega secreta fazia com que os amigos de Karin ficassem gratos pelo inestimável presente de tempo que o Senhor dera a ela. À medida que Karin confiava no Senhor em sua batalha contra a doença terminal, cada flor e mensagem afirmavam a amorosa compaixão de Deus por ela.

Esse anonimato reflete a atitude de coração que Jesus encoraja o Seu povo a adotar ao doar. O Senhor adverte contra a prática das boas ações "para ser admirado" por outros (Mateus 6:1). As boas ações destinam-se a ser expressões de adoração que transbordam de corações gratos por tudo que Deus tem feito por nós. Enaltecer a nossa generosidade com a esperança ou expectativa de sermos honradas pode tirar o foco do Doador de todas as coisas boas — Jesus.

Deus sabe quando doamos com boas intenções (v.4) e quer que a nossa generosidade seja motivada pelo amor ao lhe darmos a glória, a honra e o louvor.

—*Xochtil Dixon*

Como podemos dar o crédito a Deus e ao mesmo tempo
aceitar a apreciação por servir aos outros?

*Jesus, somos-te gratas porque a doação
é uma maneira maravilhosa
de te agradecer pelo que nos concedeste.*

3 de janeiro

Aqui existem dragões?

2 Timóteo 1:6-14

...Deus não nos deu um Espírito que produz temor e covardia, mas [...] amor e autocontrole.
—2 Timóteo 1:7

Diz a lenda que, nas bordas dos mapas medievais, os cartógrafos demarcavam as fronteiras com as palavras: "Aqui existem dragões", muitas vezes ao lado de vívidas ilustrações dos animais aterrorizantes supostamente à espreita. Não há muita evidência de que eles escreveram mesmo tais palavras, mas gosto de pensar que o fizeram. Talvez porque essas palavras soam como algo que eu poderia ter escrito na época — um aviso implacável de que, mesmo não sabendo o que aconteceria se me aventurasse no grande desconhecido, provavelmente não seria bom!

Mas há um problema gritante com a minha política de autoproteção e aversão ao risco: esse problema é o oposto da coragem à qual sou chamada como cristã (2 Timóteo 1:7).

Pode-se até dizer que estou errada sobre o que é realmente perigoso. Como Paulo nos explicou, seguir a Cristo corajosamente num mundo decaído às vezes será doloroso (v.8). Mas, como pessoas resgatadas da morte para a vida e tendo recebido a vida do Espírito fluindo em e através de nós (vv.9-10,14), como poderíamos não o seguir?

Quando Deus nos dá um presente tão maravilhoso, a verdadeira tragédia seria retrocedermos com medo. Seria muito pior do que qualquer coisa que possamos enfrentar quando seguimos a direção de Cristo em território desconhecido (vv.6-8,12). Podemos confiar a Ele o nosso coração e o nosso futuro (v.12). —*Monica La Rose*

Como o apoio e o amor de outros cristãos a
encorajam a enfrentar os seus medos?

*Amado Deus, somos gratas por nos libertares
de tudo o que poderia nos paralisar com medo e vergonha.*

4 de janeiro

O único Rei

Mateus 2:1-12

Eles se curvaram e o adoraram.
—MATEUS 2:11

Elton, de 5 anos, ouvia o pastor falar sobre Jesus ter deixado o Céu e ter vindo para a Terra e suspirou profundamente quando o pastor orou agradecido por Cristo ter morrido por nossos pecados. "Ah não! Ele morreu?", o garoto disse surpreso.

Desde o início da vida de Cristo na Terra, havia pessoas que o queriam morto. Alguns sábios vieram a Jerusalém durante o reinado do rei Herodes, perguntando: "Onde está o recém-nascido rei dos judeus? Vimos sua estrela no Oriente e viemos adorá-lo" (Mateus 2:2). Quando o rei ouviu isso, ficou com medo de um dia perder sua posição para Jesus. Então, enviou soldados para matar todos os meninos de 2 anos para baixo em Belém e seus arredores. Mas Deus protegeu o Seu Filho e enviou um anjo para advertir os pais de Jesus a deixarem a área. Eles fugiram e Jesus foi salvo (vv.13-18).

Quando Jesus completou o Seu ministério, Ele foi crucificado pelos pecados do mundo. A placa colocada acima de Sua cruz, embora feita para escarnecê-lo, dizia: "…Este é Jesus, o Rei dos judeus" (27:37). No entanto, três dias depois, Jesus saiu vitorioso do túmulo. Depois de ascender ao Céu, Ele sentou-se no trono como Rei dos reis e Senhor dos senhores (Filipenses 2:8-11).

O Rei morreu por nossos pecados — meus, seus e do garoto Elton. Vamos permitir que Ele governe o nosso coração. —*Anne Cetas*

Para você, o que significa ter Jesus como seu Rei?
Existem áreas da sua vida onde Jesus não governa?

Jesus, graças te damos por morreres voluntariamente por nossos pecados concedendo-nos o Teu perdão.

5 de janeiro

Todos precisam de compaixão

Mateus 9:27-38

*Quando viu as multidões, teve compaixão delas,
pois estavam confusas e desamparadas,
como ovelhas sem pastor.*
—MATEUS 9:36

Jeferson era ainda um novo cristão recém-saído da faculdade quando trabalhou para uma grande empresa de petróleo. Como vendedor, ele viajava; e em suas viagens ouvia as histórias de muitas pessoas — algumas comoventes. Ele percebeu que os seus clientes precisavam mais da compaixão do que do petróleo — precisavam de Deus. Isso o levou a frequentar o seminário para aprender mais sobre a essência de Deus e depois se tornar pastor.

A fonte da sua compaixão foi Jesus. Em Mateus 9:27-33, temos um vislumbre da compaixão de Cristo na cura milagrosa de dois homens cegos e de um homem possesso. Ao longo do Seu ministério terreno, Jesus pregou o evangelho e curou "...por todas as cidades e todos os povoados..." (v.35). Por quê? "Quando viu as multidões, teve compaixão delas, pois estavam confusas e desamparadas, como ovelhas sem pastor" (v.36).

O mundo de hoje ainda está cheio de pessoas perturbadas e feridas que precisam do cuidado suave do Salvador. Como um pastor que lidera, protege e cuida de Suas ovelhas, Jesus estende a Sua compaixão a todos que vêm a Ele (11:28). Não importa o que temos vivenciado em nossos dias, encontramos em Jesus um coração transbordando de ternura e cuidado. E por termos sido beneficiadas pela amorosa compaixão de Deus, não podemos evitar, queremos oferecê-la aos outros. —*Alyson Kieda*

Você experimentou o suave cuidado de Deus?
Quem você pode alcançar com compaixão?

*Pai, somos-te gratas por Tua compaixão!
Ajuda-nos a estender
a Tua transbordante compaixão aos outros.*

6 de janeiro
Tempo de desaceleração

Salmo 90:4,12-15

*Ajuda-nos a entender como a vida é breve,
para que vivamos com sabedoria.*
—Salmo 90:12

Muita coisa mudou desde a invenção do relógio elétrico em 1840. Hoje, acompanhamos a hora em relógios inteligentes, *smartphones* e *laptops*. O ritmo da vida parece mais rápido — acelerando a nossa lenta caminhada. Isso acontece especialmente nas cidades e, segundo especialistas, pode ter efeito negativo na saúde. "Movemo-nos cada vez mais rápido e atendemos aos outros o mais rápido possível", observou o professor Richard Wiseman. "Isso nos faz pensar que tudo deve acontecer de imediato".

Moisés é o autor de um dos salmos mais antigos da Bíblia no qual ele refletiu sobre o tempo. Ele nos lembra de que Deus controla o ritmo da vida. "Para ti, mil anos são como um dia que passa, breves como algumas horas da noite" (Salmo 90:4).

O segredo do gerenciamento do tempo, portanto, não é ir mais rápido ou mais devagar. É permanecer em Deus investindo mais tempo com Ele. Dessa forma, entramos em sintonia uns com os outros, mas primeiro com Ele — Aquele que nos formou (139:13) e conhece os nossos propósitos e planos (v.16).

Nosso tempo na Terra não será eterno. No entanto, podemos administrá-lo com sabedoria, não pela observação do relógio, mas entregando cada dia a Deus. Como Moisés disse: "Ajuda-nos a entender como a vida é breve, para que vivamos com sabedoria" (90:12).

Então, com Deus, estaremos sempre na hora, agora e para sempre. —*Patricia Raybon*

Qual é o seu ritmo na vida?
Você quer investir mais do Seu tempo com Deus?

Deus gracioso, quando agirmos em desacordo contigo, aproxima-nos para permanecermos em ti.

7 de janeiro
Traga o que você tem

João 6:4-14

"Tragam para cá", disse [Jesus].
—Mateus 14:18

"Sopa de Pedra" é um conto antigo com muitas versões, sobre um faminto que chega a uma aldeia, mas ninguém lhe cede uma migalha de comida. Assim, ele coloca uma pedra e água em sua panela na fogueira. Intrigados, os aldeões o observam mexer sua "sopa". Eventualmente, um traz duas batatas para adicionar à mistura; outro algumas cenouras, ainda outro traz uma cebola e, por fim, alguém traz um punhado de cevada. Um fazendeiro doa leite e o "caldo de pedra" torna-se uma saborosa sopa.

Isso ilustra o valor de compartilhar e nos lembra de trazer o que temos, mesmo quando isso parece insignificante. Em João 6:1-14, lemos sobre um menino que parece ter sido a única pessoa na enorme multidão a lembrar-se de trazer comida. Os discípulos de Jesus tinham pouco uso para o escasso almoço do menino: cinco pães e dois peixes.

Mas, quando esse pouco foi entregue ao Senhor, Jesus o multiplicou e alimentou milhares de pessoas famintas!

Certa vez ouvi alguém dizer: "Você não precisa alimentar os cinco mil. Você só precisa trazer os seus pães e peixes". Assim como Jesus utilizou a refeição de uma pessoa e a multiplicou muito além das expectativas ou da imaginação de qualquer pessoa (v.11), Ele aceitará os nossos esforços, dons e serviço. Jesus deseja que tenhamos vontade de lhe trazer aquilo que temos. —*Cindy Hess Kasper*

O que você tem evitado trazer para Deus?
Por que é difícil entregar essa área da sua vida a Ele?

Jesus, ajuda-me a render tudo o que tenho a ti, sabendo que podes transformar o pouco em muito.

8 de janeiro

Em vez de vingança

Romanos 12:17-21

*Se seu inimigo estiver com fome,
dê-lhe de comer...*
—Romanos 12:20

Depois que Jim Elliot e outros quatro missionários foram mortos por índios das tribos Huaorani em 1956, ninguém esperava o que aconteceu a seguir. A esposa de Jim, Elisabeth, a filha mais nova deles e a irmã de outro missionário decidiram viver entre os que mataram seus queridos. Elas passaram vários anos junto a essa comunidade aprendendo sua língua e traduzindo a Bíblia para eles. O testemunho de perdão e bondade dessas mulheres convenceu os Huaorani do amor de Deus por eles e muitos receberam Jesus como Salvador pessoal.

O que Elisabeth e sua amiga fizeram é um exemplo incrível sobre não retribuir o mal com o mal, mas com o bem (Romanos 12:17). O apóstolo Paulo encorajou a Igreja em Roma a mostrar a transformação que Deus trouxera a suas vidas através de suas ações. O que Paulo tinha em mente? Eles deveriam ir além do desejo natural de se vingar. Deveriam demonstrar amor aos seus inimigos, satisfazendo suas necessidades, tal como fornecer-lhes alimento ou água, por exemplo.

Por que fazer isso? Paulo cita um provérbio do Antigo Testamento: "Se seu inimigo estiver com fome, dê-lhe de comer; se estiver com sede, dê-lhe de beber" (Romanos 12:20; Provérbios 25:21-22). O apóstolo estava revelando que a bondade demonstrada pelos cristãos aos seus inimigos poderia conquistá-los e acender o fogo do arrependimento em seus corações. —*Ester Pirosca Escobar*

O que você fará hoje para demonstrar
o amor de Deus aos que o prejudicaram?

*Aba, Pai, ajuda-nos por meio de Teu Espírito
a amar nossos inimigos e usa-nos para trazê-los a ti.*

9 de janeiro

O poder da oração

1 Samuel 7:7-14

*...Não pare de clamar ao Senhor, nosso Deus,
para que ele nos salve dos filisteus.*
—1 Samuel 7:8

Um dia, quando fiquei profundamente preocupada com o bem-estar de alguém muito próximo a mim, encorajei-me com a história de Samuel, um sábio líder dos israelitas. Ao ler como ele intercedeu pelo povo de Deus ao enfrentarem problemas, reforcei a minha determinação em orar por quem amo.

Os israelitas enfrentaram a ameaça dos filisteus, que já os tinham derrotado anteriormente, quando o povo de Deus não confiou no Senhor (1 Samuel 4). Depois de se arrependerem dos seus pecados, ouviram que os filisteus estavam prestes a atacar. Desta vez, porém, pediram a Samuel que continuasse orando por eles (7:8), e o Senhor respondeu claramente, confundindo os seus inimigos prontamente (v.10). Embora os filisteus pudessem ser mais poderosos do que os israelitas, o Senhor era o mais forte de todos.

Quando sofremos por causa dos desafios enfrentados por aqueles que amamos e temermos que a situação possa não mudar, podemos ser tentadas a acreditar que o Senhor não agirá. Mas jamais devemos subestimar o poder da oração, pois o nosso Deus amoroso ouve as nossas petições. Não sabemos como Ele agirá em resposta aos nossos clamores, mas sabemos que, como nosso Pai, Ele anseia por nos envolver em Seu amor e quer que confiemos em Sua fidelidade. Por quem você pode orar hoje? —*Amy Boucher Pye*

Deus nos ouve quando oramos

*Deus Pai, fortalece a minha fé
para que eu sempre creia em Tua bondade e amor.*

10 de janeiro

Recipientes limpos

1 Pedro 4:7-11

*O ódio provoca brigas,
mas o amor cobre todas as ofensas.*
—Provérbios 10:12

"O ódio corrói o contêiner que o transporta." Essas palavras foram pronunciadas pelo ex-senador Alan Simpson no funeral de George H. W. Bush. Tentando descrever a bondade de seu querido amigo, Simpson lembrou que o 41º presidente dos Estados Unidos adotou o humor e o amor, não o ódio, em sua liderança profissional e relacionamentos pessoais. Identifico-me com a citação daquele senador, e você? Quando nutro ódio causo dano a mim mesma!

As pesquisas revelam o dano que causamos ao nosso corpo quando nos apegamos ao negativo ou liberamos rajadas de raiva. A pressão sanguínea sobe, o coração dispara, nosso espírito cede e nossos contêineres se corroem.

O rei Salomão afirmou: "O ódio provoca brigas, mas o amor cobre todas as ofensas" (v.12). O resultado do ódio é uma disputa sangrenta entre povos de diferentes tribos e raças que fomenta o desejo de vingança, e as pessoas que se desprezam não conseguem se conectar.

No entanto, o amor de Deus cobre, encobre, oculta ou perdoa, todos os erros. Isso não significa que negligenciamos erros ou justificamos o infrator. Quando alguém está verdadeiramente arrependido deixa de nutrir o erro. E se ele nunca se desculpar, ainda assim, liberamos os nossos sentimentos para Deus. Nós, que conhecemos o Deus de grande amor, devemos amar "…uns aos outros […] pois o amor cobre muitos pecados" (1 Pedro 4:8). —*Elisa Morgan*

Como o calor da hostilidade pode consumir
a nossa alegria pessoal e a paz do nosso entorno?

*Pai, rendo-me ao Teu amor
que cobre todos os pecados para ser um recipiente puro
no qual Tu habitas em amor.*

11 de janeiro

Demonstre graça

Miqueias 7:18-20

*...pisarás nossas maldades sob teus pés
e lançarás nossos pecados nas profundezas do mar.*
—Miqueias 7:19

"Quando a tragédia acontece ou fere, temos a oportunidades para demonstrar graça ou exigir vingança. Escolhi demonstrar graça", observou o enlutado. A esposa do pastor Erik Fitzgerald morreu num acidente de carro causado por um bombeiro exausto que dormiu enquanto dirigia para casa. Os promotores queriam saber se ele pediria a pena máxima, mas o pastor escolheu praticar o perdão que pregava e surpreendentemente esses dois acabaram se tornando amigos.

O pastor Fitzgerald vivia pela graça que recebera de Deus, que perdoara todos os seus pecados. Com sua atitude, o pastor ressoou as palavras de Miqueias, que louvou a Deus por perdoar o pecado e nos perdoar quando cometemos erros (v.18). O profeta usa uma linguagem visual para maravilhosamente nos mostrar até onde o perdão de Deus alcança o Seu povo. Ele afirma que Deus pisará sobre as nossas maldades e lançará os nossos erros no mar profundo (v.19). O bombeiro recebeu a dádiva da liberdade naquele dia, o que o aproximou de Deus.

Seja qual for a dificuldade que enfrentamos, sabemos que Deus nos alcança com braços abertos e amorosos acolhendo-nos em Seu abraço seguro. O Senhor tem prazer em demonstrar Seu amor (v.18). Ao recebermos o Seu amor e graça, Ele nos concede força para perdoarmos os que nos ferem — até mesmo como esse pastor foi capaz de perdoar. —*Amy Boucher Pye*

Você consegue pensar em alguém a quem precisa perdoar?
Peça a Deus para ajudá-la a perdoar.

*Deus Pai, envolve-nos com o Teu amor,
para que possamos demonstrar graça
àqueles que nos magoam.*

12 de janeiro

Esperando com a tartaruga

Salmo 40:1-5,14-17

Esperei com paciência pelo S<small>ENHOR</small>;
ele se voltou para mim e ouviu meu clamor.
—S<small>ALMO</small> 40:1

Outono após outono, quando a tartaruga pintada sente o inverno chegando, ela mergulha no fundo do lago e enterra-se no lodo e lama. Ela entra na sua concha e permanece imóvel: o ritmo cardíaco diminui e quase para. Sua temperatura corporal cai, aproximando-se de zero. Ela hiberna e espera. Permanece enterrada por seis meses, e seu corpo libera o cálcio de seus ossos em sua corrente sanguínea, de modo que ela lentamente começa a perder sua forma. Mas, com o descongelamento da lagoa, ela flutuará e voltará a respirar forte novamente. Seus ossos se reconstituirão, e ela sentirá o calor do Sol em sua concha.

Penso na tartaruga pintada ao ler a descrição do salmista de esperar por Deus. Davi está em um "poço viscoso" de "lama e lodo", mas Deus o ouve (Salmo 40:2). Deus o levanta e lhe dá um lugar sólido para firmar-se. Deus é "…meu auxílio e minha salvação…", ele canta (v.17).

Talvez pareça como se você estivesse esperando eternamente que algo viesse a mudar — uma nova direção em sua carreira, um relacionamento a ser restaurado, ter força de vontade de quebrar um mau hábito ou libertar-se de uma situação difícil. A tartaruga pintada e o salmista nos lembram que devemos confiar em Deus: o Senhor nos ouve e nos libertará. —*Amy Peterson*

Há algo que você precisa deixar para trás,
entregar a Deus e confiar nele?

Pai, confiamos em Tua libertação.
Dá-nos sabedoria para percebermos
Tua grandeza e glória em nossa vida.

13 de janeiro

O maior mistério

Colossenses 1:15-22

O Filho é a imagem do Deus invisível
e é supremo sobre toda a criação.
—Colossenses 1:15

Antes de crer em Jesus, ouvi o evangelho, mas lutei com a identidade de Cristo. Como Ele poderia oferecer perdão por meus pecados quando a Bíblia diz que somente Deus pode perdoá-los? Descobri que não estava sozinha em meus questionamentos depois de ler *O conhecimento de Deus*, de J. I. Packer (Ed. Mundo Cristão, 1980). Packer sugere que, para muitos incrédulos, "a afirmação cristã realmente surpreendente é que Jesus de Nazaré foi Deus feito homem… tão verdadeira e plenamente divino como o fato de Ele ser humano". Portanto, essa verdade torna a salvação possível.

Quando o apóstolo Paulo se refere a Cristo como "a imagem do Deus invisível", ele está dizendo que Jesus é completa e perfeitamente Deus — Criador e Sustentador de todas as coisas no Céu e na Terra — mas também totalmente humano (Colossenses 1:15-17). Devido a essa verdade, podemos estar confiantes de que, através da morte e ressurreição de Cristo, Ele não apenas carregou sobre si as consequências de nossos pecados, mas também redimiu a nossa natureza humana, para que nós — e toda a criação — pudéssemos nos reconciliar com Deus (vv.20-22).

Em um incrível ato inicial de amor, Deus, o Pai, revela-se nas Escrituras e por meio delas pelo poder de Deus, do Espírito Santo e por intermédio da vida de Jesus, o Deus Filho. Aqueles que creem em Jesus são salvos porque Ele é Emanuel — Deus conosco. Aleluia! —*Xochitl Dixon*

Você já lutou para compreender muito mais sobre Jesus?
Qual foi o resultado?

Amoroso Deus, somos-te gratas
por te revelares e trazeres a nossa
reconciliação contigo por meio de Jesus.

14 de janeiro

Processo de amadurecimento

Jeremias 15:15-18

*Quando descobri tuas palavras, devorei-as;
são minha alegria e dão prazer a meu coração.*
—Jeremias 15:16

No início de seu ministério de 50 anos na Inglaterra, Charles Simeon (1759–1836) conheceu seu vizinho, o pastor Henry Venn e suas filhas. Após uma visita, as filhas deste pastor comentaram sobre o quanto Simeon parecia rude e arrogante. O pai lhes pediu que buscassem um pêssego da árvore. Elas lhe questionaram o motivo de querer um fruto ainda imaturo e ouviram: "Bem, é verde agora, e devemos esperar por um pouco mais de sol e algumas chuvas, logo o pêssego amadurecerá e ficará doce. Assim será com o senhor Simeon".

Simeon, ao longo dos anos, foi transformado pela graça de Deus e por seu compromisso em ler a Bíblia e orar todos os dias. Um amigo que conviveu com ele por alguns meses testemunhou essa sua prática e comentou: "Esse era o segredo de tanta graça e força espiritual".

Em seu tempo diário com Deus, Simeon seguiu a prática do profeta Jeremias, que ouvia fielmente as palavras de Deus e dependia delas a ponto de dizer: "Quando descobri tuas palavras, devorei-as". O profeta meditava profundamente sobre as palavras de Deus que eram a sua alegria e o prazer do seu coração (Jeremias 15:16).

Se também nós somos semelhantes a uma fruta verde azeda podemos confiar que Deus nos ajudará a amadurecer por meio de Seu Espírito, à medida que o conhecemos através da leitura e obediência à Sua Palavra. —*Amy Boucher Pye*

Você lê a Bíblia diariamente?
De que maneira essa leitura a transforma?

*Deus, a Tua Palavra me alimenta
e protege do pecado. Ajuda-me a manter
o hábito da leitura bíblica diária.*

15 de janeiro

Adoração como estilo de vida

Salmo 100

Sirvam ao SENHOR com alegria,
apresentem-se diante dele com cânticos.
—SALMO 100:2

Eu estava num centro de conferências e esperava na fila pelo café da manhã. Um grupo de mulheres entrou no refeitório. Eu sorri, cumprimentando a pessoa que estava na fila, atrás de mim, que correspondeu dizendo: "Eu a conheço". Nós nos servimos e tentamos descobrir de onde nos conhecíamos, mas eu tinha a certeza de que ela me confundira com alguém.

No almoço, ela me perguntou: "Você dirige um carro branco?". Concordei, dizendo: "Sim alguns anos atrás". Ela riu e disse: "Parávamos no mesmo semáforo quase todas as manhãs. Você cantava com alegria e mãos levantadas e sempre pensei que você estivesse adorando a Deus. Isso me fazia querer cantar, mesmo em dias difíceis". Louvamos a Deus, oramos e almoçamos juntas.

As pessoas percebem como os cristãos se comportam, mesmo quando pensamos que ninguém nos observa. À medida que adotamos um estilo de vida de adoração, podemos entrar na presença do nosso Criador a qualquer hora e em qualquer lugar. Quando reconhecemos o Seu amor e fidelidade, podemos usufruir da comunhão íntima com Ele e agradecê-lo pelos Seus cuidados contínuos (Salmo 100). Podemos inspirar outros, louvando-o em nosso carro, orando em público ou espalhando o Seu amor por meio de atos gentis para que todos "louvem o seu nome" (v.4). Adorar a Deus é mais do que um compromisso no domingo de manhã. —*Xochitl Dixon*

Como podemos adorar ao Senhor com alegria ao longo do dia?

Deus Todo-Poderoso, por favor,
ajuda-me a viver para adorar-te com alegria
e gratidão contagiante.

16 de janeiro

Profundezas do amor

João 3:1-6

*Vejam como é grande o amor do Pai por nós,
pois ele nos chama de filhos, o que de fato somos!* —João 3:1

Daniel, de 3 anos, tinha acabado de aprender a nadar quando pisou numa madeira podre e caiu num poço de 12 metros de profundidade no quintal de seu avô. Daniel conseguiu boiar, apesar dos 3 m de água abaixo dele, até que seu pai desceu para resgatá-lo. Os bombeiros trouxeram cordas para resgatar o menino, mas o pai estava tão preocupado com o filho que ele já havia descido pelas pedras escorregadias para certificar-se de que Daniel estava seguro. Até onde vai o amor de um pai pelos filhos!

Quando João escreveu aos cristãos da Igreja Primitiva, que lutavam para encontrar o fundamento de sua fé enquanto o falso ensino corria solto entre eles, o apóstolo lançou estas palavras como verdadeiro salva-vidas: "Vejam como é grande o amor do Pai por nós, pois ele nos chama de filhos, o que de fato somos!" (1 João 3:1). Afirmar que os que creem em Jesus são "filhos" de Deus expressou a comunhão íntima e legal que validou o relacionamento de todos que confiam no Senhor. A que distâncias e profundezas Deus irá por Seus filhos!

Há ações que apenas um pai tomará por seu filho, como descer num poço para o resgatar. Assim foi o supremo ato de nosso Pai celestial, que enviou o Seu único Filho para nos trazer a salvação e nos aproximar do Seu coração, restaurando-nos à vida com Ele (vv.5,6). —*Elisa Morgan*

Quando Deus a salvou de um poço escuro de necessidade?
Como Ele a levou a um lugar de esperança?

*Pai, obrigada por me alcançares
em minhas necessidades resgatando-me
e trazendo-me de volta para ti!*

17 de janeiro

Soem as trombetas

Números 10:8-10

*Façam soar as trombetas também em ocasiões alegres,
nas festas anuais e no começo de cada mês...*
—Números 10:10

"Toque do silêncio" é uma chamada de trompete tocada pelos militares no final do dia e em funerais. Fiquei surpresa quando li as diversas letras e descobri que muitos versos terminam com a frase "Deus está próximo". Seja antes que o escurecer se instale ou enquanto se lamenta a perda de um ente querido, suas palavras oferecem aos soldados a reconfortante garantia de que Deus está próximo.

No Antigo Testamento, as trombetas também lembravam os israelitas de que Deus estava próximo. No meio da celebração das festas e festivais que faziam parte da aliança entre Deus e a nação de Israel, os judeus deveriam "soar as trombetas" (Números 10:10). Fazer soar a trombeta era um lembrete da presença de Deus, e de que o Senhor estava disponível quando os israelitas mais precisavam dele, e desejava ajudá-los.

Ainda hoje, precisamos dos lembretes de que Deus está próximo. E em nosso estilo de adoração também podemos invocar a Deus em oração e louvor. Talvez as nossas orações possam soar como as trombetas clamando a Deus para nos ajudar. E o belo incentivo é que os ouvidos de Deus estão abertos às nossas orações (1 Pedro 3:12). A cada um de nossos apelos, Ele responde com a certeza de Sua presença que nos fortalece e nos conforta nas dificuldades e tristezas da vida.

—Lisa Samra

Quando as suas orações foram súplicas por ajuda?
Como o lembrete de que Deus ouve as nossas orações o encoraja?

*Pai, obrigada por responderes ao meu pedido de ajuda
e sustentar-me com Tua poderosa presença e amor.*

18 de janeiro

O que há em seu interior?

2 Coríntios 4:7-18

*Temos, porém, este tesouro em vasos de barro,
para que a excelência do poder seja de Deus e não de nós.*
—2 Coríntios 4:7

Minha amiga perguntou-me: "Você quer ver o que tem dentro?". Eu a tinha elogiado pela boneca de pano à moda antiga que sua filha segurava em seus pequenos braços. Curiosa, instantaneamente, respondi que sim, pois queria muito ver o que continha dentro. Ela virou o rosto da boneca para baixo e abriu um discreto zíper costurado nas costas. De dentro do corpo de tecido, Emília suavemente removeu um tesouro: a boneca de pano que ela tinha segurado e amado ao longo dos anos de sua própria infância mais de duas décadas antes. A boneca "exterior" era meramente uma "casca" sem este "forro" interior para lhe dar força e forma.

Paulo descreve a verdade da vida, morte e ressurreição de Jesus como um tesouro, que se tornou evidente na frágil humanidade do povo de Deus. Esse tesouro capacita aqueles que confiam no Senhor a suportar adversidades impensáveis e a continuar servindo-o. Quando o fazem, Sua luz — Sua vida — brilha intensamente através das "rachaduras" de sua humanidade. Paulo nos encoraja a não desanimarmos (v.16) porque Deus nos fortalece para fazer a Sua obra.

Como a boneca "interior", o tesouro do evangelho em nosso interior traz propósito e força à nossa vida. Quando a força de Deus brilha através de nós, isso convida os outros a nos perguntar: "O que há em seu interior?". Podemos então abrir o nosso coração e revelar a promessa de salvação em Cristo. —*Kirsten Holmberg*

Obrigada, Senhor, por Tua salvação.

*O evangelho da verdade brilha
através do quebrantamento do povo de Deus*

19 de janeiro

Desenterre

Rute 1:3-5,20-21

Livrem-se de toda amargura...
—Efésios 4:31

Quando o seu irmão e a cunhada tiveram problemas matrimoniais, Rebeca orou pela reconciliação deles, no entanto, eles se divorciaram. Sem os protestos do pai, a mãe levou as filhas para outro estado e Rebeca distanciou-se das suas amadas sobrinhas. Anos depois, ela disse: "Por lidar sozinha com essa tristeza, uma raiz de amargura cresceu em meu coração e começou a espalhar-se à família e amigos".

Noemi também lutou contra a amargura. Seu marido morreu numa terra estrangeira, e 10 anos depois seus dois filhos morreram. Ela ficou desamparada com as noras, Rute e Órfã (Rute 1:3-5). Quando Rute e sua sogra voltaram ao país natal de Noemi, todos na cidade se alegraram por vê-las. Mas Noemi lhes disse: "o Todo-poderoso tornou minha vida muito amarga" (v.20). Noemi até lhes pediu para que a chamassem de "Mara", ou seja, amarga.

Quem de nós nunca enfrentou decepção, foi tentada pela amargura quando alguém disse algo doloroso, teve uma expectativa frustrada ou ficou ressentida pelas exigências dos outros? Quando reconhecemos isso diante de Deus e lhe entregamos o que acontece no interior do nosso coração, nosso afetuoso Jardineiro pode nos ajudar a desenterrar quaisquer raízes de amargura, estejam elas ainda pequenas ou crescendo há anos. Ele pode substituí-las por um espírito doce e alegre. —Anne Cetas

Em quais áreas da vida você tende a sentir amargura?
Qual área ainda precisa do cuidado amoroso de Deus?

Pai, ajuda-me a ver a Tua bondade sempre disponível e a desenterrar qualquer raiz de amargura que te desonra.

20 de janeiro

Coroas de papel

1 Coríntios 6:1-6

*Vocês não sabem que um dia nós,
os santos, julgaremos o mundo?*
— 1 Coríntios 6:2

Depois de uma refeição festiva em minha casa, todos abriram seus pacotes com doces, lembrancinhas e confetes. Mas havia algo mais: uma coroa de papel para cada um. Não resistimos e as colocamos enquanto sorríamos uns para os outros, sentados ao redor da mesa. Por um momento, éramos os reis e rainhas, mesmo que o nosso reino fosse de sobras na sala de jantar.

Lembrei-me então de uma promessa bíblica: Na próxima vida, todos os cristãos governarão com Jesus. Paulo menciona isso em 1 Coríntios 6 e questiona: "Vocês não sabem que um dia nós, os santos, julgaremos o mundo?" (v.2). Ele mencionou esse privilégio futuro para inspirar os cristãos a resolver suas disputas de maneira pacífica, pois muitas eram as discussões jurídicas entre eles. Consequentemente, isso prejudicava a reputação de outros cristãos da comunidade.

Tornamo-nos melhores na resolução de conflitos à medida que o Espírito Santo produz em nós o autocontrole, a gentileza e a paciência. Quando Jesus voltar e completar o trabalho do Espírito em nós (1 João 3:2-3), estaremos prontos para o nosso eventual papel de "sacerdotes para nosso Deus" (Apocalipse 5:10). Firmemo-nos nessa promessa que brilha nas Escrituras como um diamante numa coroa de ouro. —*Jennifer Benson Schuldt*

Como o Espírito Santo influencia as suas palavras
e ações quando você enfrenta conflitos?
De que maneira isso afeta as pessoas ao seu redor?

*Deus, obrigada pela eternidade contigo.
Ajuda-me a olhar para ti
quando é difícil cooperar com os outros.*

21 de janeiro

Quebrando o ciclo

2 Coríntios 5:14-21

*...aquele que está em Cristo se tornou nova criação.
A velha vida acabou, e uma nova vida teve início!*
—2 Coríntios 5:17

Davi sofreu abusos físicos do seu pai pela primeira vez aos 7 anos, depois de quebrar acidentalmente uma janela, e relatou: "Ele me chutou, deu-me um soco e mais tarde se desculpou. Meu pai era alcoólatra abusivo. E, agora, estou fazendo o meu melhor para acabar com esse ciclo". Mas levou muito tempo para Davi atingir esse ponto, pois a maior parte de seus 20 anos foram passados dentro de uma prisão ou em liberdade condicional, e dentro e fora de centros de reabilitação.

Quando parecia que os seus sonhos estavam totalmente frustrados, ele encontrou esperança num local que centrava sua abordagem no relacionamento com Jesus: "Eu sempre me sentia desesperado. Agora me esforço para seguir em outra direção. Ao acordar, a primeira coisa que faço é entregar a minha vontade a Deus". Quando nós nos achegamos a Deus com a vida despedaçada, seja pelo mal dos outros ou pelo nosso, Deus toma o nosso coração despedaçado e o transforma em novo: "todo aquele que está em Cristo se tornou nova criação" (2 Coríntios 5:17). O amor e a vida de Cristo interrompem o ciclo do passado, dando-nos um novo futuro (vv.14,15). E não acaba aí! Ao longo de nossa vida, podemos encontrar esperança e força no que Deus fez e continua a fazer em nós todos os dias. —*Alyson Kieda*

Para onde você se dirigia ao encontrar Jesus?
De que maneira o fato de saber que Deus molda a sua vida
para se assemelhar cada vez mais a Cristo a ajuda?

*Meu Deus, obrigada por interromperes
a trajetória descendente da minha vida,
transformando-me em nova criatura!*

22 de janeiro

A compaixão de Deus

Salmo 138

...tu me protegerás da ira de meus inimigos.
—Salmo 138:7

Era uma gelada noite de inverno quando alguém jogou uma grande pedra na janela do quarto de uma criança judia. Aquela janela exibia uma estrela de Davi, e o Menorá para celebrar Chanucá, o Festival Judaico das Luzes. Milhares de pessoas, muitas delas cristãs, demonstraram sua compaixão ao reagirem contra esse odioso ato. Elas optaram por se identificar com a dor e o medo de seus vizinhos judeus e colaram fotos do Menorá em suas próprias janelas.

Como seguidores de Jesus, também somos alvo de grande compaixão. Nosso Salvador se humilhou para viver entre nós (João 1:14), identificando-se conosco. Por nós, Ele "...embora sendo Deus [...] assumiu a posição de escravo" (Filipenses 2:6,7). Sentindo como nos sentimos e chorando como choramos, Ele morreu numa cruz sacrificando a Sua vida para resgatar a nossa.

Nada com o que lutamos está além da preocupação do nosso Salvador. Se alguém "joga pedras" em nossa vida, Ele nos conforta. Se a vida traz decepções, Jesus caminha conosco em meio ao desespero. "Mesmo nas alturas, o Senhor cuida dos humildes, mas mantém distância dos orgulhosos" (Salmo 138:6). Em nossos problemas, Ele nos preserva, estendendo a Sua mão contra a "ira de [nossos] inimigos" (v.7) e alcançando os nossos medos mais profundos. Obrigada, Pai, por Seu amor cheio de compaixão. —*Patricia Raybon*

Em quais áreas de sua vida você precisa da compaixão de Deus?
Como demonstrar o amor de Deus aos outros?

Pai, agradeço-te por me entenderes e por Teu conforto.
Que eu sempre compartilhe a Tua compaixão.

23 de janeiro
Fé Inabalável
Isaías 26:3-13

*Tu guardarás em perfeita paz todos que em ti confiam,
aqueles cujos propósitos estão firmes em ti.*
—Isaías 26:3

Diane Dokko Kim e seu marido sofreram pela perspectiva de passar a vida inteira cuidando de seu primeiro filho que nascera com autismo.

Em seu livro *Unbroken Faith* (Fé inabalável), ela admite ter dificuldades em ajustar os seus sonhos e expectativas ao futuro de seu filho. Nesse processo, o casal aprendeu que Deus pode lidar com suas raivas, dúvidas e medos. Agora, o filho é quase adulto e ela encoraja os pais de crianças com necessidades especiais, compartilha sobre as promessas e amor divino, assegurando-lhes que Deus permite que lamentemos ao experimentarmos a morte de: um sonho, expectativa, caminho ou fase da vida.

Isaías declara que o povo de Deus pode confiar no Senhor para sempre, "pois o Senhor Deus é a Rocha eterna" (26:4). Ele é capaz de nos conceder paz sobrenatural em cada situação (v.12). Revigoramos a nossa esperança ao nos firmarmos em Seu caráter imutável e ao clamarmos a Ele em nossas dificuldades (v.15). Ao enfrentarmos perdas, decepções ou circunstâncias difíceis,

Deus nos convida a sermos honestas com Ele. O Senhor pode lidar com nossos questionamentos e emoções em constantes mudanças. Deus permanece conosco e revigora o nosso ânimo com a esperança duradoura. Mesmo quando sentimos que a nossa vida se desmorona, Deus pode tornar a nossa fé inabalável.

—*Xochitl Dixon*

É difícil ser honesta com Deus?
Como Ele a ajudou a lidar com a morte de um sonho ou expectativa?

*Amado Deus, por favor,
ajuda-nos a crer que podemos sempre confiar em ti
com as nossas mais sinceras emoções.*

24 de janeiro

Peixes pequenos

Mateus 19:16-21

…venha e siga-me.
—Mateus 19:21

Um casal britânico que morou na África Ocidental, por muitos anos, desenvolveu grande amizade com um homem da cidade e muitas vezes compartilhou o amor de Jesus e a história da salvação com ele. No entanto, esse amigo relutava em abandonar sua fidelidade à outra religião, mesmo tendo reconhecido que a fé em Cristo era "a maior verdade". Sua preocupação era parcialmente financeira, pois era um líder em sua fé e dependia do salário que recebia. Esse senhor também temia perder sua reputação entre as pessoas de sua comunidade. Com tristeza, ele explicou: "Sou como um homem pescando com as mãos em um córrego. Peguei um peixe pequeno em uma mão, mas um peixe maior está nadando. Para pegar o peixe maior, tenho que deixar que o menor se vá!".

O jovem rico descrito no evangelho de Mateus passou pelo mesmo dilema. Quando ele se aproximou de Jesus, perguntou: "Mestre, que boas ações devo fazer para obter a vida eterna?" (v.16). O jovem parecia sincero, mas não queria entregar totalmente sua vida a Jesus. Ele era rico, não só financeiramente, mas também em seu orgulho por ser um seguidor das leis. Embora desejasse a vida eterna, o jovem amava outra coisa ainda mais e rejeitou as palavras de Cristo.

Ao nos entregarmos humildemente a Jesus e aceitarmos livremente a Sua dádiva de salvação, Ele nos convida: "venha e siga-me" (v.21). —*Cindy Hess Kasper*

O que a impede de render-se totalmente a Jesus?

Pai, obrigada por ofereceres
Teu Filho como pagamento pelo meu pecado.
Quero render-me totalmente a ti.

25 de janeiro

Corramos para transmitir

Mateus 28:1-10

*As mulheres […] correram
para transmitir aos discípulos a mensagem.*
—MATEUS 28:8

A maratona moderna é baseada na história de um mensageiro grego, Fidípedes. Diz a lenda que, em 490 a.C., ele correu aproximadamente 40 quilômetros de Maratona até Atenas para anunciar a vitória dos gregos sobre o grande inimigo, os invasores persas. Hoje, as pessoas correm maratonas para autossatisfação, pela conquista da prova. No entanto, Fidípedes tinha um propósito maior por trás de seu esforço: cada passo seu era executado por pura alegria de transmitir boas notícias aos seus patrícios!

Provavelmente 500 anos depois disso, duas mulheres também correram para transmitir a mais importante de todas as notícias da história.

Quando Maria e Maria Madalena chegaram ao túmulo onde Jesus havia sido colocado, após Sua crucificação, elas o encontraram vazio. Um anjo lhes disse: "ele ressuscitou […] vão depressa e contem aos discípulos" (Mateus 28:7). As mulheres, "assustadas mas cheias de alegria", correram para transmitir aos discípulos o que tinham descoberto (v.8).

Que tenhamos a mesma alegria pela ressurreição de Jesus, e que isso nos revigore para compartilharmos essas boas-novas também. Talvez nem precisemos "correr" mais longe do que à porta ao lado para encontrarmos quem precise conhecer o Salvador. Jesus venceu a batalha contra a morte para que sejamos vitoriosas com Ele para sempre! —*Kirsten Holmberg*

Quem transmitiu as boas-novas de Cristo a você?
Como compartilhá-la?

*Pai, alegro-me por Tua vitória sobre a morte
e por poder compartilhá-la com todos ao meu redor.*

26 de janeiro

Pedras memoriais

Josué 3:14–4:7

Lembrem-se das maravilhas que ele fez,
dos milagres que realizou e dos juízos que pronunciou.
—Salmo 105:5

Algumas manhãs, quando entro no Facebook, ele me mostra "memórias" — coisas que postei naquele dia em anos anteriores. Essas memórias, como fotos de casamento do meu irmão ou um vídeo de minha filha brincando com a minha avó, geralmente me fazem sorrir. Mas, às vezes, elas têm um efeito emocional mais profundo. Quando vejo uma nota sobre uma visita ao meu cunhado durante sua quimioterapia ou uma foto da minha mãe, com grampos no couro cabeludo após sua cirurgia no cérebro há três anos, lembro-me da presença fiel de Deus em circunstâncias difíceis. Essas memórias me compelem a orar e a agradecer.

Todos nós somos propensas a esquecer as coisas que Deus tem feito por nós. Precisamos de lembretes. Quando Josué conduziu o povo de Deus para o seu novo lar, eles tiveram que atravessar o rio Jordão (Josué 3:15,16). Deus separou as águas, e Seu povo andou em terra seca (v.17). Para criar um memorial desse milagre, eles tomaram 12 pedras do meio do leito do rio e as empilharam do outro lado (4:3,6,7). Quando os outros lhes perguntassem sobre o significado das pedras, o povo de Deus contaria a história do que Ele havia feito naquele dia.

Os memoriais palpáveis da fidelidade de Deus no passado podem nos recordar de confiar nele no presente — e no futuro. —*Amy Peterson*

Lembrar-se das provisões divinas recebidas no passado
traz esperança e fortalecimento para o hoje.

Deus, obrigada por Tua fidelidade
a mim durante muitos anos! Ajuda-me a confiar em ti
no presente e no futuro.

27 de janeiro

Tudo entregarei

Marcos 10:26-31

…Pedro começou a falar: "Deixamos tudo para segui-lo".
—Marcos 10:28

James O. Fraser (1886–1938) decidiu não continuar como pianista de concertos na Inglaterra para servir o povo Lisu na China, enquanto o americano Judson Van DeVenter (1855-1939) optou por se tornar um evangelista em vez de seguir uma carreira artística. Mais tarde, DeVenter escreveu o hino "Tudo entregarei" (CC 295).

Embora a vocação nas artes seja o chamado perfeito para muitos, esses homens creram que Deus os chamava para abandonar uma carreira por outra. Talvez tenham encontrado inspiração em Jesus aconselhando o jovem rico a desistir de suas posses para segui-lo (Marcos 10:17-25).

Testemunhando isso, Pedro exclamou: "Deixamos tudo para segui-lo!" (v.28). Jesus assegurou-lhe de que Deus daria aos que o seguem "neste mundo, cem vezes mais" e no mundo futuro "a vida eterna" (v.30). Porém, Ele dará de acordo com a Sua sabedoria: "muitos primeiros serão os últimos, e muitos últimos serão os primeiros" (v.31).

Não importa onde Deus tenha nos colocado, somos chamadas a entregar diariamente a nossa vida a Cristo, obedecer ao Seu gentil chamado para segui-lo e servi-lo com nossos talentos e recursos, seja no lar, escritório, comunidade ou longe de casa. À medida que fizermos isso, Ele nos inspirará a amar aos outros colocando as necessidades deles acima das nossas. —*Amy Boucher Pye*

> Quem lhe vem à mente ao refletir sobre alguém
> que se sacrificou por Jesus?
> Deus o chama para render-se a Ele?

*Jesus, ajuda-me a entregar tudo a ti hoje e
a servir aos que estão ao meu redor
para Tua honra e glória.*

28 de janeiro

Livres de fato

João 8:31-36

*Portanto, se o Filho os libertar,
vocês serão livres de fato.*
—João 8:36

Passaram-se 20 longos anos antes de o jornalista John McCarthy, refém por 5 anos, durante a Guerra Civil do Líbano, encontrar o negociador de sua libertação. Ao conhecê-lo, ele disse ao enviado da ONU, Giandomenico Picco: "Obrigado por minha liberdade!". Suas palavras foram sinceras e valiosas porque Picco arriscou a vida durante as perigosas negociações para garantir a liberdade de McCarthy e dos demais reféns.

Como cristãs, compreendemos essa liberdade. Jesus deu a Sua vida para garantir a liberdade espiritual a todos, incluindo cada uma de nós. Agora, como Suas filhas, sabemos o que Paulo declarou: "Cristo verdadeiramente nos libertou" (Gálatas 5:1). João também ensina a liberdade em Cristo: "se o Filho os libertar, vocês serão livres de fato" (João 8:36).

Mas livres como? Em Jesus, experimentamos a liberdade, não só do pecado e seu domínio sobre nós, mas também da culpa, vergonha, preocupação, mentiras de Satanás, superstições, falsos ensinamentos e morte eterna. Não somos mais reféns, somos livres para demonstrar amor aos inimigos, andar com bondade, viver com esperança e amar ao nosso próximo. Ao seguirmos a liderança do Espírito Santo, podemos perdoar como fomos perdoados e ser livres para amar como somos amadas. Agradeçamos a Deus e amemos aos outros para que também conheçam o poder da Sua liberdade. —*Patricia Raybon*

O que você precisa entregar ao Pai para que Ele a liberte?

*Deus libertador, sou grata por me livrares
da morte espiritual e por ser livre para amar ao próximo.*

29 de janeiro
Uma corrente poderosa

Amós 5:21-24

*...quero ver uma grande inundação de justiça,
um rio inesgotável de retidão.*
—Amós 5:24

Vendo as exposições sobre a dura escravidão e suas consequências, agradeci por estar na sala do Museu Nacional de História e Cultura Afro-Americana, em Washington, DC., EUA. Naquela sala com paredes de vidro de bronze translúcidos, a água parecia chuva descendo do teto à piscina.

Sentada ali, as palavras do discurso de Martin Luther King, inspiradas no livro de Amós do Antigo Testamento, chamaram minha atenção: "Estamos determinados a trabalhar e lutar até que a justiça corra como as águas, e seja a virtude uma corrente poderosa". Amós era cercado por pessoas religiosas que celebravam festivais e ofereciam sacrifícios, pessoas cujo coração estava longe de Deus (5:21-23). O Senhor os rejeitou porque eles tinham se afastado de Suas ordenanças, inclusive as que dizem respeito à justiça aos necessitados e oprimidos.

Em vez de cerimônias religiosas, desprovidas de amor por Deus e outros, Amós escreveu que Deus ansiava ver Seu povo demonstrando preocupação genuína com o bem-estar de todas as pessoas: um modo de vida generoso tal qual um rio caudaloso trazendo vida por onde fluísse. Jesus ensinou a mesma verdade: amar a Deus também significa o amor ao próximo (Mateus 22:37-39). Que os corações que buscam amar a Deus valorizem também a justiça. —*Lisa Samra*

Como você pode amar a Deus através da busca da justiça ao próximo?
Quais exemplos de generosidade aos necessitados e oprimidos a encorajam?

*Pai, Teu amor é como corrente poderosa
que traz justiça a todos. Desperta-me para servir-te.*

30 de janeiro

Um futuro com perdão

Romanos 12:9-21

*Não deixem que o mal os vença,
mas vençam o mal praticando o bem.*
—Romanos 12:21

A África do Sul fez a transição do governo de segregação racial à democracia (1994), e teve que lidar com os crimes cometidos sob o regime de segregação. Seus líderes não podiam ignorar o passado, porém a punição severa apenas aprofundaria as feridas do país. Desmond Tutu, primeiro arcebispo anglicano negro do país, escreveu em *O livro do perdão* (Ed. Valentina, 2014): "Poderíamos muito bem ter feito justiça retributiva, e teríamos um país em cinzas".

O "Comitê da Verdade e Reconciliação", daquela jovem democracia buscou a verdade, a justiça e a misericórdia. Aos culpados, foi ofertado um caminho de restauração para que se dispusessem a confessar seus crimes e buscassem a restituição. O país encontraria a cura apenas se enfrentasse corajosamente a verdade.

De certa forma, esse dilema reflete a luta que nós enfrentamos. Somos convocadas a buscar por justiça e misericórdia (Miqueias 6:8), mas muitas vezes a misericórdia é mal interpretada como falta de responsabilização, e a justiça como busca de vingança. Nosso único caminho é o amor que não só odeia "tudo que é mau" (Romanos 12:9), mas também deseja a transformação e o bem do "próximo" (13:10). Pelo poder do Espírito, aprendemos o que significa o futuro de superação do mal pelo bem (12:21). —*Monica La Rose*

Você já testemunhou a distorção entre a misericórdia e a justiça?
Já presenciou a harmonia entre a justiça e a misericórdia?

*Amado Deus, ajuda-me a crer em Teu amor e poder
para transformar e curar.
Guia-me para praticar a justiça, a misericórdia e o amor.*

31 de janeiro
O apagador de dívidas
Salmo 103:1-12

De nós ele afastou nossos pecados,
tanto como o Oriente está longe do Ocidente.
—SALMO 103:12

Segurei as lágrimas ao revisar minhas despesas médicas. Com o severo corte no salário do meu marido após o desemprego prolongado, pagar metade do saldo exigiria anos de parcelas mensais. Orei antes de ligar para o consultório do médico para explicar-lhe nossa situação e solicitar um plano de pagamento. Porém, o recepcionista me informou que o médico tinha perdoado a nossa dívida.

Soluçando, agradeci. A generosidade me encheu de gratidão. Desliguei o telefone e louvei a Deus. Pensei em guardar a conta do médico como uma lembrança do que Deus tinha feito.

A decisão do médico em perdoar minha dívida trouxe-me à mente a escolha de Deus em perdoar a dívida insuperável dos meus pecados. As Escrituras nos asseguram que Deus é "compassivo e misericordioso" e "lento para se irar e cheio de amor" (v.8).

Ele "nem nos trata como merecemos" (v.10). Ele remove nossos pecados, "tanto como o Oriente está longe do Ocidente" (v.12), quando nos arrependemos e aceitamos Cristo como nosso Salvador. Seu sacrifício apaga completamente a nossa dívida passada.

Uma vez perdoadas, não somos definidas nem limitadas por nossa dívida antiga. Em resposta à graciosa dádiva do Senhor, podemos reconhecer tudo o que Ele fez. Oferecendo a nossa dedicada adoração e grato afeto, podemos viver para Ele e compartilhá-lo com os outros. —*Xochitl Dixon*

A dívida impagável que contraímos pelo pecado
é apagada pelo nosso Deus misericordioso.

Pai, obrigada por apagares completamente a nossa dívida
quando colocamos a nossa confiança em ti.

1.º de fevereiro

Um tempo para a beleza

Isaías 61:1-7

*…bela coroa em vez de cinzas,
uma alegre bênção em vez de lamento…*
—Isaías 61:3

Certa manhã de inverno, acordei esperando ver a mesma paisagem que me recebia há semanas: grama bege por entre manchas de neve, céus cinzentos e árvores sem folhas. Algo incomum, porém, aconteceu da noite para o dia. Uma geada cobria tudo com cristais de gelo. A paisagem sem vida e deprimente se tornara uma linda cena que brilhava ao sol e me deslumbrava.

Às vezes, vemos os problemas sem a necessária imaginação para praticar a fé. Esperamos que a dor, o medo e o desespero nos cumprimentem todas as manhãs, mas ignoramos a possibilidade de algo diferente acontecer. Não esperamos a recuperação, o crescimento ou a vitória por meio do poder de Deus. No entanto, a Bíblia diz que Deus nos ajuda em tempos difíceis. Ele restaura os corações partidos e liberta as pessoas em cativeiro. Ele consola o luto com "…bela coroa em vez de cinzas, uma alegre bênção em vez de lamento, louvores festivos em vez de desespero…" (Isaías 61:3).

Não é que o Senhor apenas queira nos animar ao enfrentarmos os problemas, o próprio Deus é a nossa esperança durante as provações. Mesmo que tenhamos que esperar pelo Céu para encontrar o alívio maior, o Senhor está conosco, encorajando-nos e nos dando vislumbres de si mesmo. Em nossa vida, podemos entender as palavras de Agostinho: "Na minha ferida mais profunda, vi a Tua glória e ela me deslumbrou". —*Jennifer Benson Schuldt*

Como você pode se voltar a Deus diante dos problemas?
Quais recompensas podem advir disso?

*Fidelíssimo Deus, concede-me a fé que preciso
e ajuda-me a ver o Teu agir ao enfrentar as adversidades.*

2 de fevereiro

Como ficar na pista

1 João 2:18-27

*Pois o que a unção lhes ensina é verdade,
e não mentira, e é tudo que precisam saber.*
—1 João 2:27

O corredor cego mais rápido do mundo, David Brown, da equipe paraolímpica dos EUA, atribui suas vitórias a Deus, aos conselhos de sua mãe "não fique à toa" e ao seu guia de corrida, o velocista Jerome Avery. Unido a Brown por uma corda amarrada entre os seus dedos, Avery guia as vitórias de Brown com palavras e toques. "Trato de ouvir as suas sugestões", diz Brown, que afirma poder "projetar-se" em corridas de 200 metros, onde a pista faz a curva. "Estamos sempre revisando as estratégias de corrida, comunicando-nos não somente com dicas verbais, mas dicas corporais".

Na corrida da vida, somos abençoadas com o Guia Divino. Nosso Ajudador, o Espírito Santo. Ele lidera nossos passos quando o seguimos. "Escrevo estas coisas para adverti-los sobre os que desejam enganá-los" (1 João 2:26). "Vocês, porém, receberam dele a unção, e ela permanece em vocês, de modo que não precisam que alguém lhes ensine a verdade. Pois o que a unção lhes ensina é verdade, e não mentira, e é tudo que precisam saber..." (v.27).

João enfatizou essa sabedoria aos cristãos de sua época que enfrentaram "anticristos" que negavam o Pai e que Jesus é o Messias (v.22). Também enfrentamos esses negacionistas hoje. Mas nosso Guia — o Espírito Santo — nos conduz para seguirmos a Jesus. Podemos confiar em Sua orientação para nos tocar com a verdade, mantendo-nos no caminho certo. —*Patricia Raybon*

Você está sintonizada com a orientação do Espírito Santo?

Deus, alinha os nossos corações com a orientação do Teu Espírito para alcançarmos Tua verdade.

3 de fevereiro

O que fazemos importa?

Colossenses 3:12-17

Portanto, quer vocês comam, quer bebam,
quer façam qualquer outra coisa, façam para a glória de Deus.
—1 Coríntios 10:31

Levei as mãos à cabeça, suspirei e disse: "Não sei como vou fazer tudo isso". A voz da minha amiga fez-se ouvir ao telefone: "Você deve dar algum crédito a si mesma, já está fazendo muito". Ela então listou as coisas que eu estava tentando fazer — manter um estilo de vida saudável, trabalhar, sair-me bem na pós-graduação, escrever e participar de um estudo bíblico. Eu queria fazer todas essas coisas para Deus, mas ao invés disso estava mais focada no que estava fazendo do que na maneira como o fazia — ou talvez eu estivesse tentando fazer demais.

Paulo lembrou à igreja em Colossos que eles deveriam viver de maneira que glorificasse a Deus. Em última análise, o que eles faziam no dia a dia não era tão importante quanto o modo que o faziam. Eles deviam fazer o seu trabalho com "compaixão, bondade, humildade, mansidão e paciência" (Colossenses 3:12), perdoar e, acima de tudo, amar (vv.13,14) e fazer tudo em nome do Senhor Jesus (v.17). O trabalho deles não deveria ser separado da vida cristã.

O que fazemos importa, mas como o fazemos, o motivo e por quem o fazemos importa ainda mais. Todos os dias podemos optar por trabalhar de maneira estressante ou honrando a Deus, buscando o significado que Jesus dá ao nosso trabalho. Ao fazermos isso, temos plena satisfação. —*Julie Schwab*

Você faz tudo por necessidade e obrigação ou para glória de Deus?
O sentido está em Cristo ou nas realizações?

Pai, perdoa-me por me preocupar
apenas com minhas realizações.
Ajuda-me a cumpri-las em Tua honra.

4 de fevereiro

Vizinhos próximos

Provérbios 27:1-10

*...é melhor recorrer a um vizinho próximo
que a um irmão distante.*
—Provérbios 27:10

Onde moro temos um grupo para ajudar os vizinhos a se conectarem com rapidez. Os participantes avisam uns aos outros quando há perigo ou ordens de evacuação em casos de incêndios florestais. Nós também ajudamos uns aos outros quando é necessário. O grupo é mais um recurso para encontrar os animais de estimação perdidos. Ao utilizarmos o poder da internet, aqueles que vivem próximos um do outro estão se conectando de maneiras que muitas vezes perdem o contato presencial nesse mundo acelerado atual.

Relacionar-se com os que vivem perto também foi essencial nos dias do rei Salomão. Embora os relacionamentos familiares sejam importantes e possam ser de grande apoio, Salomão diz que o papel de um amigo é essencial, especialmente "quando vier a calamidade" (Provérbios 27:10). Os parentes podem se importar profundamente com seus familiares e desejarem ajudar nessas circunstâncias. Mas se vivem longe, pouco podem fazer quando surge uma calamidade. Porém os vizinhos, por estarem próximos, talvez saibam logo da necessidade e podem ajudar mais rapidamente.

Como a tecnologia facilitou a conexão com os entes queridos em todo o mundo, podemos ficar desatentas a ponto de ignorar os que moram ao redor. Jesus, ajuda-nos a investir nos relacionamentos com os que colocaste ao nosso redor!

—Kirsten Holmberg

Quem a ajudou em momentos de necessidade?
Como juntar forças com quem está próximo a você?

*Graças te damos, Deus, por dar-nos vizinhos
para demonstrarmos cuidado uns pelos outros.*

5 de fevereiro

O milagre da neve branca

Isaías 1:15-20

*…Embora seus pecados sejam como o escarlate,
eu os tornarei brancos como a neve…*
—Isaías 1:18

No século 17, Sir Isaac Newton usou um prisma para estudar como a luz nos ajuda a ver cores diferentes. Ele descobriu que quando a luz passa através de um objeto, este parece possuir uma cor específica. Enquanto um único cristal de gelo parece translúcido, a neve é composta de muitos cristais de gelo esmagados juntos. Quando a luz passa através de todos os cristais, a neve parece ser branca.

A Bíblia menciona outra coisa que tem cor — o pecado. Por meio do profeta Isaías, Deus confrontou os pecados do povo de Judá e descreveu seu pecado "como escarlate" e como "vermelho como carmesim". No entanto, Deus prometeu que eles se tornariam "brancos como a neve" (Isaías 1:18). Como? Judá precisava se afastar do erro e buscar o perdão de Deus.

Graças a Jesus, temos acesso permanente ao perdão de Deus. Jesus chamou a si mesmo "a luz do mundo" e disse que aqueles que o seguirem "…não andarão no escuro, pois terão a luz da vida" (João 8:12).

Quando confessamos os nossos pecados, Deus nos perdoa e somos vistas através da luz do sacrifício de Cristo na cruz. Isso significa que Deus nos vê assim como Ele vê Jesus — irrepreensíveis.

Não precisamos nos sentir culpadas e envergonhadas pelo que fizemos de errado. Em vez disso, podemos nos apegar à verdade do perdão de Deus, que nos torna "brancos como a neve". —*Linda Washington*

O que significa ser completamente perdoada?
O que a ajuda a lembrar-se de que Deus a perdoou?

Pai celestial, sou muito grata pelo perdão.

6 de fevereiro

Quando a vida é difícil

Salmo 16

Eu disse ao Senhor: "Tu és meu Senhor!
Tudo que tenho de bom vem de ti".
—Salmo 16:2

Reclinei-me na poltrona por estar física, mental e emocionalmente exausta. Tínhamos seguido a direção de Deus e nos mudado para outro estado. Depois de chegarmos, ficamos sem carro por dois meses. Nesse meio tempo, a mobilidade limitada do meu marido após uma inesperada cirurgia e a minha dor crônica complicaram o desfazer das malas. Nossa nova casa era antiga e tinha problemas que precisavam de consertos caros. Nosso cão idoso teve problemas de saúde e o nosso cão filhote trouxe grande alegria, mas cuidar daquela bola de pelos cheia de energia foi muito mais trabalhoso do que esperávamos. Fiquei amargurada. Como manter a fé inabalável enquanto passava por essa turbulenta estrada cheia de dificuldades?

Ao orar, Deus me lembrou do salmista cujo louvor não dependia das circunstâncias. Davi derramou suas emoções tão frágeis e buscou refúgio na presença de Deus (v.1). Reconhecendo-o como provedor e protetor (vv.5,6), o salmista o louvou e seguiu o conselho divino (v.7). Ele afirmou que "não seria abalado", pois mantinha os olhos sempre no Senhor (v.8). Em seguida, Davi se alegrou e descansou na presença de Deus (vv.9-11).

Podemos nos alegrar porque a nossa paz não depende das circunstâncias. Ao agradecermos o nosso Deus imutável pelo que Ele é e sempre será, Sua presença alimentará a nossa fé para que esta se torne inabalável. —*Xochitl Dixon*

Quais situações você precisa entregar a Deus?

Pai, sou muito agradecida por
Tu seres imutável!

7 de fevereiro

A realidade de Deus

2 Reis 6:8-17

*O Senhor abriu os olhos do servo
e ele [viu] carros de fogo ao redor de Eliseu.*
—2 Reis 6:17

No livro *As Crônicas de Nárnia: O Leão, a Feiticeira e o Guarda-Roupa*, de C. S. Lewis (Martins Fontes, 2010), todos ficam emocionados quando o poderoso leão Aslam reaparece após prolongada ausência. A alegria deles se transforma em tristeza, quando Aslam concorda com uma exigência feita pela perversa Feiticeira Branca. Diante da aparente derrota de Aslam, os narnianos experimentam seu poder quando ele ruge de forma ensurdecedora e lança-se sobre a bruxa, derrotando-a. Embora tudo parecesse estar perdido, Aslam prova ser maior que a bruxa vilã.

Como os seguidores de Aslam, o servo de Eliseu se desesperou ao levantar-se certa manhã para ver a si mesmo e a Eliseu cercados por um exército inimigo. "Ai, meu senhor, o que faremos agora?" (2 Reis 6:15). A resposta do profeta foi calma: "Não tenha medo!", [...] Pois do nosso lado há muitos mais que do lado deles!" (v.16). Eliseu então orou: "Ó Senhor, abre os olhos dele, para que veja" (v.17). Então, "O Senhor abriu os olhos do servo, e ele viu as colinas ao redor de Eliseu cheias de cavalos e carruagens de fogo" (v.17). Mesmo que tudo parecesse sombrio aos olhos do servo, o poder de Deus se revelou maior do que a horda de inimigos.

Nossas circunstâncias difíceis podem nos fazer acreditar que tudo está perdido, mas Deus deseja abrir os nossos olhos e revelar que Ele é maior. —*Remi Oyedele*

Você já enfrentou momentos muito difíceis?
Como experimentou que Deus é maior do que qualquer mal?

Obrigada, Deus, por Tua fidelidade.

8 de fevereiro

Um lugar de pertença

Efésios 3:14-21

*Então Cristo habitará em seu coração
à medida que vocês confiarem nele...*
—Efésios 3:17

Depois da trágica perda de seus primeiros cônjuges, Roberto e Sabrina se apaixonaram, casaram e tornaram-se uma só família. Construíram seu novo lar e o chamaram *Havilá* ("contorcendo-se de dor" e "produzir" em hebraico). Significa a criação de algo belo através da dor. Eles não construíram um lar para esquecer o seu passado, mas para "trazer vida das cinzas e celebrar a esperança". Para eles, o lar "é um lugar de pertença, para celebrar a vida e onde todos nós podemos nos apegar à promessa de um futuro".

É uma bela imagem da nossa vida em Jesus que nos tira das cinzas e se torna para nós um lugar de pertença. Quando nós o recebemos, Ele faz a Sua morada em nosso coração (Efésios 3:17). Deus nos adota em Sua família por meio de Jesus para pertencermos a Ele (1:5-6). Embora passemos por momentos difíceis, o Senhor pode usar isso para bons propósitos em nossa vida.

Todos os dias, temos a oportunidade de aumentar a nossa compreensão de Deus, quando desfrutamos do amor de Cristo e celebramos o que o Senhor nos concedeu. No amor de Cristo, há "plenitude de vida e poder que vêm de Deus" (3:19). Nós temos a promessa de que esse relacionamento durará para sempre. Jesus é o nosso lugar de pertença, nossa razão para celebrar a vida e nossa esperança agora e para sempre. —*Anne Cetas*

De que maneira Jesus mudou a sua vida?
O que significa para você pertencer a Ele?

*Jesus, sou grata por pertencer a ti,
e pela vida plena de esperança agora e para sempre.*

9 de fevereiro

Promessas antigas

Números 6:22-27

*Que o S*ENHOR *o abençoe e o proteja.*
—NÚMEROS 6:24

Em 1979, o Dr. Gabriel Barkay e sua equipe descobriram dois pergaminhos de prata em um cemitério fora da Cidade Velha de Jerusalém. Em 2004, após 25 anos de cuidadosa pesquisa, os estudiosos confirmaram que os manuscritos eram os textos bíblicos mais antigos que existiam, enterrados 600 a.C. Acho particularmente importante os pergaminhos conterem a bênção sacerdotal que Deus queria que o Seu povo ouvisse: "Que o SENHOR o abençoe e o proteja. Que o SENHOR olhe para você com favor e lhe mostre bondade" (Números 6:24-25).

Ao conceder essa bênção, Deus mostrou a Arão e seus filhos (através de Moisés) como deveriam abençoar o povo em Seu nome. Os líderes deviam memorizar as palavras na forma que Deus lhes dera, para que falassem ao povo exatamente como o Senhor desejava. Note como essas palavras enfatizam que Deus é quem abençoa, pois duas vezes é dito "o SENHOR". E duas vezes usa-se o pronome de tratamento "você" para refletir o quanto Deus deseja que o Seu povo receba o Seu amor e favor.

Pondere por um momento que os mais antigos fragmentos da Bíblia expõem o desejo divino de abençoar. Que lembrança do amor ilimitado de Deus e como o Senhor quer relacionar-se conosco! Se você se sente longe de Deus hoje, apegue-se firmemente à promessa contida nestas antigas palavras: "Que o SENHOR o abençoe e o proteja". —*Amy Boucher Pye*

O que significa o fato de Deus desejar nos abençoar?
De que maneira você pode compartilhar o amor de Deus com os outros?

Pai, sou grata por Tuas bênçãos.
Ajuda-me a sempre reconhecer Tua maneira
de conceder alegria e paz.

10 de fevereiro

Amor dilacerado

Isaías 53:1-6

*Mas ele foi ferido por causa de nossa rebeldia
e esmagado por causa de nossos pecados...*
—Isaías 53:5

Carla ligou e enviou mensagem, mas agora ela estava do lado de fora da casa do irmão e não conseguia acordá-lo. Deprimido e lutando contra o vício, seu irmão se escondia em casa. Na tentativa desesperada de romper esse isolamento, Carla levou várias de suas comidas favoritas, além da Bíblia, e lançou o pacote sobre a cerca. Mas quando o pacote caiu, esbarrou em uma parte do portão, rasgando-se de um lado e deixando cair seu conteúdo pelo chão. Sua oferta bem-intencionada e cheia de amor estava no chão como um aparente desperdício. Seu irmão notaria aquele presente? Isso cumpriria a missão de levar alguma esperança? Carla só podia esperar e orar pela cura do seu irmão.

Deus amou o mundo de tal maneira que, basicamente, lançou o Seu único Filho sobre as paredes do nosso pecado, trazendo amor e cura para o nosso mundo (João 3:16). O profeta Isaías predisse o custo desse ato de amor (Isaías 53:5). O Filho seria "traspassado pelas nossas transgressões e moído pelas nossas iniquidades" (ARA). Suas feridas trariam a esperança da cura definitiva, pois Jesus tomou para si o "castigo que nós merecíamos" (v.6).

Dilacerado por espinhos causados pelo nosso pecado, Jesus, o presente de Deus chega aos nossos dias com novo poder e perspectiva. O que Jesus significa para você? —*Elisa Morgan*

Você já experimentou o amor de Deus e viu como Ele
pode transformar uma vida através da Sua maravilhosa graça?

*Deus, obrigada por Teu presente — Jesus,
enviado para preencher
a minha necessidade por Tua presença.*

11 de fevereiro

Rico para com Deus

1 Timóteo 6:6-11

No entanto, a devoção acompanhada de contentamento é, em si mesma, grande riqueza.
—1 Timóteo 6:6

Meus pais cresceram durante a Grande Depressão e sofreram dificuldades quando pequenos. Eles foram bons mordomos do dinheiro e trabalhadores agradecidos, e nunca foram gananciosos. Deram seu tempo, talentos e tesouros à igreja e aos necessitados. Eles levaram a sério a advertência: "Mas aqueles que desejam enriquecer caem em tentações e armadilhas e em muitos desejos tolos e nocivos, que os levam à ruína e destruição" (1 Timóteo 6:9).

Paulo deu esse conselho a Timóteo, o jovem pastor da cidade de Éfeso, uma cidade rica onde as riquezas tentavam a todos. E advertiu: "Pois o amor ao dinheiro é a raiz de todo mal. E algumas pessoas, por tanto desejarem dinheiro, desviaram-se da fé e afligiram a si mesmos com muitos sofrimentos" (v.10).

Então, qual é o antídoto para a ganância? Ser "rico para com Deus", disse Jesus (Lucas 12:13-21). Quando buscamos e amamos o nosso Pai celestial acima de tudo, Ele continua sendo o nosso principal deleite. Como o salmista escreveu: "Satisfaze-nos a cada manhã com o teu amor, para que cantemos de alegria até o final da vida" (Salmo 90:14). Regozijar-se no Senhor sempre nos alivia da cobiça, deixando-nos satisfeitos. Que Jesus resgate os desejos do nosso coração, tornando-nos ricos para com Deus! —*Patrícia Raybon*

Como você lida com o dinheiro?
Ele tem maior valor do que deveria? De que maneira você pode entregar as suas preocupações financeiras a Deus hoje?

Deus, supre-nos pela manhã com o Teu amor infalível substituindo a nossa ganância pelo anseio por ti.

12 de fevereiro

Pensamentos de alegria

Filipenses 4:4-9

Alegrem-se sempre no Senhor. Repito: alegrem-se!
—FILIPENSES 4:4

Numa coletânea de entrevistas de Bill Shapiro na *Revista Life*, as pessoas falam de um único item de grande importância do qual nunca se separariam. Isso me fez refletir sobre os bens que mais significam para mim e me trazem alegria. Um é uma simples receita escrita à mão por minha mãe há 40 anos. Outro é uma xícara de chá da minha avó. Outros podem valorizar memórias preciosas, elogios encorajadores, sorrisos de netos ou uma percepção especial da Bíblia.

Às vezes guardamos em nosso coração coisas que nos trazem grande infelicidade: Ansiedade — oculta, mas facilmente recuperada. Raiva — abaixo da superfície, mas pronta para atacar. Ressentimento — corroendo silenciosamente o íntimo de nossos pensamentos. O apóstolo Paulo abordou uma maneira mais positiva de *pensar* na carta à igreja de Filipos. Ele os encorajou a sempre se alegrarem, serem gentis e levarem tudo a Deus em oração (Filipenses 4:4-9).

As palavras edificantes de Paulo sobre o que pensar nos ajudam a ver que é possível afastar os pensamentos obscuros e permitir que a paz de Deus guarde o nosso coração e mente em Jesus (v.7). Quando os pensamentos que ocupam a nossa mente são verdadeiros, nobres, corretos, puros, amáveis, admiráveis e louváveis guardamos a paz de Deus em nosso coração (v.8). —*Cindy Hess Kasper*

Quais pensamentos indesejáveis teimam em habitar a sua mente?
Como encher diariamente a mente com coisas boas?

*Deus, guia os meus pensamentos
e mantém o meu coração e vida sob o Teu cuidado.*

13 de fevereiro

A fé para perseverar

Atos 22:27-38

*...enfrentar dificuldades e provações, [...]
contribuem para desenvolvermos perseverança.*
—Romanos 5:3

Ernest Shackleton (1874–1922) liderou uma expedição malsucedida para atravessar a Antártida em 1914. O seu navio, *Endurance* (Resistência), ficou preso no pesado gelo no mar de Weddell e a sobrevivência se tornou uma corrida de resistência. Sem meios de se comunicar, Shackleton e sua tripulação usaram botes salva-vidas para fazer a viagem à costa mais próxima. A maioria da tripulação ficou para trás na ilha, enquanto Shackleton e cinco tripulantes viajaram quase 1300 km por duas semanas pelo oceano em busca de ajuda na Geórgia do Sul. A expedição "fracassada" tornou-se um registro vitorioso nos livros de história, quando todos os homens de Shackleton sobreviveram, graças à sua coragem e resistência.

O apóstolo Paulo sabia o que significava perseverar. Durante uma tempestuosa viagem a Roma para enfrentar julgamento por sua fé em Jesus, ele soube por um anjo que o navio afundaria. Mas o apóstolo encorajou os homens a bordo com a promessa de Deus de que todos sobreviveriam, apesar da perda do navio (Atos 27:23-24).

Numa tragédia, nossa tendência é querer que Deus resolva imediatamente. Mas o Senhor nos concede a fé para a suportar e crescer. Como Paulo nos ensinou, as dificuldades e provações ajudam a desenvolvermos a perseverança. Sabendo disso, somos encorajaradas a confiar em Deus em tempos difíceis. —*Linda Washington*

Como encorajar alguém que esteja passando por provações?

Pai celestial, preciso da Tua ajuda para continuar, mesmo quando é difícil.

14 de fevereiro

Investimentos da fé

Deuteronômio 11:19

Ensinem-nas [minhas palavras] a seus filhos.
—Deuteronômio 11:19

O garoto de 12 anos aguardava ansioso a abertura dos presentes. Ele queria uma bicicleta nova, mas sentiu-se frustrado quando recebeu um dicionário como o seu último presente. Na primeira página, ele leu: "Para Carlos, de seus pais, 1958. Com amor e grandes esperanças para o seu melhor na escola".

Ele se saiu bem na escola, formou-se na faculdade e, mais tarde, treinou pilotagem de aviões. Ele cumpriu o seu desejo de compartilhar sobre Jesus e ajudar os necessitados. E, cerca de 60 anos após receber tal presente, ele compartilhou o desgastado dicionário com seus netos. Isso se tornou um símbolo do investimento amoroso de seus pais em seu futuro, e ele ainda o valoriza. É grato pelo investimento que seus pais fizeram na edificação de sua fé, ensinando-o sobre Deus e a Bíblia.

Em Deuteronômio, lemos sobre a importância de aproveitar todas as oportunidades para compartilhar as palavras das Escrituras com as crianças: "Ensinem-nas a seus filhos. Conversem a respeito delas quando estiverem em casa e quando estiverem caminhando, quando se deitarem e quando se levantarem" (11:19).

Para Carlos, os valores eternos que aprendeu frutificaram numa vida de serviço para o seu Salvador. Deus é quem nos capacita e Ele sabe o quanto o nosso investimento no crescimento espiritual de alguém renderá. —*Cindy Hess Kasper*

Como direcionar o coração das crianças
para a sabedoria encontrada na Bíblia?

Pai, ajuda-me a investir mais do meu tempo
em leituras da Bíblia para aprender
mais sobre a Tua sabedoria

15 de fevereiro

Recuperando o que está perdido

1 Samuel 30:1-6,18-19

Mas Davi encontrou forças no Senhor, seu Deus.
—1 Samuel 30:6

Nosso pastor se preparou para as más notícias quando o seu telefone caiu acidentalmente. Perda total, certo? Na verdade, não! A funcionária da loja recuperou todos os dados do aparelho, incluindo seus vídeos bíblicos e fotos. Ela também recuperou todas as fotos que ele já havia deletado e substituiu o aparelho por um novo. Como ele disse: "Recuperei tudo o que tinha perdido e *um pouco mais*".

Certa ocasião após um ataque dos violentos amalequitas, Davi liderou a sua própria missão de resgate. Rejeitado pelos governantes filisteus, Ele e seu exército descobriram que os amalequitas haviam invadido e incendiado sua cidade de Ziclague, levando cativos "suas mulheres, seus filhos e suas filhas" (1 Samuel 30:2-3). Davi e seus soldados "lamentaram e choraram em alta voz até não aguentar mais" (v.4). Esses homens, de tão amargurados com Davi, falavam em "apedrejá-lo" (v.6).

"Mas Davi encontrou força no Senhor, seu Deus" (v.6). Como Deus prometeu, Davi os perseguiu e "recuperou tudo que os amalequitas haviam tomado […]. Não faltava coisa alguma: nem pequena nem grande, nem filho nem filha, nem qualquer outra coisa que havia sido tomada. Davi trouxe tudo de volta" (vv.18-19). À medida que enfrentamos ataques espirituais que nos "roubam" até mesmo a esperança, que possamos encontrar força renovada em Deus. Ele estará conosco em todos os desafios da vida. —*Patricia Raybon*

Você já entregou-se a Deus,
permitindo que Ele renove as suas forças?

*Deus, frente aos desafios da vida,
ajuda-me a encontrar a esperança em ti.*

16 de fevereiro

Olhando para o alto

Colossenses 3:1-4

Pensem nas coisas do alto, e não nas coisas da terra.
—Colossenses 3:2

A lula de olhos vesgos vive no fundo rochoso do oceano, onde a luz solar mal se filtra por entre as águas profundas. Esse nome é uma referência aos dois olhos extremamente diferentes: com o tempo o olho esquerdo se torna quase duas vezes maior do que o da direita. Os cientistas deduzem que o molusco usa o olho direito, o menor, nas profundezas escuras. O olho esquerdo maior, para olhar em direção à luz solar.

A lula é uma representação improvável do que significa viver em nosso mundo atual e da esperança que temos como pessoas que foram ressuscitadas "para uma nova vida com Cristo". Paulo insiste que pensemos "nas coisas do alto, e não nas coisas da terra" porque nossa "verdadeira vida está escondida com Cristo em Deus" (Colossenses 3:1-3).

Enquanto aguardamos a nossa vida no Céu, olhemos firmemente ao que está ocorrendo ao nosso redor hoje. Mas assim como o olho esquerdo da lula se desenvolve ao longo do tempo e torna-se maior e mais sensível ao que está acontecendo, nós também podemos perceber mais conscientemente como Deus age no reino espiritual. Talvez ainda não tenhamos compreendido completamente o que significa "nova vida" em Jesus, mas à medida que olharmos "para as coisas do alto", nossos olhos começarão a enxergar cada vez mais. —*Kirsten Holmberg*

Como você pode desenvolver a sua visão "para o alto"?
Como se envolver com as coisas "celestiais"?

Amado Deus, ajuda-me a viver totalmente focada naquilo que vem de ti!

17 de fevereiro

Alegre celebração

Apocalipse 19:1-9

...pois chegou a hora do casamento do Cordeiro.
—Apocalipse 19:7

Minha amiga Sharon e Melissa, a filha adolescente do meu amigo Dave, morreram tragicamente em acidentes de carro. Certa noite, sonhei que elas riam e conversavam entre si, enquanto penduravam fitas de serpentina num salão de festas e ambas me ignoraram quando entrei. Sobre uma mesa com toalhas brancas estavam os pratos e cálices de ouro. Perguntei-lhes se poderia ajudar, mas elas pareciam não me ouvir e continuaram suas tarefas. Em seguida, Sharon falou: "Esta festa é a recepção do casamento da Melissa". "Quem é o noivo?", perguntei. Ninguém respondeu, mas elas sorriram, entreolhando-se com conhecimento de causa. Finalmente, dei-me conta: "é Jesus! Ele é o noivo", sussurrei ao acordar.

Isso traz à mente a celebração que os cristãos compartilharão quando Jesus voltar. Lemos em Apocalipse que será "o banquete do casamento do Cordeiro" (19:9). João Batista, que preparou as pessoas para a primeira vinda de Cristo, o chamou de "o Cordeiro de Deus, que tira o pecado do mundo" (João 1:29). Ele se referiu a Jesus como "o noivo" e a si mesmo como o "amigo" (algo como o padrinho) que esperava por Ele (3:29).

Nesse dia de festa e por toda a eternidade, desfrutaremos da comunhão ininterrupta com Jesus, nosso noivo, com elas, e com todo o povo de Deus. —*Anne Cetas*

O que significa para você o convite de Jesus para vir a Ele por perdão e vida eterna? Para quem você poderia contar a sua história?

Jesus, aguardo com esperança este dia de celebração quando o verei na eternidade. Vem, Senhor Jesus!

18 de fevereiro

Algo novo

Isaías 43:14-21

*…estou prestes a realizar algo novo. […]
Abrirei um caminho no meio do deserto, farei rios na terra seca.*
—Isaías 43:19

É difícil cultivar onde não há água doce. Para resolver isso, foram construídas "casas de resfriamento" na Somália, África, e noutros países com climas semelhantes. Essas casas usam bombas solares para jogar água salgada sobre paredes de papelão ondulado. A água desce em cada painel e deixa seu sal para trás. Grande parte da água doce restante evapora dentro da estrutura, que se torna lugar úmido onde as frutas e hortaliças florescem.

Por meio do profeta Isaías, Deus prometeu fazer "algo novo" ao providenciar "rios na terra seca" para Israel. Isso contrastava com o que Ele tinha feito para resgatar Seu povo do exército egípcio. Lembra-se do mar Vermelho? Deus queria que o Seu povo relembrasse o passado, mas que isso não ofuscasse o Seu envolvimento na vida deles naquele momento (v.18). E disse-lhes: "…estou prestes a realizar algo novo. Vejam, já comecei! Não percebem? Abrirei um caminho no meio do deserto, farei rios na terra seca" (43:19).

Olhar para o passado pode fortalecer a nossa fé na provisão de Deus, viver no passado pode nos cegar à obra do Espírito no presente. Peçamos ao Senhor que nos revele como Ele se move: ajudando, refazendo e amparando Seu povo atualmente. Que tal percepção nos motive à parceria com Ele para atender as necessidades dos que estão próximos ou distantes. —*Jennifer Benson Schuldt*

Deus fez algo novo em sua vida?
Você ajuda a tornar o mundo um lugar melhor?

*Deus, louvo-te por sempre fazeres
"algo novo" em nós. Ajuda-me a confiar em ti,
em todas as minhas necessidades.*

19 de fevereiro

Enviando um SOS

Salmo 34:1-10

Busquei o Senhor, e ele me respondeu...
—Salmo 34:4

Quando a cabana de um colono numa região montanhosa do Alasca pegou fogo em pleno inverno, ele ficou sem abrigo adequado e poucas provisões no estado mais frio dos EUA. Três semanas depois, ele foi resgatado por uma aeronave que sobrevoou o local e avistou o grande SOS que ele havia pisoteado na neve e escurecido com fuligem.

O salmista Davi também estava em apuros quando foi perseguido pelo ciumento rei Saul que tentava matá-lo. E, por isso, fugiu para a cidade de Gate, onde fingiu estar louco, a fim de preservar sua vida (1 Samuel 21). Diante disso, temos o Salmo 34, onde Davi clamou em oração a Deus e encontrou paz (vv.4-6). Deus ouviu os apelos dele e o livrou.

Você tem clamado por ajuda em meio a uma situação desesperadora? Esteja certo de que Deus ainda hoje ouve e responde os nossos clamores de angústia. Assim como foi com Davi, Ele está atento aos nossos pedidos de socorro e nos livra "de todos os [nossos] temores" (v.4) e muitas vezes nos livra "de todas as [nossas] angústias" (v.6).

As Escrituras nos convidam a "entregar [nossas] aflições ao Senhor e ele cuidará de [nós]" (Salmo 55:22). Quando entregamos as nossas circunstâncias difíceis a Deus, podemos confiar que Ele proverá a ajuda que precisamos. Estamos seguras em Suas competentes mãos. —*Alyson Kieda*

Você sentiu paz após clamar a Deus
e Ele a resgatar de uma situação desesperadora?

Pai, obrigada por ouvires minhas orações e por Teu conforto e paz. Sou grata por me resgatares do meu pecado.

20 de fevereiro
Semelhança perfeita

Colossenses 1:15-23

*O Filho é a imagem do Deus invisível
e é supremo sobre toda a criação.*
—COLOSSENSES 1:15

Encontramos uma mulher que conhecia a família do meu marido desde criança e após olhar para o nosso filho disse: "Ele se parece muito com o pai, os olhos e o sorriso são idênticos". Ela se deliciava em reconhecer semelhanças tão fortes entre eles a ponto de percebê-las em suas personalidades. Ainda que eles sejam parecidos em muitos aspectos, meu filho não reflete a imagem do seu pai perfeitamente.

Há apenas um Filho — Jesus, que reflete o Seu Pai completamente. Cristo é a "imagem do Deus invisível e é supremo sobre toda a criação" (Colossenses 1:15). "Pois por meio dele, todas as coisas foram criadas" (v.16). "Ele existia antes de todas as coisas e mantém tudo em harmonia" (v.17).

Podemos investir tempo em oração e estudo bíblico, descobrindo o caráter do Pai ao olhar para Jesus — Deus encarnado. O Senhor nos convida a testemunhar o Seu amor em ação, examinando como Ele interage com os outros nas Escrituras e em nosso dia a dia. Após entregarmos a nossa vida a Cristo e recebermos a dádiva do Espírito Santo, podemos crescer no conhecimento e confiança em nosso amado Pai.

O Senhor nos transforma para refletirmos o Seu caráter, e a partir disso que possamos viver para Ele. Que alegria seria se outros pudessem dizer que nos parecemos com Jesus! —*Xochitl Dixon*

Qual característica de Jesus você cultivou em sua vida
ao longo do último ano? Qual você gostaria de cultivar neste ano?

*Senhor Jesus, por favor, ajuda-me a conhecer-te mais,
à medida que me torno mais semelhante a ti!*

21 de fevereiro

Lembre-se de cantar

Salmo 147:1-7

Como é bom cantar louvores ao nosso Deus.
—Salmo 147:1

Nancy Gustafson, cantora de ópera aposentada, sentiu-se arrasada ao visitar sua mãe e observar o seu contínuo declínio por demência. Ela mal a reconhecia e mal falava. Depois de várias visitas mensais, Nancy começou a cantar para ela. Os olhos de sua mãe se iluminaram com os sons musicais, e ela começou a cantar também, por 20 minutos! Até brincou que elas eram "As cantoras da Família Gustafson!". Alguns terapeutas concluíram que a música é capaz de evocar memórias perdidas. Cantar "as favoritas" melhora o humor, reduz quedas, idas ao pronto-socorro e sedativos.

Mais pesquisas sobre memória musical estão em andamento. A Bíblia nos revela que a alegria que vem do canto é um presente de Deus — e é verdadeira. "Como é bom cantar louvores ao nosso Deus. Como é agradável e apropriado!" (Salmo 147:1).

Na verdade, ao longo das Escrituras, o povo de Deus é encorajado a levantar suas vozes em canções de louvor ao Senhor. "Cantem ao Senhor, pois ele tem feito maravilhas" (Isaías 12:5). "Deu-me um novo cântico para entoar, um hino de louvor a nosso Deus. Muitos verão o que ele fez, temerão e confiarão no Senhor" (Salmo 40:3). Nosso canto nos inspira, mas inspira também os que os ouvem. Que todas nós nos lembremos: nosso Deus é grande e digno de louvor. —*Patricia Raybon*

Qual a influência da música em sua vida?
Você pode dedicar algum tempo de louvor
com os que sofrem por problemas de memória?

Deus, que eu sempre te louve!
Agradeço-te por desbloqueares muitas mentes
pela beleza e poder da música.

22 de fevereiro
Não somos Deus

Ezequiel 28:1-10

Em seu grande orgulho, você diz: Sou um deus!...
—Ezequiel 28:2

Em *Cristianismo puro e simples* (Thomas Nelson, 2017) C. S. Lewis recomendou que nos questionemos se somos orgulhosos: "Quanto me desagrada que os outros me tratem como inferior, ou não notem minha presença [...], ou me tratem com condescendência, ou se exibam na minha frente?". Ele via o orgulho como vício do "mal supremo" e principal causa da miséria nos lares e nações. Lewis chamou o orgulho de "câncer espiritual" que destrói as possibilidades de amor, contentamento e bom senso.

O orgulho é um problema ao longo dos tempos. Deus, através de Ezequiel alertou o líder da poderosa cidade de Tiro contra o seu orgulho. Disse-lhe que isso resultaria em sua queda: "Uma vez que se considera sábio como um deus, trarei contra você um exército estrangeiro" (Ezequiel 28:6-7). Esse líder reconheceria que não era um deus, "mas apenas homem" (v.9).

Em oposição ao orgulho está a "humildade", e Lewis a chamou de uma virtude que recebemos por conhecermos a Deus. Ele afirmou que, à medida que entramos em contato com Deus, tornamo-nos "humildes" e nos sentimos aliviadas por nos livrarmos da nossa própria dignidade, absurda e sem sentido, que anteriormente nos deixava inquietas e infelizes.

Quanto mais adorarmos a Deus, mais o conheceremos e mais poderemos nos humilhar diante dele. Que sejamos aquelas que o amam e o servem com alegria e humildade. —*Amy Boucher Pye*

Quais suas respostas às perguntas de C. S. Lewis
sobre ser orgulhosa ou não? Isso a surpreendeu? Por quê?

*Deus, celebro a minha identidade
como alguém que Tu criaste,
reconhecendo a Tua grandiosidade e amor.*

23 de fevereiro

Promessas inimagináveis

2 Pedro 1:2-8

...Ele nos deu suas grandes e preciosas promessas.
—2 PEDRO 1:4

Nos momentos de maior fracasso, torna-se fácil acreditar que já é tarde demais para nós, que perdemos a chance de ter uma vida com propósito e valor. Assim o ex-prisioneiro Elias descreveu o que significa sentir-se presidiário: "destruí o meu futuro, a promessa do que eu poderia vir a ser". A vida de Elias começou a ser transformada quando ele entrou para um curso universitário da "Iniciativa Prisional" em sua cidade. Quando Elias sobressaiu-se num debate com pessoas da Universidade de Harvard isso o fez compreender que nem tudo estava perdido em seu futuro.

Essa transformação também acontece em nosso coração quando começamos a compreender que a boa notícia do amor de Deus em Jesus é boa-nova para nós também. Admiradas começamos a perceber que *não é tarde demais. Deus ainda tem um futuro para mim.*

Esse futuro não pode ser conquistado nem perdido, depende somente da infinita graça e poder de Deus (2 Pedro 1:2,3). Um futuro no qual somos libertas do desespero deste mundo e do nosso coração a um futuro repleto com Sua "glória e excelência" (v.3). Um futuro seguro nas "grandes e preciosas promessas" de Cristo (v.4) e "na esperança de que, com os filhos de Deus, a criação seja gloriosamente liberta da decadência que a escraviza" (Romanos 8:21). —*Monica La Rose*

Por que é difícil aceitarmos a graça e o amor "imerecidos"?
Você reconhece que para Deus o seu futuro é repleto de inimaginável beleza?

Jesus, decepcionei a mim e aos outro e destruí o futuro que sonhei. Ajuda-me a buscar o meu futuro em ti.

24 de fevereiro

Acenda a luz

Mateus 5:14-16

*...suas boas obras devem brilhar,
para que todos as vejam e louvem seu Pai, que está no céu.*
—Mateus 5:16

Nós nos preparávamos para mudar para outro estado, e eu queria preservar o contato com nossos filhos adultos. Comprei "lâmpadas de amizade" com conexão *wi-fi*. Expliquei-lhes que as lâmpadas deles acenderiam quando eu tocasse na minha lâmpada para lembrar-lhes do meu amor e orações. Não importaria a distância entre nós, um toque nas lâmpadas deles acionaria a luz em nossa lâmpada também. Embora soubéssemos que nada substituiria os nossos momentos mais pessoais de conexão, seríamos encorajados pelo amor e pelas orações cada vez que as luzes se acendessem.

Os filhos de Deus têm o privilégio de compartilhar a luz do Espírito Santo. Somos criadas para viver como faróis que irradiam a esperança eterna e o amor incondicional de Deus. Ao compartilharmos o evangelho e servirmos aos outros, em nome de Jesus, tornamo-nos Seus holofotes e testemunhos vivos. Cada boa ação, sorriso gentil, palavra de encorajamento e oração lembram a fidelidade de Deus e do Seu amor incondicional que transforma a vida (Mateus 5:14-16).

Onde quer que Deus nos leve e como Ele quiser que o sirvamos, podemos ajudar outros a resplandecerem a Sua luz. À medida que Deus, por Seu Espírito nos concede o verdadeiro brilho, podemos refletir o amor e a luz da Sua presença.

—*Xochitl Dixon*

Como refletir a luz de Cristo e demonstrar
o Seu amor a quem ainda não o conhece e àqueles
que pertencem a sua esfera de influência?

*Amado Pai, por favor,
alimenta-me com a Tua verdade e amor
para que eu possa brilhar por ti por onde eu for.*

25 de fevereiro

Jamais sozinho

Eclesiastes 4:8-12

É melhor serem dois que um [...].
Se um cair, o outro o ajuda a levantar-se.
—ECLESIASTES 4:9-10

Maggie Fergusson na revista *The Economist* de 1843 escreveu: "a solidão pode ser mais angustiante do que não ter um teto, sentir fome ou estar doente". Com exemplos comoventes, ela discorreu sobre o percentual de crescimento da solidão, independentemente do status social ou econômico.

A dor da solidão não é novidade. Ela ecoa das páginas do antigo livro de Eclesiastes, tantas vezes atribuído ao rei Salomão, em textos que capturam a tristeza dos que parecem não nutrir relações significativas (4:7-8). O orador lamenta que é possível adquirir riqueza, e nada usufruir dela por não ter com quem compartilhá-la.

No entanto, ele reconhece a beleza do companheirismo afirmando que os amigos o ajudam a realizar mais do que você poderia alcançar por conta própria (v.9); companheiros ajudam em momentos de necessidade (v.10); parceiros trazem conforto (v.11); amigos o protegem em situações difíceis (v.12).

A solidão é uma luta digna de nota. Deus nos criou para recebermos e compartilharmos os benefícios da amizade e da comunidade. Se você se sente sozinha, peça ajuda ao Senhor para que a auxilie a desenvolver relacionamentos significativos. Nesse meio tempo, encoraje-se pelo fato de o cristão nunca estar verdadeiramente sozinho porque o Espírito de Jesus está sempre conosco (Mateus 28:20).

—Lisa Samra

De que maneira alcançar alguém solitário?
Como Deus a abençoou quando você se sentiu sozinha?

Pai celestial, quando me sinto sozinha,
dá-me coragem para alcançar
os outros com a amizade e comunhão.

26 de fevereiro

Novo todas as manhãs

Lamentações 3:19-26

Grande é sua fidelidade; suas misericórdias se renovam cada manhã. [...] por isso, esperarei nele!
—Lamentações 3:23-24

Meu irmão Paulo cresceu lutando contra a epilepsia grave, e na adolescência dele isso piorou ainda mais. As noites eram excruciantes para ele e meus pais, com convulsões contínuas que muitas vezes perduravam por mais de 6 horas. Os médicos não conseguiam encontrar um tratamento que aliviasse os sintomas e o mantivesse consciente por pelo menos parte do dia. Meus pais clamavam: "Deus, ajuda-nos!".

Embora as emoções os baqueassem e os esgotassem, Deus os fortalecia em cada nova manhã. Meus pais encontraram o conforto nas palavras do livro de Lamentações. Nele, Jeremias expressou sua tristeza pela destruição de Jerusalém pelos babilônios, lembrando o sofrimento e desamparo (3:19). O profeta não perdeu a esperança e lembrou-se de que a fidelidade do Senhor e as "suas misericórdias se renovam cada manhã" (v.23). Meus pais também.

Seja o que for que enfrentarmos, Deus é fiel todas as manhãs. Ele renova a nossa força, dia após dia, e nos concede esperança. E, muitas vezes, como para minha família, Ele traz alívio. Depois de vários anos, surgiu um novo medicamento capaz de interromper as convulsões noturnas contínuas de Paulo, o que trouxe para minha família um sono restaurador e esperança para o futuro.

Quando nossa alma está abatida (v.20), lembremo-nos das promessas de Deus de que as Suas misericórdias são novas, todas as manhãs. —*Amy Boucher Pye*

Como você pode apoiar quem passa
por um momento desafiador?

*Deus, Teu amor nunca me deixará.
Quando eu estiver sem esperança, lembra-me
de Tuas misericórdias e fidelidade.*

27 de fevereiro

Quem é?

2 Samuel 12:1-14

...Davi confessou a Natã: "Pequei contra o Senhor". Natã respondeu: "Sim, mas o Senhor o perdoou..."
—2 Samuel 12:13

Após instalar uma câmera de segurança em sua casa, o homem foi verificar se o sistema de vídeo estava funcionando. Ao ver uma pessoa de ombros largos e vestida de preto andando pelo quintal, ele ficou observando o que o homem faria. Mas o intruso parecia familiar. Finalmente, percebeu que não se tratava de um estranho, mas que havia gravado *a si próprio*!

O que veríamos se pudéssemos sair da nossa pele em certas situações? Quando o coração de Davi estava endurecido, e ele precisou de uma perspectiva externa — uma perspectiva divina — sobre o seu envolvimento com Bate-Seba, Deus enviou Natã para resgatá-lo (2 Samuel 12).

Natã contou a Davi uma história sobre um homem rico que roubara a única ovelha de um homem pobre. Embora o rico possuísse rebanhos, ainda assim para fazer uma refeição matou a única ovelhinha do pobre. Quando Natã revelou que a história ilustrava as ações de Davi, o salmista viu como havia prejudicado Urias. Natã explicou-lhe as consequências, mas garantiu a Davi: "o Senhor o perdoou" (v.13).

Se Deus revela os pecados em nossa vida, Seu propósito maior não é nos condenar, mas nos restaurar e nos ajudar a nos reconciliar com o Senhor por meio do poder do Seu perdão e de Sua graça. —*Jennifer Benson Schuldt*

Você precisa arrepender-se? Como a graça de Deus
a encoraja a entrar em Sua presença com honestidade?

*Deus, ajuda-me a ver a minha vida como o Senhor
a vê para vivenciar a Tua graça e proximidade.*

28 de fevereiro

A beleza do amor

Provérbios 5

Seja abençoada a sua fonte.
—Provérbios 5:18

A dança mexicana do chapéu também conhecida como "Jarabe Tapatío" celebra o romance. Durante essa dança contagiante, o homem coloca seu sombreiro no chão. Ao final, a mulher o ajuda, e ambos se escondem atrás do chapéu para selar o seu romance com um beijo.

Essa dança tradicional me lembra da importância da fidelidade no casamento. Em Provérbios 5, depois de falar sobre o alto preço da imoralidade, lemos que o casamento é exclusivo: "Beba a água de sua própria cisterna, compartilhe seu amor somente com a sua esposa" (v.15). Mesmo com dez casais dançando o *Jarabe* no salão, cada pessoa se foca apenas no próprio parceiro. Podemos alegrar-nos num compromisso profundo e integral com o nosso cônjuge (v.18).

Nosso romance também está sendo observado. Os dançarinos, enquanto se divertem com o parceiro, sabem que alguém os assiste. Da mesma forma, lemos: "Pois o Senhor vê com clareza o que o homem faz e examina todos os seus caminhos" (v.21). Deus quer proteger o nosso casamento e, por isso, observa-nos constantemente. Que possamos agradar ao Senhor com a lealdade que demonstramos uns aos outros.

Assim como o ritmo na dança *Jarabe* há um ritmo a se seguir na vida. Quando nos mantemos no ritmo do nosso Criador sendo fiéis a Ele — quer sejamos casadas ou não —, encontramos bênçãos e alegria. —*Keila Ochoa*

Senhor, Tu conheces todos os meus caminhos.
Ajuda-me a honrar-te nos meus relacionamentos.

A fidelidade produz alegria.

1.º de março

Uma chamada para o seguir

Mateus 4:18-22

No mesmo instante, deixaram suas redes e o seguiram.
—Mateus 4:20

Quando jovem, imaginava-me casada com o meu namorado do Ensino Médio — até que terminamos. Meu futuro parecia sem horizontes diante de mim, e lutei com o que faria com a minha vida. Por fim, senti que Deus me guiava para servi-lo, servindo aos outros, e me matriculei no seminário. Percebi que para isso teria que me afastar e deixar para trás minhas raízes, amigos e família.

Jesus estava andando à beira do mar da Galileia quando viu Pedro e seu irmão André lançando redes ao mar, pescando para sobreviver. Ele os convidou: "Sigam-me, e eu farei de vocês pescadores de gente" (Mateus 4:19). Pouco adiante, Jesus viu outros dois pescadores, Tiago e seu irmão João, e lhes fez um convite similar (v.21).

Quando esses discípulos vieram a Jesus, eles também deixaram algo. Pedro e André "deixaram suas redes" (v.20). Tiago e João "o seguiram de imediato, deixando para trás o barco e o pai" (v.22). Lucas coloca desta forma: "E, assim que chegaram à praia, deixaram tudo e seguiram Jesus" (5:11).

Todo chamado *para* Jesus também inclui um chamado a *entregar* outra coisa — redes, barcos, pais, amigos e casa. Deus chama todas nós para termos um relacionamento com Ele. E, na sequência, o Senhor chama cada uma de nós para servi-lo. —*Elisa Morgan*

Como o chamado de Deus *para* segui-lo
pode incluir também *a entrega* de outra situação?
De que maneiras você pode confiar nele
com o que está deixando para trás?

*Amoroso Deus, ajuda-me a entender
o que preciso deixar para responder ao Teu chamado.*

2 de março

É melhor serem dois

Eclesiastes 4:9-11

*É melhor serem dois que um,
pois um ajuda o outro a alcançar o sucesso.*
—Eclesiastes 4:9

No *Triátlon Ironman* de 1997, duas mulheres lutaram muito até a linha de chegada. Exaustas, perseveraram vacilantes, até que Sian Welch esbarrou em Wendy Ingraham. Ambas caíram e lutaram para se levantar, tropeçaram e caíram de novo a cerca de 20 metros da chegada. Wendy começou a engatinhar e a multidão aplaudiu. Quando a concorrente seguiu o exemplo, eles aplaudiram ainda mais alto. Wendy cruzou a linha de chegada em 4.º lugar e caiu nos braços estendidos de seus apoiadores. Daí, virou-se e estendeu sua mão para sua irmã caída. Sian lançou seu corpo à frente, esticou o braço em direção à mão de Wendy e cruzou a linha de chegada. Quando ela terminou a corrida em quinto lugar, a multidão gritou em aprovação.

A finalização dessa prova que inclui natação, ciclismo e corrida de 140 km inspirou muitas pessoas. A imagem das competidoras cansadas e perseverando juntas está arraigada em minha mente, reafirmando a verdade descrita em Eclesiastes 4:9-11.

Não há vergonha em admitir que precisamos de ajuda (v.9), nem podemos *honestamente* negar nossas necessidades ou escondê-las do Deus onisciente. Em algum momento, cairemos, física ou emocionalmente. Saber que não estamos sozinhas traz conforto e nos ajuda a perseverar. Nosso Pai nos ajuda e nos capacita a alcançar os necessitados, assegurando-lhes que também não estão sozinhos.

—*Xochitl Dixon*

Alguém a ajudou recentemente?
Como encorajar outros nesta semana?

*Deus, obrigada por Tua presença e por nos dares
a oportunidade de alcançarmos outros.*

3 de março
Abrigado por Deus

Salmo 121:5-8

O Senhor é seu protetor!
O Senhor está ao seu lado, como sombra que o abriga.
—Salmo 121:5

Meu neto se despediu, depois voltou-se e perguntou: "Vovó, por que você fica na varanda olhando até sairmos?". Sorri, achando sua pergunta "fofa" pois ele é tão pequeno. Vendo sua preocupação, tentei dar uma boa resposta. "Bem, é uma cortesia. Se você é meu convidado, observar a sua saída mostra que eu me importo", disse-lhe. Ele pensou no que eu disse, mas ainda parecia perplexo. Então, eu lhe falei a simples verdade: "Fico, porque amo você. Quando vejo o carro indo embora, sei que está indo para casa em segurança". Ele sorriu, abraçando-me com carinho. Finalmente, ele entendeu.

Sua compreensão infantil me lembrou o que devemos ter em mente: o nosso Pai celestial nos vigia sempre, somos Suas preciosas filhas. O salmista diz: "O Senhor é seu protetor! O Senhor está ao seu lado, como sombra que o abriga" (v.5).

Que garantia para os peregrinos de Israel enquanto subiam as estradas perigosas até Jerusalém para adorar: "O sol não lhe fará mal de dia, nem a lua, de noite. O Senhor o guarda de todo mal e protege sua vida" (vv.6-7). Da mesma forma, à medida que cada uma de nós trafega pelos caminho da vida, às vezes enfrentando ameaças ou dano espiritual: "O Senhor o guarda em tudo que você faz, agora e para sempre". Por quê? Por Seu amor. Quando? "Agora e para sempre" (v.8).

—*Patrícia Raybon*

Que "montanha" você está escalando hoje?
Saber que Deus cuida de você a faz se sentir segura?

Amoroso Pai, obrigada por nos vigiares
e nos abrigar ao trafegarmos pela estrada da vida.

4 de março

Ele compreende perfeitamente

Marcos 12:41-44

É impossível medir seu entendimento.
—SALMO 147:5

Finn, um peixe *betta*, viveu em nossa casa por dois anos. Minha filha costumava conversar com ele depois de alimentá-lo no aquário. No jardim de infância, ela orgulhosamente reivindicou o peixe-de-briga-siamês como sendo seu e sofreu muito quando o peixe morreu.

Minha mãe me aconselhou a ouvir atentamente os sentimentos dela e a lhe dizer que: "Deus a compreendia perfeitamente". Concordei que Deus sabe de tudo, mas questionei: "De que maneira isso pode confortá-la?". Ocorreu-me que Deus não está apenas ciente dos acontecimentos em nossa vida, mas se compadece de nossa alma e sabe como eles nos afetam. Compreende que as "pequenas coisas" podem parecer grandes dependendo da nossa idade, dores passadas ou falta de recursos.

Jesus viu o coração e o valor do presente de uma viúva quando ela ofertou duas moedas no Templo. Ele descreveu o que isso significava para ela dizendo: "Essa viúva depositou na caixa de ofertas mais que todos os outros. […] em sua pobreza deu tudo que tinha" (Marcos 12:43-44).

A viúva manteve o silêncio sobre a sua situação, mas Jesus reconheceu que o que os outros consideravam uma pequena doação para ela era sacrifício. Jesus vê a nossa vida da mesma maneira. Que encontremos o conforto em Sua compreensão ilimitada. —*Jennifer Benson Schuldt*

Você demonstra sua compaixão por alguém que sofre?
Como Deus a responde quando você lhe fala sobre seus problemas?

*Deus, obrigada por Teu amor e cuidado.
Sinto o Teu consolo e reconheço que
conheces tudo sobre mim.*

5 de março

Acerte a marmota

Filipenses 4:10-20

No entanto, a devoção acompanhada de contentamento é, em si mesma, grande riqueza.
—1 Timóteo 6:6

Talvez você saiba como isso funciona. Depois de um procedimento médico, as contas do anestesista, cirurgião, laboratório e hospital aparecem. Jason reclamou disso após uma cirurgia de emergência: "Devemos muito dinheiro apesar dos planos de saúde. Se pudermos pagar, a vida será melhor e ficarei contente! Sinto que estou jogando o jogo *Acerte a Marmota*" de cujos buracos surgem as toupeiras de plástico, e o jogador as acerta descontroladamente com um martelo.

Às vezes a vida também é assim. O apóstolo Paulo certamente poderia se identificar ao dizer: "Sei viver na necessidade", mas ele aprendeu "o segredo de viver em qualquer situação" (Filipenses 4:12). Seu segredo? "Posso todas as coisas por meio de Cristo, que me dá forças" (v.13). Quando passei por um momento de descontentamento, li num cartão: "Se não está aqui, onde está?". Lembrei-me de que se não estou contente aqui e agora, o que me faz pensar que o seria se eu *apenas* estivesse em outra situação?

Como aprendemos a descansar em Jesus? Talvez seja uma questão de foco: de apreciar e ser grata pelo bem, de aprender mais sobre a fidelidade do nosso Pai celestial, de crescer em confiança e ser mais paciente, de reconhecer que a vida é sobre Deus e não sobre mim. Talvez seja o momento de lhe pedir para me ensinar a contentar-me nele. —*Anne Cetas*

Em que áreas da sua vida você precisa crescer em contentamento?
Como mudar o seu enfoque?

*Deus, Tu és bom e tudo que fazes é bom.
Ensina-me, pois quero aprender a contentar-me em ti.*

6 de março

A conta é paga

Deuteronômio 26:12-15

*...entreguem seus dízimos aos levitas,
aos estrangeiros, aos órfãos e às viúvas.*
—Deuteronômio 26:12

"O que aconteceu com você?", perguntou Zeal, um empresário nigeriano, enquanto se inclinava sobre uma cama de hospital em Lagos, Nigéria. "Alguém atirou em mim", respondeu o jovem, com a coxa enfaixada. Embora o rapaz ferido estivesse bem o suficiente para voltar para sua casa, ele não seria liberado até que pagasse sua conta. Essa era a política seguida pelos hospitais públicos daquela região. Depois de consultar um assistente social, Zeal cobriu os custos do jovem anonimamente com o fundo de caridade que ele mesmo criou como forma de expressar sua fé cristã. Em contrapartida, o empresário espera que os que recebem essas dádivas um dia retribuam a outro.

O tema da retribuição à generosidade de Deus ecoa por toda a Bíblia. Por exemplo, quando Moisés instruiu os israelitas sobre como viver na Terra Prometida, disse-lhes para retribuir a Deus primeiro (vv.1-3) e cuidar dos necessitados: os estrangeiros, órfãos e viúvas (v.12). Por viverem numa "terra que produz leite e mel com fartura" (v.15), eles deveriam demonstrar o amor de Deus aos necessitados.

Nós também podemos espalhar o amor de Deus partilhando os nossos bens materiais, grandes ou pequenos. Podemos não ter a oportunidade de doar pessoalmente exatamente conforme Zeal o fez, mas podemos pedir a Deus que nos mostre como doar ou quem precisa de nossa ajuda. —*Amy Boucher Pye*

Você já recebeu uma dádiva inesperada, como você reagiu?

*Deus, abre os meus olhos às necessidades
das pessoas próximas e ou distantes.
Ensina-me a ajudá-las.*

7 de março

Antes mesmo de você perguntar

Isaías 65:17-25

*Eu os atenderei antes mesmo de clamarem a mim;
[...] responderei a suas orações!*
—Isaías 65:24

Um casal de amigos tem um casamento saudável por décadas, e amo vê-los interagirem. Um estende a manteiga para o outro antes de ser solicitado. O outro enche um copo no momento perfeito. Quando eles contam histórias, terminam as frases um do outro. Às vezes parece que sabem "ler" o que o outro pensa.

É reconfortante saber que Deus nos conhece e protege mais do que qualquer pessoa que conhecemos e amamos. Isaías descreve o relacionamento entre Deus e Seu povo no reino vindouro como sendo íntimo e terno. Deus diz sobre o Seu povo: "Eu os atenderei antes mesmo de clamarem a mim; enquanto ainda estiverem falando de suas necessidades, responderei a suas orações!" (v.24).

Mas como isso pode ser verdade? Há coisas sobre as quais tenho orado há anos sem receber uma resposta. Acredito que, à medida que crescemos na intimidade com Deus, alinhando o nosso coração ao dele, podemos aprender a confiar em Seu tempo e cuidado. Podemos começar a desejar o que Deus deseja.

Quando oramos, pedimos, entre outras coisas, o que faz parte do reino de Deus, conforme o descrito em Isaías 65: O fim para a tristeza (v.19), casas seguras, alimento e trabalho significativo para todas as pessoas (vv.21-23). Paz na natureza (v.25). Quando o reino de Deus vier em sua plenitude, o Senhor responderá a essas orações completamente. —*Amy Peterson*

Como você pode contribuir
para trazer o reino de Deus à Terra?

*Deus, obrigada por ouvires as minhas orações.
Transforma-me para que eu queira sempre a Tua vontade.*

8 de março

Delicie-se com o Livro

Josué 1:1-9

Relembre continuamente os termos deste Livro da Lei.
Medite nele dia e noite...
—Josué 1:8

Tsundoku. É a palavra que sempre precisei! Esse termo japonês se refere à pilha de livros numa mesa de cabeceira à espera de ser lido. Os livros oferecem o potencial para aprender, ou a fuga para um tempo ou local diferente. Eu anseio pelas delícias e descobertas encontradas em suas páginas. Então, a pilha permanece.

A ideia de que podemos encontrar prazer e ajuda num livro é ainda mais verdadeira em relação ao Livro dos livros — a Bíblia. Encontro encorajamento ao mergulhar nas Escrituras e ler as instruções que Deus deu a Josué, o recém-nomeado líder de Israel, encarregado de conduzir os israelitas à Terra Prometida (v.8).

Sabendo da dificuldade à frente, Deus assegurou a Josué: "Eu estarei com você" (v.5). Sua ajuda viria, em parte, através da obediência de Josué aos Seus mandamentos. Deus, então, o instruiu: "Relembre continuamente os termos deste Livro da Lei. Medite nele dia e noite, para ter certeza de cumprir tudo que nele está escrito" (v.8). Embora Josué possuísse o Livro da Lei, ele precisava estudá-lo regularmente para obter discernimento e compreensão sobre quem é Deus e Sua vontade para o Seu povo.

Você precisa de instrução, verdade ou encorajamento? Ao reservarmos tempo para ler, obedecer e encontrar o alimento nas Escrituras, podemos saborear tudo o que está em suas páginas (2 Timóteo 3:16). —*Lisa Samra*

O que a impede de estudar
e conhecer melhor a Bíblia?

Pai celestial, obrigada por Tua orientação
nas Escrituras. Ajuda-nos a desejar
ouvir a Tua voz mais e mais.

9 de março

A gaivota Chirpy

1 Reis 17:2-6

*Os corvos lhe traziam pão e carne de manhã
e à tarde, e ele bebia água do riacho.*
—1 Reis 17:6

Por 12 anos, a gaivota Chirpy faz visitas diárias a um homem que a ajudou a se curar de uma perna quebrada. O sr. John Sumner atraiu Chirpy com biscoitos para cachorro e, em seguida, conseguiu cuidar dela até que ficasse bem de saúde. Embora Chirpy só venha para Instow Beach, em Devon, Inglaterra, entre setembro e março, a gaivota e João se encontram com facilidade. Chirpy voa direto para ele quando chega à praia todos os dias, embora não se aproxime de nenhum outro ser humano. É um relacionamento incomum, com certeza.

O vínculo entre esse senhor e Chirpy me lembra de outro relacionamento incomum entre o homem e pássaro. Quando o profeta Elias foi enviado ao deserto para se esconder no "riacho de Querite" durante um período de seca, Deus disse que ele deveria beber da água do riacho e que enviaria corvos para fornecer comida (vv.3-4). Apesar das circunstâncias difíceis e do local, suas necessidades de comida e água seriam supridas. Os corvos eram provedores quase inimagináveis, pois alimentam-se de restos de comida impróprios; no entanto, trouxeram comida saudável para Elias.

Não surpreende quando um homem ajuda um pássaro, mas, quando as aves trazem ao homem "pão e carne de manhã e à tarde", isso só se explica pelo poder e cuidado de Deus (v.6). Como Elias, nós também podemos confiar na provisão divina. —*Kirsten Holmberg*

Deus proveu por suas necessidades de maneiras surpreendentes?

*Deus de amor, ajuda-me a confiar
em ti para prover minhas necessidades,
não importando as circunstâncias.*

10 de março

A imagem do desespero

Salmo 107:4-9

Em sua aflição, clamaram ao Senhor,
e ele os livrou de seus sofrimentos.
—Salmo 107:6

Durante a Grande Depressão nos EUA, a fotógrafa Dorothea Lange fotografou Florence Owens Thompson e seus filhos. Essa foto, *Mãe Migrante*, retrata o desespero de uma mãe diante do fracasso da colheita de ervilhas. Dorothea a tirou enquanto trabalhava para a Administração de Segurança das Fazendas, na esperança de conscientizar os proprietários sobre as necessidades dos desesperados trabalhadores agrícolas sazonais.

O livro de Lamentações apresenta outro momento de desespero — o de Judá logo após a destruição de Jerusalém. Antes de o exército de Nabucodonosor invadir para destruir a cidade, o povo havia sofrido de fome devido ao cerco (2 Reis 24:10-11). Embora a tribulação deles tenha sido causada por anos de desobediência a Deus, Jeremias clamou ao Senhor em favor de seu povo (Lamentações 2:11-12).

Embora o autor do Salmo 107 também descreva um momento de desespero na história de Israel (durante as peregrinações no deserto vv.4-5), o enfoque passa a ser sobre a ação necessária em tempos difíceis: "Em sua aflição, clamaram ao Senhor" (v.6). E que resultado maravilhoso: "…e ele os livrou de seus sofrimentos".

Em desespero? Não fique em silêncio. Clame a Deus. Ele ouve e anseia por restaurar sua esperança. Embora o Senhor nem sempre nos tire de situações difíceis, Ele promete estar sempre conosco. —Linda Washington

Quando você experimentou a ajuda de Deus
em momentos estressantes?

Pai celestial, sou grata
por Tua presença reconfortante.

11 de março

Reunião

Apocalipse 21:1-7

Vejam, o tabernáculo de Deus está no meio de seu povo!
—Apocalipse 21:3

O garotinho abriu com entusiasmo uma grande caixa de presente enviada por seu pai militar, pois acreditava que o pai não estaria em casa para comemorar seu aniversário. Dentro daquela caixa havia outra embrulhada, e dentro desta estava outra que tinha um pedaço de papel dizendo: "Surpresa!". Confuso, o garoto olhou para cima, no instante que o seu pai entrou na sala. Com lágrimas nos olhos, o filho saltou para os braços do pai, exclamando: "Papai, senti sua falta" e "Eu te amo!"

Essa reunião emocionante, mas alegre, traz a essência da descrição em Apocalipse 21 do momento glorioso em que os filhos de Deus veem seu Pai amoroso face a face, na criação totalmente renovada e restaurada. No Céu, Deus enxugará toda lágrima de nossos olhos. Não mais sentiremos dor ou tristeza, porque estaremos com nosso Pai celestial. Como a "forte voz" declara: "Vejam, o tabernáculo de Deus está no meio de seu povo! Deus habitará com eles, e eles serão seu povo..." (vv.3,4).

Há um terno amor e alegria que os cristãos já desfrutam com Deus. "Embora nunca o tenham visto, vocês o amam. E, ainda que não o vejam agora, creem nele e se regozijam com alegria inexprimível e gloriosa" (1 Pedro 1:8). Mas imagine a nossa alegria incrível e transbordante quando virmos aquele que amamos e desejamos nos receber em Seus braços abertos! —*Alyson Kieda*

> Quais as suas expectativas sobre como será viver
> na presença de Deus lá no Céu?

Amoroso Deus, ajuda-nos a servir-te com alegria enquanto antecipamos o dia em que estaremos com o Senhor.

12 de março
É hora de orar de novo

Efésios 6:10-20

Orem no Espírito em todos os momentos e ocasiões...
—Efésios 6:18

Estacionei na garagem e acenei para minha vizinha e sua filha Elizabeth. A garota havia se acostumado com nossas conversas espontâneas que duravam mais do que "poucos minutos" e acabavam em oração. Ela subiu na árvore no centro do jardim, pendurou as pernas num galho e se ocupou enquanto a mãe e eu conversávamos. Depois de um tempo, Elizabeth desceu da árvore e correu até nós. Agarrando nossas mãos, sorriu e quase cantou: "É hora de orar de novo". Mesmo pequena, ela parecia entender sobre a importância da oração em nossa amizade.

Depois de encorajar os cristãos a serem "fortes no Senhor e em seu grande poder" (v.10), Paulo ofereceu um ensino especial sobre o papel crucial da oração contínua. Descreveu a armadura que o povo de Deus precisaria em sua caminhada espiritual com o Senhor, que provê proteção, discernimento e confiança em Sua verdade (vv.11-17). Contudo, o apóstolo enfatizou que a força dada por Deus é consequência da imersão voluntária na oração que nos vivifica (vv.18-20).

Deus ouve e se importa com nossas preocupações, quer sejam faladas com ousadia, silenciosa ou profundamente encarceradas num coração abatido. Ele está sempre pronto para nos fortalecer em Seu poder, ao nos convidar a orar de novo, de novo e de novo. —*Xochitl Dixon*

Como a oração contínua pode mudar nossa perspectiva,
relacionamentos e vida cotidiana?
O seu tempo em oração é tão vital quanto o seu respirar?

*Eterno Pai, obrigada pelo privilégio de entrar
em Tua presença em oração.*

13 de março

Sem sabor

João 15:5-8

Sim, eu sou a videira; vocês são os ramos.
Quem permanece em mim, e eu nele, produz muito fruto.
—João 15:5

A luminária parecia perfeita para o meu escritório em casa; a cor, o tamanho e o preço certos. Em casa, no entanto, quando liguei o cabo, nada aconteceu. Sem luz. Sem eletricidade. Nada! "Não tem problema", meu marido me garantiu. "Posso consertar facilmente!". Ele desmontou o abajur e viu o problema na hora. O *plug* não estava conectado a nada. Sem fiação para uma fonte de energia, a linda e "perfeita" luminária era inútil.

Jesus disse aos Seus discípulos e a nós: "Sim, eu sou a videira; vocês são os ramos. Quem permanece em mim, e eu nele, produz muito fruto". Mas acrescentou: "sem mim, vocês não podem fazer coisa alguma" (v.5).

Esse ensinamento foi dado numa região de vinhedos e os discípulos o entenderam prontamente. As videiras são plantas resistentes cujos galhos toleram podas rigorosas. No entanto, os galhos tornam-se inúteis se forem cortados de sua fonte de vida. E nós também.

Quando permanecemos em Jesus e deixamos que as palavras dele habitem em nós, conectamo-nos à nossa Fonte de vida — o próprio Cristo. "Quando vocês produzem muitos frutos, trazem grande glória a meu Pai e demonstram que são meus discípulos de verdade" (v.8). Porém, resultado tão frutífero precisa de nutrição diária. Deus a concede livremente através das Escrituras e do Seu amor. Então ligue-se a Cristo e deixe a seiva fluir! —*Patrícia Raybon*

O que significa permanecer em Jesus?
Como Ele a equipou para que você dê frutos?

Deus Todo-poderoso, capacita-me
a permanecer em ti e permite que a Tua Palavra
produza bons frutos em mim.

14 de março

A herança imerecida

Efésios 1:3-14

Ele nos predestinou para si, [...] por meio de Jesus Cristo, conforme o bom propósito de sua vontade.
—Efésios 1:5

"Obrigada pelo jantar, papai", disse-lhe enquanto colocava meu guardanapo na mesa do restaurante. Eu estava de volta durante uma folga da faculdade e, tendo saído de casa há algum tempo, parecia estranho ter meus pais pagando por mim. "De nada, Julie", meu pai respondeu, "mas você não precisa me agradecer por tudo o tempo todo. Sei que você está sozinha, mas ainda é minha filha e parte da família". Eu sorri e disse: "Obrigada, papai".

Na minha família, não fiz nada para merecer o amor dos meus pais ou o que eles fazem por mim. Mas o comentário do meu pai me lembra de que eu também não fiz nada para ser parte da família de Deus.

No livro de Efésios, Paulo diz aos leitores que Deus os escolheu para serem "santos e sem culpa diante dele" (1:4), ou para permanecerem santos diante dele (5:25-27). Mas isso só é possível através de Jesus, pois Deus "é tão rico em graça que comprou nossa liberdade com o sangue de seu Filho e perdoou nossos pecados" (1:7). Não precisamos merecer a graça, perdão ou a entrada na família de Deus. Simplesmente aceitamos essa Sua dádiva.

Ao entregarmos a nossa vida a Jesus, tornamo-nos filhas de Deus, recebemos a vida eterna e temos uma herança nos aguardando no Céu. Louvado seja Deus por oferecer tão maravilhoso presente! —*Julie Schwab*

De que maneira você sente ou age como se tivesse que tornar-se merecedora do amor de Deus? Como viver na liberdade do Seu amor?

Deus, ajuda-me a te honrar por tudo o que fizeste por mim. Obrigada por Teu Filho que me permite ser parte da Tua família.

15 de março

Nunca desista

Josué 1:1-9

*Relembre continuamente
os termos deste Livro da Lei.*
—Josué 1:8

"O tempo passou. A guerra chegou." O bispo Semi Nigo, do povo Keliko, do Sudão do Sul, descreveu dessa forma os atrasos na longa luta de sua igreja para obter a Bíblia em sua língua. Nenhuma palavra, na verdade, tinha ainda sido impressa na língua Keliko. O avô dele já havia iniciado corajosamente um projeto de tradução da Bíblia décadas antes, mas a guerra impedia a continuidade dos seus esforços. No entanto, apesar dos repetidos ataques aos campos de refugiados, o bispo e outros cristãos mantiveram vivo esse projeto.

A persistência deles valeu a pena. Após quase três décadas, o Novo Testamento da Bíblia em Keliko foi entregue aos refugiados em uma vibrante celebração. "A motivação desse povo vai muito além das palavras", disse um consultor do projeto.

O compromisso deles reflete a perseverança que Deus pediu a Josué ao dizer-lhe: "Relembre continuamente os termos deste Livro da Lei. Medite nele dia e noite, para ter certeza de cumprir tudo que nele está escrito. Então você […] terá sucesso em tudo que fizer" (Josué 1:8). Imbuídos de igual persistência, os Keliko traduziram a Bíblia inteira. Um tradutor disse que agora os vê sorrindo nos campos, pois ouvir e entender a Palavra de Deus lhes traz esperança. Como esse povo, que jamais desistamos de buscar o poder e a sabedoria das Escrituras. —*Patricia Raybon*

Você é persistente em estudar as Escrituras?
Quem pode ajudá-la a entendê-la melhor?

*Pai, a Tua Palavra é essencial para mim!
Ajuda-me a ser persistente em estudá-la
e em buscar a Tua sabedoria.*

16 de março

Segura e tranquila

Salmo 91

Aquele que habita no abrigo do Altíssimo
encontrará descanso à sombra do Todo-poderoso.
—Salmo 91:1

Meu filho Xavier, em idade pré-escolar, evitava o momento do descanso da tarde. Ficar quieto frequentemente acabava num indesejado cochilo. Então, para escapar do silêncio, ele tentava muitas coisas: inquietava-se e se escorregava do sofá, deslizava e rolava pelo chão para fugir do descanso. "Mãe, estou com fome, com sede, quero ir ao banheiro, quero um abraço." Entendendo os benefícios do descanso, eu o ajudava a sossegar convidando-o a aconchegar-se. Ao meu lado, ele se aquietava e dormia.

No início da minha vida espiritual, eu refletia esse mesmo desejo de permanecer ativa. A ocupação me fazia sentir aceita, importante e no controle. O barulho me distraía da preocupação com as minhas deficiências e provações. Render-me ao descanso só reforçava a minha fragilidade. Eu evitava a quietude e o silêncio, duvidando que Deus pudesse dispensar a minha ajuda.

Mas Deus é o nosso refúgio, não importa quantas incertezas nos cercam. O caminho à frente pode parecer longo, assustador ou avassalador, mas Seu amor nos envolve. Ele nos ouve, responde-nos e fica conosco agora e por toda eternidade (Salmo 91). Podemos praticar o silêncio e descansar no infalível amor divino e em Sua constante presença. Podemos sossegar e descansar nele porque estamos seguras sob o abrigo de Sua imutável fidelidade (v.4). —*Xochitl Dixon*

Como você pode enfrentar as dificuldades
sabendo que Deus a tem sob as Suas asas?

Pai celestial, obrigada por nos concederes
um porto seguro e de amor inabalável.

17 de março

Quem sabe?

Eclesiastes 6:12;7:13-14

*Desfrute a prosperidade enquanto pode [...]
lembre-se de que nada é garantido nesta vida.*
—Eclesiastes 6:14

Conta a lenda chinesa que quando Sai Weng perdeu um valioso cavalo, seu vizinho lamentou essa perda. Mas Sai Weng não se preocupou e disse: "Quem sabe, isso será bom para mim?". Surpreendentemente, o cavalo perdido voltou para casa com outro cavalo. Ao ser parabenizado pelo vizinho, Sai Weng disse: "Quem sabe, isso será ruim para mim?". No fim, seu filho quebrou a perna ao montar o novo cavalo. Parecia um infortúnio, até que o exército chegou à aldeia para recrutar todos os homens saudáveis para lutar na guerra. Por causa do ferimento do filho, ele não foi recrutado, e isso pode tê-lo poupado da morte certa.

A história por trás do provérbio chinês ensina que uma dificuldade pode ser uma bênção disfarçada ou vice-versa. Essa sabedoria antiga tem um paralelo próximo em Eclesiastes 6:12, em que o autor observa: "quem sabe como é melhor passar os dias?". Na verdade, nenhum de nós sabe o que o futuro nos reserva. Uma adversidade pode ter benefícios positivos e a prosperidade pode ter efeitos negativos.

Cada dia oferece novas oportunidades, alegrias, lutas e sofrimento. Como filhas amadas de Deus, podemos descansar em Sua soberania e confiar nele, nos bons e maus momentos, pois "ambos vêm de Deus" (7:14). Ele está conosco e promete Seu amoroso cuidado. —*Poh Fang Chia*

Você se lembra de algum infortúnio que acabou tornando-se bênção?
Como manter o foco em Deus nos bons e maus momentos?

*Deus, obrigada por comandares minha vida.
Ajuda-me a te louvar, nos bons e nos maus momentos.*

18 de março
Livro de história de Deus

Gênesis 1:26-31

*Deus os abençoou […] olhou para tudo que havia feito
e viu que era muito bom.*
—GÊNESIS 1:28,31

Querendo aproveitar um dia lindo, saí para dar uma volta e logo conheci um novo vizinho. Ele me parou e se apresentou: "Olá, o meu nome é Gênesis e tenho 6 anos e meio". Achei muito interessante e respondi: "Gênesis é um grande nome! É um livro da Bíblia". Ele perguntou: "O que é a Bíblia?". "É o livro de histórias de Deus sobre como Ele fez o mundo e as pessoas e como Ele nos ama". Em seguida, Gênesis fez uma pergunta inquisitiva que me fez sorrir: "Por que Deus fez o mundo, as pessoas, os carros e as casas? E a minha foto está no livro dele?".

Embora não haja uma imagem literal do meu novo amigo Gênesis ou de qualquer um de nós nas Escrituras, somos uma grande parte do livro de histórias de Deus. Vemos, em Gênesis 1, que "…Deus criou os seres humanos à sua própria imagem, à imagem de Deus os criou" (v.27). O Senhor caminhou com eles no jardim, e então os advertiu sobre ceder à tentação de ser seu próprio deus (cap.3). Mais tarde, em Seu livro, Deus contou como, em amor, Seu Filho, Jesus, veio caminhar conosco aqui revelando o plano divino para perdoar e restaurar a Sua criação.

Ao olharmos para a Bíblia, aprendemos que nosso Criador deseja que o conheçamos, que lhe falemos e até mesmo que façamos nossas perguntas a Ele. Deus se preocupa conosco mais do que podemos imaginar. —*Anne Cetas*

Onde você se vê na história de Deus?
De que forma você vivencia a comunhão com Ele?

*Deus de amor, obrigada por me incluíres
em Tua história. Que eu ame a ti e
aos outros como Tu me amas.*

19 de março

Cartas amáveis

1 Pedro 2:4-10

Vocês [...] são povo escolhido, reino de sacerdotes,
nação santa, propriedade exclusiva de Deus.
—1 Pedro 2:9

Dr. Jerry Motto descobriu o poder de uma "carta amável". Sua pesquisa demonstrou que o simples envio de uma carta expressando cuidados aos pacientes que haviam recebido alta após tentar o suicídio, reduziu pela metade a taxa de recorrência. Profissionais da saúde redescobriram isso ao enviar tais textos, cartões e até *memes* como tratamento e acompanhamento aos deprimidos.

Na Bíblia, 21 "livros" na verdade são cartas escritas para os cristãos do primeiro século que enfrentavam dificuldades. Paulo, Tiago e João as escreveram para explicar os fundamentos da fé e da adoração, como resolver conflitos e construir a unidade. O apóstolo Pedro, no entanto, escreveu aos perseguidos pelo imperador romano, Nero. Pedro os lembrou de seu valor intrínseco para Deus: "Vocês [...] são povo escolhido, reino de sacerdotes, nação santa, propriedade exclusiva de Deus" (1 Pedro 2:9). Isso os fez olhar para Deus e lembrar-se de que "podem mostrar às pessoas como é admirável aquele que os chamou das trevas para sua maravilhosa luz".

Nosso Deus escreveu um livro cheio de cartas amáveis para nós. São palavras inspiradas para que possamos nos lembrar sempre do valor que Ele nos atribui. Que possamos ler as Suas cartas diariamente, compartilhando-as com os que precisam da esperança que Jesus oferece. —*Elisa Morgan*

Como você recebe o encorajamento de Deus
e de que maneira compartilha as cartas da Bíblia?

Deus de amor, obrigada pelas amáveis cartas
que a Bíblia contém!

20 de março

É Jesus!

Colossenses 1:27-29; 2:6-10

...quis Deus dar a conhecer [...] a gloriosa riqueza deste mistério, que é Cristo em vocês, a esperança da glória.
—COLOSSENSES 1:27

Durante o concurso da TV americana *America's Got Talent*, uma menina de 5 anos cantou tão bem que um juiz a comparou à famosa cantora infantil e dançarina dos anos 1930. Ele comentou: "Acho que Shirley Temple está morando em algum lugar dentro de você". Ela respondeu: "Não é Shirley Temple. É Jesus!".

Fiquei maravilhada com a sua profunda consciência de que a alegria vinha por Jesus "habitar" nela. A Bíblia nos assegura de que todos os que confiam no Salvador não apenas recebem a promessa da vida eterna com Deus, mas também a presença de Jesus vivendo neles. Por meio do Seu Espírito, nosso coração se torna o lar de Jesus (Colossenses 1:27; Efésios 3:17).

A presença de Jesus em nós enche-nos de motivos de gratidão (Colossenses 2:6-7). Cristo nos capacita a vivermos com propósito e energia (1:28-29). Ele cultiva alegria em nós, em meio às circunstâncias, nos momentos de celebração e nos momentos de luta (Filipenses 4:12-13). O Espírito de Cristo enche-nos de esperança, pois mesmo quando não podemos ver sabemos que todas as coisas cooperam para o bem (Romanos 8:28). Jesus nos concede a paz que persiste independentemente do caos que gira ao nosso redor (Colossenses 3:15). A presença de Jesus em nós traz confiança, e o Seu brilho em nós nunca deixará de ser notado. —*Lisa Samra*

Que bênção a presença encorajadora de Jesus em nós!
Como compartilhar a razão da sua esperança e alegria com o próximo?

Jesus, obrigada por fazeres do meu coração a Tua casa. Guia-me para que eu possa refletir a Tua presença.

21 de março

Pequeno, mas poderoso

Efésios 2:4-10

*…somos obra-prima de Deus, criados em Cristo Jesus
a fim de realizar as boas obras.*
—EFÉSIOS 2:7

Em Sonoran, deserto da América do Norte, é possível ouvir um uivo fraco e estridente. Mas jamais suspeitaria que a origem desse som fosse o pequeno e poderoso rato-gafanhoto uivando para a Lua a fim de estabelecer seu território. Esse roedor único (apelidado de "rato lobisomem") é carnívoro, ataca criaturas com as quais poucos ousariam mexer, como o escorpião. Mas ele é equipado exclusivamente para essa batalha em particular. Ele tem resistência ao veneno do escorpião e pode até converter as toxinas dele num analgésico!

Há algo inspirador na forma como esse resiliente ratinho parece ser feito "sob medida" para sobreviver e até mesmo prosperar nesse ambiente hostil. Como Paulo explica, em Efésios 2:10, esse tipo de habilidade caracteriza os desígnios de Deus para Seu povo também. Cada uma de nós é "obra-prima de Deus" em Jesus, equipada de forma única para contribuir para o Seu reino. Não importa o que Deus lhe concedeu, você tem muito a oferecer. Ao aceitar com confiança quem o Senhor a fez ser, você será uma testemunha viva da esperança e alegria da vida nele.

Portanto, ao enfrentar o que quer que pareça mais ameaçador em sua vida, tenha coragem. Você pode se sentir pequena, mas por meio dos dons e da capacitação do Espírito, Deus pode usá-la para fazer grandes coisas. —*Monica La Rose*

É fácil ou difícil para você se ver como obra-prima de Deus?
Em que área de sua vida isso a encoraja?

*Deus, obrigada pela maneira incrível
como me projetaste para viver
com alegria e propósito.*

22 de março

O xale roxo

Romanos 15:23-33

...peço-lhes [...] que se unam a mim em minha luta, orando a Deus em meu favor.
—Romanos 15:30

Enquanto cuidava de minha mãe, em um centro de reabilitação longe de casa, pedi às pessoas que orassem por nós. Com o passar dos meses, o isolamento e a solidão minaram as minhas forças. Como poderia cuidar dela se eu cedesse ao meu cansaço físico, mental e emocional?

Um dia, uma amiga me enviou um presente inesperado. Julia havia feito um xale roxo como um lembrete caloroso de que tínhamos pessoas orando por nós diariamente. Sempre que o envolvia nos ombros, sentia Deus me abraçando com as orações de Seu povo. Anos depois, o xale roxo continua a me lembrar do cuidado de Deus.

O apóstolo Paulo afirmou a importância e o poder espiritual revigorante da intercessão. Por meio de seu pedido por apoio e encorajamento em oração, durante suas viagens, Paulo demonstrou como aqueles que oram pelos outros se tornam parceiros no ministério (Romanos 15:30). Apresentando pedidos específicos, o apóstolo não apenas mostrou sua dependência do apoio de outros cristãos, mas também sua confiança de que Deus responde às orações poderosamente (vv.31-33). Todas nós experimentamos dias em que nos sentimos sozinhas. Mas Paulo nos ensina como pedir orações à medida que oramos uns pelos outros. Ao orarmos pelo povo de Deus, podemos experimentar a força e o conforto de Deus, não importa onde a vida nos leve. —*Xochitl Dixon*

Quem Deus usou para a encorajar por meio da oração de intercessão?
Por quem você pode orar hoje?

Deus, obrigada pelo dom da oração intercessora e por me assegurares de que me ouves e cuidas de mim.

23 de março

Correção amorosa

Lucas 10:38-42

*Quem dá ouvidos à crítica construtiva
se sente à vontade entre os sábios.*
—Provérbios 15:31

Por mais de 50 anos, meu pai, editor, buscou a excelência e a clareza em sua tarefa. Ele usava uma caneta verde para as correções, pois sentia que isso era "mais amigável". Os traços vermelhos podem ser chocantes para um escritor iniciante ou menos confiante. Seu objetivo era indicar gentilmente um caminho melhor.

Quando Jesus corrigiu as pessoas, Ele o fez com amor. Em algumas circunstâncias, como ao ser confrontado com a hipocrisia dos fariseus (Mateus 23), o Mestre os repreendeu duramente, ainda assim, para benefício deles. Mas no caso de Sua amiga Marta, apenas uma correção gentil era necessária (Lucas 10:38-42). Os fariseus reagiram mal à Sua repreensão, porém Marta continuou sendo uma de Suas amigas mais queridas (João 11:5).

A correção pode ser desconfortável e poucas de nós a apreciam. Às vezes, por causa do nosso orgulho, é difícil recebê-la com entusiasmo. O livro de Provérbios ensina muito sobre sabedoria e indica que quem "ouve a repreensão" demonstra sabedoria e entendimento. A correção amorosa de Deus nos ajuda a ajustar o nosso direcionamento e a segui-lo mais de perto. Aqueles que a recusam são severamente advertidos (v.10), mas os que a acolhem por meio do poder do Espírito Santo obterão sabedoria e entendimento (15:10,31-32). —*Cindy Hess Kasper*

Como você reage à amorosa correção do Seu Pai Eterno?
Qual correção fez diferença significativa em sua vida?

*Pai, ajuda-me a aprender
a aceitar Tua amorosa correção para crescer
em sabedoria e entendimento.*

24 de março

Mais doce que o mel

Salmo 119:97-105

Como são doces para o meu paladar as tuas palavras!
Mais que o mel para a minha boca!
—Salmo 119:103

Uma Exposição Mundial aconteceu, em outubro de 1893, em Chicago, nos EUA. Os teatros da cidade fecharam porque os proprietários imaginaram que todos iriam à Exposição. Mais de 700 mil pessoas foram, mas Dwight Moody (1837–99) queria encher um salão na outra extremidade da cidade com ensino bíblico. Seu amigo R. A. Torrey não acreditava que ele conseguiria isso no mesmo dia. Mas, pela graça de Deus, ele conseguiu. Torrey afirmou que as multidões compareceram porque Moody conhecia "o Livro mais desejável que este mundo anseia conhecer — a Bíblia". Torrey desejava que outros amassem a Bíblia como Moody a amava, que a lessem com dedicação e zelo.

Deus trouxe as pessoas de volta a si mesmo naquele encontro, e continua a falar hoje por meio de Seu Espírito. Podemos nos identificar com o amor do salmista por Deus e Suas Escrituras: "Como são doces para o meu paladar as tuas palavras! Mais que o mel para a minha boca!" (Salmo 119:103). Para o salmista, as mensagens de Deus sobre Sua graça e verdade foram como a luz para o seu caminho, uma lâmpada para os seus pés (v.105).

De que maneira aumentar ainda mais o seu amor pelo Salvador e Sua mensagem? Na medida em que nos aprofundamos nas Escrituras, Deus aumentará a nossa devoção a Ele e nos guiará, brilhando Sua luz ao longo dos caminhos que percorremos. —*Amy Boucher Pye*

Você lê a Bíblia regularmente?
Como evitar perder essa prática na correria diária?

Deus, deste-me as Escrituras.
Ajuda-me a lê-la e a digeri-la,
para que eu possa servir-te fielmente.

25 de março

A razão para descansar

Eclesiastes 2:17-26

*Que proveito tem um homem de todo o esforço
e de toda a ansiedade com que trabalha debaixo do sol?*
—ECLESIASTES 2:22

Se você quer viver mais, tire férias! Os pesquisadores em Helsinque, Finlândia, acompanharam um estudo com executivos do sexo masculino, de meia-idade, que apresentavam risco de doenças cardíacas. Depois de 40 anos, os cientistas descobriram que a taxa de mortalidade era menor entre aqueles que haviam tirado férias.

O trabalho é uma parte necessária da vida. O Criador o designou para nós antes mesmo de nosso relacionamento com Deus ter se rompido em Gênesis 3. Salomão escreveu sobre a aparente falta de sentido do trabalho por aqueles que não trabalham para a honra de Deus. O sábio reconheceu seu "esforço e ansiedade", "dor e tristeza" (Eclesiastes 2:22-23). Mesmo quando não está trabalhando ativamente, Salomão afirma que "à noite sua mente não descansa" porque está pensando sobre o que precisa ser feito (v.23).

Nós também podemos sentir que corremos "atrás do vento" (v.17) e nos frustrarmos com nossa incapacidade de "terminar" uma tarefa. Mas, ao nos lembrarmos de que Deus faz parte do nosso trabalho, do nosso propósito, podemos trabalhar duro e descansar. Posso confiar que Ele será nosso Provedor, pois Ele é o doador de todas as coisas. Salomão questionou: "sem ele, quem pode comer ou se divertir?" (v.25). Quem sabe, ao nos lembrarmos dessa verdade, podemos trabalhar diligentemente para o Senhor (Colossenses 3:23) e nos permitirmos tempo de descanso. —*Kirsten Holmberg*

Como convidar Deus para participar
do que você faz em seu dia a dia?

*Deus, Tu trazes significado
e propósito a tudo que faço.*

26 de março

Algo muito maior

1 Coríntios 3:5-9

Pois nós somos cooperadores de Deus.
—1 Coríntios 3:9

Mais de 200 pessoas ajudaram a mover o estoque de uma livraria a outro endereço na mesma rua. Os ajudantes se enfileiraram na calçada e passaram os livros por uma "esteira rolante humana". Após testemunhar a ação dos voluntários, um dos funcionário da loja disse: "Foi realmente comovente vê-los ajudando e fazendo parte de algo muito maior".

Nós também podemos fazer parte de algo muito maior do que nós mesmos. Deus nos usa para alcançarmos o mundo com a mensagem de Seu amor. Por alguém ter compartilhado a mensagem conosco, podemos passá-la adiante. Paulo comparou a construção do reino de Deus com um jardim vicejante. Alguns de nós plantam as sementes, outros as regam. Paulo diz que somos: "cooperadores de Deus" (1 Coríntios 3:9). Cada trabalho é importante, no entanto, todos são feitos sob o poder do Espírito de Deus. Por Seu Espírito, Deus capacita as pessoas a crescer espiritualmente, quando ouvem que Ele as ama. Ele enviou Seu Filho a fim de morrer em nosso lugar para livrar-nos do pecado (João 3:16).

Deus faz muito do Seu trabalho na Terra por meio de "voluntárias" como nós. Embora façamos parte de uma comunidade que é muito maior do que qualquer contribuição que possamos dar, podemos ajudá-la a crescer colaborando para compartilhar o Seu amor com o mundo. —*Jennifer Benson Schuldt*

Você se vê como parte do plano de Deus?
Como isso afeta sua maneira de servir o Senhor e aos outros?

Deus, obrigada por me incluir em Teu plano de amor. Ajuda-me a representar-te bem com minhas palavras e ações.

27 de março

Conhecendo Sua voz

João 10:1-10

Eu sou o bom pastor;
conheço as minhas ovelhas, e elas me conhecem...
—João 10:14

Certo ano, na Escola Bíblica de férias, a igreja de Kevin decidiu levar animais vivos para ilustrar a história bíblica. Kevin foi ajudar e lhe pediram que trouxesse uma ovelha para dentro do salão de esportes. Ele praticamente teve que arrastar o animal lanudo por uma corda para dentro. Mas com o passar dos dias, a ovelha o seguiu com menos relutância. No final daquela semana, Kevin não precisava mais segurar a corda; o jovem apenas chamava a ovelha e ela o seguia, pois sabia que podia confiar nele.

No Novo Testamento, Jesus se compara a um pastor, declarando que Seu povo, as ovelhas, o seguirão por conhecerem a Sua voz (João 10:4). Mas que essas mesmas ovelhas fugiriam de um estranho ou de um ladrão (v.5). Como ovelhas, nós (filhos de Deus) conhecemos a voz de nosso Pastor por meio de nosso relacionamento com Ele. Ao fazermos isso, temos contato constante com o Seu caráter e aprendemos a confiar nele.

À medida que passarmos a conhecer e amar a Deus, discerniremos Sua voz e seremos mais capazes de fugir do "ladrão [que] vem apenas para roubar, matar e destruir" (v.10), e também daqueles que tentam nos enganar e nos afastar do Senhor. Podemos confiar na voz de nosso Pastor para nos conduzir à segurança.

—*Julie Schwab*

Mencione algo que você aprendeu sobre
o caráter de Deus através da leitura da Sua Palavra?
Como isso a impactou?
O que a ajudará a discernir a voz de Deus?

Pai celestial, obrigada por ser meu amoroso Pastor.
Ajuda-me a reconhecer e seguir apenas a Tua voz.

28 de março
Recebendo a realeza

Gálatas 3:26-29

*Todos vocês são filhos de Deus
mediante a fé em Cristo Jesus.*
—Gálatas 3:26

Após conhecer a rainha da Inglaterra em um baile na Escócia, Sylvia e seu marido receberam uma mensagem de que a família real gostaria de visitá-los para um chá. Sylvia começou a limpar sua casa e se preparar, nervosa por receber os convidados reais. Antes que eles chegassem, ela colheu algumas flores para a mesa, com o coração acelerado. Porém, ela sentiu Deus lembrando-a de que Ele é o Rei dos reis e que está com ela todos os dias. Imediatamente, Sylvia sentiu-se em paz e pensou: "Afinal, é apenas a rainha!".

Sylvia está certa. Como o apóstolo Paulo observou, Deus é o "Rei dos reis e Senhor dos senhores" (1 Timóteo 6:15) e aqueles que o seguem são "filhos de Deus" (Gálatas 3:26). Quando pertencemos a Cristo, somos herdeiras de Abraão (v.29). Não estamos mais limitadas pela divisão como raça, classe social ou gênero, pois somos "um em Cristo Jesus" (v.28). Somos filhas do Rei.

Embora o casal tenha tido uma refeição maravilhosa com a rainha, eu não espero receber um convite real tão cedo. Mas gosto de lembrar que o maior Rei de todos está comigo a cada momento. Aqueles que acreditam em Jesus de todo o coração (v.27) podem viver em união, sabendo que são filhos de Deus. Como apegar-se a essa verdade molda a maneira como vivemos hoje? —*Amy Boucher Pye*

O que significa para você ser herdeira de Abraão?
Como convidar outros a se tornarem parte da família de Deus?

*Poderoso e glorioso, Rei dos reis
e Senhor dos senhores, obrigada por me amares e
me receberes em Tua família.*

29 de março

Observe!

Mateus 21:12-17

*Dos lábios das crianças
e dos recém-nascidos suscitaste louvor.*
—MATEUS 21:16

"Veja vovó, a minha fada-princesa dança!" Minha neta de 3 anos gritou alegremente enquanto corria ao redor de nossa cabana, com um grande sorriso no rosto. Sua "dança" trouxe um sorriso. E o mau humor de seu irmão mais velho, ao dizer "Ela não está dançando, apenas correndo", não diminuiu a alegria dela estar de férias com a família.

O Domingo de Ramos foi um dia de altos e baixos. Jesus entrou em Jerusalém montado em um jumento, e a multidão bradou com entusiasmo: "Hosana, [...] Bendito é o que vem em nome do Senhor!" (Mateus 21:9). Entretanto, muitos ali esperavam um Messias que os libertasse de Roma, não um Salvador que morresse por seus pecados na mesma semana. Naquele dia, apesar da ira dos sacerdotes que questionaram a autoridade de Jesus, as crianças no Templo expressaram sua alegria gritando: "Hosana, Filho de Davi" (v.15), talvez saltando e agitando ramos de palmeiras enquanto corriam ao redor do pátio. Elas não podiam deixar de adorá-lo. Jesus revelou aos líderes indignados que Deus suscitou o louvor "dos lábios das crianças" (v.16). Elas estavam na presença do Salvador!

Jesus nos convida a também vê-lo por quem Ele é. Quando o fazemos, como uma criança transbordando de alegria, não temos como deixar de nos alegrar em Sua presença. —*Alyson Kieda*

As distrações diárias e o descontentamento de outros
desviam o seu foco no Senhor?
O que a ajuda a manter seus olhos em Jesus?

*Pai, obrigada pelo que fizeste por mim!
Foste tão longe por amor.
Ajuda-me a manter meus olhos em ti.*

30 de março

Remova-as com sabedoria

Salmo 139:1-6, 23-24

Examina-me, ó Deus,
e conhece meu coração.
—Salmo 139:23

Meus netos estão brincando no meu quintal arrancando ervas daninhas. "Arrancando-as pela raiz!", diz o mais novo, ao mostrar um pesado prêmio. Gostamos de arrancar as raízes daninhas, limpando cada ameaça desagradável. Mas antes da alegria, é necessário a decisão de ir atrás dessas raízes.

A remoção intencional de ervas daninhas também é o primeiro passo para remover o pecado pessoal. Por isso, Davi orou: "Examina-me, ó Deus, e conhece meu coração […] Mostra-me se há em mim algo que te ofende…" (Salmo 139:23-24). Que abordagem sábia perseguir o pecado, pedindo a Deus que o mostre a nós. Ele, acima de tudo, sabe tudo sobre nós. "Ó Senhor, tu examinas meu coração e conheces tudo a meu respeito. Sabes quando me sento e quando me levanto; mesmo de longe conheces meus pensamentos" (vv.1-2).

"Tal conhecimento", acrescentou Davi: "é maravilhoso demais para mim […] para eu compreender" (v.6). Mesmo antes de um pecado criar raízes, Deus pode nos alertar sobre o perigo. Ele conhece nosso "quintal". E, quando uma atitude pecaminosa tenta criar raízes, Ele é o primeiro a saber e destacar. "É impossível escapar do teu espírito; não há como fugir da tua presença?" (v.7), escreveu Davi. Que possamos seguir de perto o nosso Salvador para terras mais altas! —*Patrícia Raybon*

Quais pecados Deus revela ao examinar o seu coração?
A "remoção" intencional de ervas daninhas a ajuda a livrar-se deles?

Pai, ao me mostrares o meu pecado,
mostra-me também o Teu plano de remoção
dessas ervas daninhas.

31 de março

Lembrando-me do meu pai

Jó 38:1-11

*Em tudo que fizerem, trabalhem de bom ânimo,
como se fosse para o Senhor...*
—COLOSSENSES 3:23

Quando me lembro do meu pai, imagino-o martelando, fazendo jardinagem ou trabalhando em sua oficina bagunçada, cheia de ferramentas fascinantes e acessórios. As mãos dele estavam sempre ocupadas numa tarefa ou projeto, às vezes serrando, às vezes projetando joias ou vitrais.

Lembrar-me do meu pai me incita a pensar no meu Pai celestial e Criador, que sempre está ocupado. No início, Deus lançou "os alicerces do mundo [...] enquanto as estrelas da manhã cantavam juntas, e os anjos davam gritos de alegria" (Jó 38:4-7). Tudo o que Ele criava era uma obra de arte, uma obra-prima. Ele projetou um mundo lindíssimo e viu que era "muito bom" (Gênesis 1:31).

Isso inclui você e eu. Deus nos projetou com detalhes íntimos e complexos (Salmo 139:13-16); e nos confiou (somos criadas à Sua imagem) o propósito e o desejo de trabalhar, o que inclui dominar e cuidar da Terra e de Suas criaturas (Gênesis 1:26-28; 2:15). Não importa o trabalho que façamos, em nosso emprego ou no lazer, Deus nos capacita e nos dá o que precisamos para trabalhar de todo o coração para Ele.

Em tudo o que fizermos, que o façamos para agradar a Deus. —*Alyson Kieda*

Como Deus tem agido recentemente em sua vida?
De que maneira o seu ponto de vista se altera quando as tarefas seculares são vistas como oportunidades de o servir e honrar?

*Deus, capacita-nos para cumprirmos
os Teus propósitos.*

1.º de abril

Orando como Jesus

Lucas 22:39-44

Pai, se queres, afasta de mim este cálice.
Contudo, que seja feita a tua vontade, e não a minha.
—Lucas 22:42

Toda moeda tem dois lados. A frente é chamada de "cara" e, desde o início dos tempos romanos, a cunhagem geralmente representa o chefe de estado de um país. O reverso da moeda é chamado "coroa".

Como uma moeda, a oração de Cristo no jardim do Getsêmani possui dois lados. Nas horas mais intensas de Sua vida, na noite anterior à Sua morte na cruz, Jesus orou: "Pai, se queres, afasta de mim este cálice. Contudo, que seja feita a tua vontade, e não a minha" (Lucas 22:42). Quando Cristo diz: "afasta de mim este cálice", essa oração é a mais honesta e sincera, pois revela o Seu desejo pessoal. "É isso o que *eu* quero".

Então Jesus gira a moeda orando: "que seja feita a tua vontade, e não a minha"(Lucas 22:42). Esse é o lado do abandono. O ato de nós nos abandonarmos a Deus começa quando dizemos simplesmente: "Mas o que tu queres, Deus?". Essa oração em "duas frentes" também está incluída em Mateus 26, Marcos 14 e ainda é mencionada em João 18. Jesus fez os dois lados dessa oração: afasta de mim este cálice (o que *eu* quero, Deus), mas que seja feita a Tua vontade, e não a minha (o que *tu* queres, Deus?).

As duas "faces" de Jesus estão estampadas em dois aspectos da Sua oração.
—*Elisa Morgan*

O que aprendemos quando oramos com honestidade
e em completa submissão, como Jesus fez?
Qual situação você enfrenta agora? Você pode orar honestamente
e abandonar-se aos cuidados de Deus?

Pai, ajuda-me a seguir o exemplo de Teu Filho
e a experimentar a íntima comunhão contigo.

2 de abril

Consagrando tudo

João 12:12-18

Uma grande multidão [...] tomou ramos de palmeiras e saiu ao seu encontro, gritando: Hosana!
—João 12:12,13

Desmond foi reconhecido como "uma das pessoas vivas mais corajosas premiada com a Medalha de Honra por seu heroísmo". Esse soldado se recusou a portar uma arma. Como médico, ele resgatou sozinho 75 soldados feridos, incluindo alguns que o ridicularizaram por sua fé. Correndo entre os tiros, ele orava: "Senhor, ajuda-me a resgatar mais um".

A Bíblia relata que Jesus foi muito mal compreendido. Em Zacarias 9:9, o profeta predisse que Jesus entraria em Jerusalém sobre um jumento. Nesse dia, a multidão agitou palmas, gritando "Hosana!" (exclamação de louvor que significa "Salve!"). Citando o Salmo 118:26 clamaram: "Bendito é o que vem em nome do Senhor!" (João 12:13). Mas o próximo versículo do Salmo 118 refere-se a trazer um sacrifício "com cordas sobre o altar" (v.27). Embora a multidão citada em João 12 esperasse um rei terreno para salvá-los de Roma, Jesus era muito mais. Ele era Rei dos reis e *o nosso sacrifício* — Deus encarnado, que aceitou voluntariamente a cruz para nos salvar de nossos pecados — um propósito profetizado séculos antes.

"Seus discípulos não entenderam, naquele momento", escreve João. Somente mais tarde "perceberam que era a respeito dele que essas coisas tinham sido escritas" (João 12:16). Iluminados por Sua Palavra, os propósitos eternos de Deus se tornaram claros. Ele nos ama o suficiente para enviar um poderoso Salvador!

—Amy Boucher Pye

Como você pode expressar sua gratidão ao Senhor hoje?

Salvador ressuscitado e eterno Rei, louvo-te por Teu sacrifício por nós na cruz.

3 de abril
O luto acabou

João 20:11-18

"Vi o Senhor!"
—João 20:18

Os reconhecidos cineastas, Jim e Jamie Dutcher, afirmam que, quando os lobos estão felizes, agitam suas caudas e brincam. Mas, se morre um membro da matilha, todos sofrem por semanas. Visitam o local onde o animal morreu e demonstram tristeza com as caudas caídas e uivos tristes.

O luto é uma emoção poderosa que sentimos com a morte de alguém querido ou de uma preciosa esperança. Maria Madalena a experimentou, pois era uma entre os apoiadores de Cristo e viajava com Ele e Seus discípulos (Lucas 8:1-3). Mas a morte cruel de Jesus na cruz os separou. O único que lhe restara fazer por Jesus era terminar de ungir Seu corpo para o sepultamento, uma tarefa que o sábado havia interrompido.

Mas imagine como Maria se sentiu ao chegar ao túmulo e encontrar não um corpo sem vida e mutilado, mas o Salvador vivo! Embora ela não tivesse inicialmente reconhecido o homem diante de si, o som do nome dela falado por Ele lhe confirmou quem Ele era — Jesus!

Instantaneamente, a dor se transformou em alegria. Maria agora tinha boas notícias para compartilhar: "Vi o Senhor!" (João 20:18). Jesus veio a nós para nos trazer liberdade e vida. Sua ressurreição é uma celebração pelo fato de Ele ter realizado o que se propôs a fazer. Como Maria, podemos celebrar a ressurreição de Cristo e compartilhar as boas-novas de que Ele está vivo! Aleluia! —*Linda Washington*

Como você compartilhará as boas-novas
da ressurreição de Cristo nesta semana?

*Jesus, celebro a Tua ressurreição
e a nova vida que posso experimentar em ti.*

4 de abril

Palavras que curam

Provérbios 16:20-24

Palavras bondosas são como mel:
doces para a alma e saudáveis para o corpo.
—Provérbios 16:24

É certo que as palavras encorajadoras de um profissional de saúde ajudam os pacientes a se recuperarem mais rápido. Um experimento expôs os participantes voluntários de um estudo a um alérgeno da pele para lhes causar coceira e, depois, foram comparadas as reações entre quem recebeu incentivo do seu médico e os que não o receberam. Os que receberam tiveram menos desconforto e coceira do que os outros.

O autor de Provérbios reconhecia a importância desse encorajamento ao afirmar que as palavras bondosas são saudáveis para o corpo (16:24). Seu efeito positivo não se limita à nossa saúde: quando prestamos atenção à sabedoria da instrução, também temos mais chances de prosperar em nossos esforços (v.20). Tal incentivo nos impulsiona aos desafios que enfrentamos agora e que encontraremos no futuro.

Podemos não entender o porquê, nem quanta sabedoria e encorajamento trazem força e cura para o nosso dia. No entanto, os elogios e a orientação de nossos pais, treinadores e colegas nos ajudam a suportar dificuldades e nos orientam ao sucesso. Dessa forma, a Bíblia nos encoraja ao enfrentarmos provações e nos equipa para suportar as circunstâncias mais impensáveis. "*Ajuda-nos Deus a sermos fortalecidos por Tua sabedoria e a oferecermos a cura e a esperança das palavras bondosas para os que colocaste em nossa vida*". —Kirsten Holmberg

Você compartilha palavras de encorajamento
com outras pessoas?

Querido Pai, obrigada por Tuas palavras
de cura e esperança.

5 de abril

Permaneçam firmes

Marcos 15:33-41

*...sejam fortes e firmes.
Trabalhem sempre para o Senhor com entusiasmo...*
—1 Coríntios 15:58

Adriano e sua família são perseguidos por sua fé em Jesus no país em que vivem. Apesar disso, eles demonstram o amor de Cristo em todas as circunstâncias. Em pé no pátio da igreja, que fora atingido por balas quando os terroristas o usaram como campo de treinamento, ele disse: "Hoje é Sexta-Feira Santa. Lembremo-nos que Jesus sofreu por nós na cruz". E o sofrimento, prosseguiu, é algo que os cristãos daqui entendem bem. Mas a família dele decidiu permanecer: "Permanecemos aqui, firmes".

Esses cristãos seguem o exemplo das mulheres que ficaram assistindo a Jesus morrer na cruz (Marcos 15:40). Elas, incluindo Maria Madalena, Maria, mãe de Tiago e José, e Salomé, tiveram coragem de permanecer, pois os amigos e familiares de um inimigo do estado poderiam ser ridicularizados e punidos. No entanto, as mulheres demonstraram o amor delas a Jesus estando presentes ao lado dele, até mesmo quando o seguiram e o serviram na Galileia (v.41). Elas permaneceram com Jesus na hora da Sua necessidade mais profunda.

Que no dia em que nos lembramos do maior presente de nosso Salvador, Sua morte na cruz, reservemos um momento para pensar em como podemos honrar Jesus quando enfrentamos provações de vários tipos (Tiago 1:2-4). E também nos irmãos que sofrem pela fé em todo o mundo. Como Adriano nos pediu: "Por favor, você pode incluir esse mesmo pedido em suas orações?". —Amy Boucher Pye

O que significa manter-se firme em Cristo em seu dia a dia?

*Amado Salvador, concede-nos profunda gratidão
pelo maravilhoso presente da salvação.*

6 de abril

Da piedade ao louvor

2 Timóteo 4:9-18

Mas o Senhor ficou ao meu lado e me deu força.
—2 Timóteo 4:17

As crianças procuravam animadamente e com gratidão suas cores favoritas e tamanhos adequados numa campanha de agasalhos. Um dos organizadores disse que elas também melhoraram sua autoestima, com "os agasalhos que aumentavam a sua aceitação pelos colegas e a frequência escolar nos dias de inverno".

Paulo também precisava de um agasalho quando escreveu a Timóteo: "não se esqueça de trazer a capa que deixei com Carpo, em Trôade" (2 Timóteo 4:13). Na fria prisão romana, o apóstolo precisava de calor e de companhia: "fui levado perante o juiz, ninguém me acompanhou. Todos me abandonaram" lamentou ao enfrentar um juiz romano (v.16). Suas palavras tocam o nosso coração com a honestidade da dor deste grande missionário.

No entanto, nas palavras finais da última carta registrada de Paulo, após um ministério surpreendente, em seus pensamentos ele passa da piedade ao louvor. "Mas o Senhor permaneceu ao meu lado", acrescenta (v.17), e as palavras dele animam o nosso coração. Como Paulo declarou: "[Deus] me deu forças para que eu pudesse anunciar as boas-novas plenamente, a fim de que todos os gentios as ouvissem. E ele me livrou da boca do leão" (v.17).

Lembre-se de Deus se estiver enfrentando uma crise. Deus é fiel em restaurar, suprir e libertar — para a Sua glória e para o nosso propósito em Seu reino.

—*Patricia Raybon*

Em que área da sua vida você precisa da força de Deus?
A sua perspectiva muda ao louvá-lo?

Deus, quando as circunstâncias nos dominarem, permanece conosco e concede-nos Tua força para vencermos.

7 de abril

Homem de oração

Mateus 6:9-13

Nunca deixem de orar.
Sejam gratos [...], é a vontade de Deus [...] em Cristo...
—1 Tessalonicenses 5:17-18

Minha família se lembra do vovô como um homem de fé e oração. Mas nem sempre foi assim. Minha tia se lembra da primeira vez que ele disse à família: "Vamos começar a agradecer a Deus antes de comer". Sua primeira oração estava longe de ser eloquente, mas ele continuou essa prática pelos 50 anos seguintes, orando sempre durante o dia. Quando ele morreu, meu marido deu à minha avó uma folhagem chamada planta-oração, dizendo: "Vovô era um homem de oração". Sua decisão de seguir a Deus e falar com Ele o transformou num fiel servo de Cristo.

A Bíblia diz muito sobre oração. Jesus deu um modelo de oração a Seus seguidores, ensinando-os a se aproximar de Deus com louvor por quem Ele é. Ao levarmos nossos pedidos a Deus, confiamos que Ele fornecerá "nosso pão diário" (Mateus 6:11). Ao confessarmos nossos pecados, pedimos perdão e ajuda a Deus para evitarmos a tentação (vv.12-13).

Mas não nos limitemos a orar o "Pai Nosso". Deus quer que oremos "todos os tipos de oração" em "todas as ocasiões" (Efésios 6:18). Orar é essencial para o nosso crescimento espiritual e nos dá a oportunidade de conversar continuamente com o Senhor todos os dias (vv.17-18). Ao nos aproximarmos de Deus com o coração humilde que anseia por falar com o Senhor, que Ele nos ajude a conhecê-lo e amá--lo mais. —Cindy Hess Kasper

Como Deus vê as orações de Seus filhos?
Como você pode tornar a oração parte de sua vida diária?

Pai, meu coração te louva pela bênção da oração.
Graças por me aceitares com amor quando te invoco.

8 de abril

Uma nova vocação

2 Timóteo 1:6-14

*Pois Deus nos salvou
e nos chamou para uma vida santa…*
—2 Timóteo 1:9

Carlos e sua gangue de adolescentes invadiam casas e carros, roubavam lojas e brigavam contra outras gangues. Ele foi preso e condenado e, na prisão, tornou-se o "mandachuva", que distribuía estoques ou facas rústicas durante os distúrbios.

Tempos depois, Carlos foi colocado numa solitária. Enquanto refletia consigo mesmo, viu uma espécie de "filme" dos acontecimentos de sua vida, e de Jesus, sendo levado e pregado na cruz lhe dizendo: "Estou fazendo isso por você". Carlos começou a chorar e confessar seus pecados. Mais tarde, ele compartilhou a sua experiência com um capelão, que lhe explicou mais sobre Jesus e lhe deu uma Bíblia. "Esse foi o início de minha jornada de fé", disse Carlos. Com o passar do tempo, o jovem foi liberado para a ala carcerária principal, onde foi maltratado por sua fé. Mas Carlos se sentia em paz, porque "havia encontrado uma nova vocação: contar aos outros encarcerados sobre Jesus".

O apóstolo Paulo fala sobre o poder de Cristo para transformar vidas: Deus nos chama de uma vida de transgressões para seguir e servir a Jesus (1 Timóteo 1:9). Quando o recebemos pela fé, desejamos ser testemunhas vivas do amor de Cristo. O Espírito Santo nos capacita a fazer isso, mesmo quando sofremos ao compartilharmos as boas-novas (v.8). Como Carlos, vivamos a nossa nova vocação. —*Alyson Kieda*

O que acontece quando compartilhamos o evangelho?
Você já sofreu algo por isso?

*Deus, sou grata pela nova vocação
que me deste por meio de Jesus
e pelo Teu Espírito que vive em mim.*

9 de abril

Purificados

Jeremias 2:13, 20-22

*...o sangue de Jesus, seu Filho,
nos purifica de todo pecado.*
—1 João 1:7

Eu mal acreditava. Uma caneta esferográfica azul havia sobrevivido à máquina de lavar apenas para estourar na secadora. Minhas toalhas brancas ficaram danificadas com manchas azuis. Não havia alvejante capaz de removê-las. Quando relutantemente coloquei as toalhas na pilha de trapos, lembrei-me do lamento de Jeremias descrevendo os efeitos prejudiciais do pecado.

Por rejeitar a Deus e voltar-se à idolatria (Jeremias 2:13), o profeta declarou que o povo de Israel causara uma mancha permanente em seu relacionamento com Deus: "Por mais sabão ou soda que use, não consegue se limpar; ainda vejo a mancha de sua culpa. Eu, o SENHOR Soberano, falei" (v.22). Os israelitas não poderiam desfazer o dano.

Por própria força, é impossível removermos a mancha do nosso pecado. Mas Jesus fez o que nós não podemos. Pelo poder de Sua morte e ressurreição, Ele nos "purifica de todo pecado" (v.7). Mesmo quando for difícil acreditar, apegue-se a esta linda verdade: não há mancha que Jesus não possa remover completamente.

Deus está disposto e preparado para limpar os efeitos do pecado na vida de qualquer pessoa que queira voltar para Ele (v.9). Por meio de Cristo, podemos viver cada dia em liberdade e esperança. —Lisa Samra

Para onde você vai com a sua culpa?
Como você poderia viver de forma diferente hoje sabendo
que a morte de Jesus tem o poder de
remover completamente a culpa e a "mancha" do seu pecado?

*O sangue de Jesus
limpa as manchas do pecado.*

10 de abril

Faminto por Deus

Jeremias 15:15-21

*Quando descobri tuas palavras,
devorei-as; são minha alegria e dão prazer
a meu coração, pois pertenço a ti.*
—Jeremias 15:16

Certo cristão tendo perdido a visão e as duas mãos numa explosão estava desesperado para ler a Bíblia. Ao ouvir falar de uma mulher que lia Braille com os lábios, tentou fazer o mesmo, mas descobriu que as terminações nervosas dos seus lábios também haviam sido destruídas. Mais tarde, alegrou-se ao descobrir que podia sentir os caracteres em braile com a língua! Ele havia encontrado uma maneira de ler e apreciar as Escrituras.

Jeremias sentiu emoção ao receber as palavras de Deus. "Quando descobri tuas palavras, devorei-as; são minha alegria e dão prazer a meu coração, pois pertenço a ti" (Jeremias 15:16). Diferente do povo de Judá que desprezava as Suas palavras (8:9), Jeremias havia sido obediente e se regozijava nelas. Sua obediência, no entanto, também o levara a ser rejeitado por seu próprio povo e perseguido injustamente (15:17).

Talvez tenhamos experimentado algo semelhante. Lemos a Bíblia com alegria, mas por alguma razão, a obediência a Deus trouxe-nos sofrimento e a rejeição dos outros. Como Jeremias, podemos entregar a nossa aflição a Deus. O Senhor lhe respondeu repetindo a promessa que dera quando o chamou pela primeira vez para ser profeta (vv.19-21; 1:18-19). Lembrou-lhe de que o Senhor nunca decepciona o Seu povo.

Tenhamos essa mesma confiança, pois Deus é fiel e nunca nos abandonará.
—*Poh Fang Chia*

O que pode ajudá-la a recuperar sua fome
e sede pela presença de Deus?

*Deus fiel, obrigada por falares comigo
através da Tua Palavra.
Ajuda-me a te buscar e obedecer fielmente.*

11 de abril

O bom Pastor

Isaías 40:6-11

*...ele juntará os carneirinhos,
e os carregará no colo...*
—Isaías 40:11 (NTLH)

Sentei-me no quarto do hospital com meu marido, esperando ansiosamente. Nosso filho submetia-se a uma cirurgia corretiva do olho e movida pela preocupação, senti um frio na barriga. Tentei orar, pedindo a Deus que me desse a Sua paz. Enquanto folheava minha Bíblia, pensei em Isaías 40, e procurei essa passagem familiar, questionando-me se algo novo me tocaria.

Enquanto a lia, perdi o fôlego, pois as palavras de tantos anos atrás me lembraram de que: "Como um pastor [o Senhor] cuida do seu rebanho [...] ele juntará os carneirinhos, e os carregará no colo" (v.11). Naquele momento, minha ansiedade se dissipou, pois percebi que o Senhor estava nos segurando, guiando e cuidando.

Era isso exatamente o que eu precisava, Senhor, e então respirei em silêncio. Senti-me envolvida pela paz de Deus durante e após a cirurgia (que felizmente foi bem).

O Senhor prometeu a Seu povo através do profeta Isaías que Ele seria o seu pastor, guiando-os em sua jornada diária e dando-lhes conforto. Nós também podemos usufruir do Seu cuidado carinhoso quando lhe expomos nossas ansiedades e buscamos o Seu amor e paz. Sabemos que Ele é o nosso Bom Pastor, que nos acolhe junto ao Seu coração e nos envolve em Seus braços eternos. —*Amy Boucher Pye*

Senhor Jesus, obrigada pelo dom do Teu amor sacrificial
e pela paz que ultrapassa todo o entendimento.

O Bom Pastor cuida das Suas ovelhas.

12 de abril

Sendo cuidado

Salmo 46

O Senhor dos Exércitos está entre nós…
—Salmo 46:11

Débora era a proprietária de um serviço de limpeza doméstica e buscava mais clientes para aumentar seus negócios. Ela conversou com uma mulher que lhe disse: "Não posso pagar por isso agora, pois estou tratando um câncer". Débora decidiu que "nenhuma mulher em tratamento contra o câncer deixaria de ser atendida e de receber uma faxina grátis". E, em 2005, ela abriu uma organização sem fins lucrativos, para a qual as empresas doavam os serviços de limpeza para mulheres que lutavam contra o câncer. Uma delas sentiu-se muito confiante ao voltar para sua casa tão limpinha e afirmou: "Pela primeira vez, realmente acreditei que poderia vencer o câncer".

O cuidado e o apoio podem nos ajudar quando enfrentamos desafios. Reconhecer a presença e o amparo de Deus traz esperança para fortalecer o nosso espírito. O Salmo 46 é o favorito de muitos que passam por provações e nos lembra: "Deus é nosso refúgio e nossa força, sempre pronto a nos socorrer em tempos de aflição […] Aquietem-se e saibam que eu sou Deus! […] serei honrado no mundo inteiro. O Senhor dos Exércitos está entre nós" (vv.1,10-11).

Lembrarmo-nos das promessas de Deus e de Sua presença conosco pode ser um meio de ajudar a renovar o nosso coração e nos dar a coragem e a confiança para passarmos por momentos difíceis. —*Anne Cetas*

Para quais provações você precisa do amparo de Deus?
Quais versículos da Bíblia a ajudam?

*Somos gratas a Deus,
por Sua presença e Suas promessas.
Que vivamos confiantes
em Sua capacidade de nos sustentar.*

13 de abril
Um mundo de provisão

Salmo 104:10-18,24-26

Ali está o oceano, vasto e imenso,
cheio de seres de todo tipo, grandes e pequenos.
—Salmo 104:25

Na madrugada, Nádia, uma agricultora de pepinos do mar, entra num cercado de cordas no raso do oceano perto de sua vila em Madagascar para colher sua "safra". Isso não a incomoda, diz ela: "A vida era muito difícil antes de eu começar a cultivá-los. Não tinha nenhuma fonte de renda. Agora, sou parte de um programa de proteção marinha chamado *Velondriake*, que significa "conviver com o mar" e vejo minha renda crescer e se estabilizar". Ela agradece a Deus por esse projeto.

Isso é possível, em grande parte, porque a criação de Deus forneceu o que esse projeto precisava: um suprimento natural de vida marinha. Em louvor ao Deus provedor, o salmista escreveu: "Fazes o pasto crescer para os animais, e as plantas, para as pessoas cultivarem" (Salmo 104:14). E, "Ali está o oceano [...] vasto e imenso, cheio de seres de todo tipo, grandes e pequenos" (v.25).

É uma maravilha, de fato, como Deus nos provê por meio da Sua maravilhosa criação. O humilde pepino do mar, por exemplo, ajuda a formar uma cadeia alimentar marinha saudável. A colheita cuidadosa de pepinos do mar, por sua vez, concede um salário digno a Nádia e seus vizinhos.

Nada é aleatório na criação de Deus. Ele a usa para Sua glória e nosso bem. Assim, "Cantarei ao Senhor enquanto viver", diz o salmista (v.33). Nós também podemos louvá-lo hoje ao refletir sobretudo o que Ele nos concede. —*Patricia Rayhon*

De que maneira Deus nos provê através da Sua criação?

Ó Deus Criador, sentimo-nos humildes
diante de Tua vasta criação e
de todas as maneiras pelas quais Tu nos provês.

14 de abril

Nosso Pai canta

Sofonias 3:14-20

*...o Senhor seu Deus [...] ficará contente com vocês
e por causa do seu amor [...] cantará e se alegrará.*
—Sofonias 3:17 (ntlh)

Daniel gosta de encorajar as pessoas cantando para elas. Um dia estávamos almoçando em seu restaurante favorito, e ele percebeu que a garçonete estava tendo um dia difícil. Ele fez algumas perguntas e começou a cantar calmamente uma música cativante para animá-la. "Muito gentil, o senhor acabou de tornar o meu dia melhor. Muito obrigada!", ela disse com um grande sorriso, enquanto anotava nosso pedido de comida.

Quando abrimos o livro de Sofonias, descobrimos que Deus gosta de cantar. O profeta fez uma representação magistral com suas palavras, nas quais descreveu Deus como um músico que gosta de cantar para e com os Seus filhos. Ele escreveu que Deus "ficará contente com vocês e por causa do seu amor lhes dará nova vida. Ele cantará e se alegrará" (3:17). Deus prometeu estar presente para sempre com aqueles que foram transformados por Sua misericórdia. Mas não para por aí! Ele convida e se une ao Seu povo para se alegrar e exultar de "todo o coração" (v.14).

Podemos apenas imaginar o dia em que estaremos com Deus e com todos os que depositaram sua confiança em Jesus como seu Salvador. Quão incrível será ouvir nosso Pai celestial cantar canções para nós e experimentarmos o Seu amor, Sua aprovação e Sua aceitação. —*Estera Pirosca Escobar*

Como você pode celebrar o amor de Deus por você?
Que música Ele está cantando sobre você e com você hoje?

*Pai, Somos gratas por Teu amor
e reconhecemos que, por Jesus, Tu nos aceitas e
celebras conosco como Tuas filhas.*

15 de abril

Vamos louvar!

Salmo 67

Que o mundo inteiro cante de alegria...
—Salmo 67:4

Quando o alarme no telefone de Sheila toca todos os dias às 15h16, ela faz uma pausa para louvar, agradecer a Deus e reconhecer a Sua bondade. Embora ela se comunique com Deus ao longo do dia, Sheila gosta dessa pausa porque isso a ajuda a celebrar o seu relacionamento íntimo com o Senhor. Inspirada por sua alegre devoção, decidi estabelecer um horário específico a cada dia para agradecer a Cristo por Seu sacrifício na cruz e a orar pelos não salvos. Pergunto-me como seria se todos os cristãos parassem para louvá-lo à sua maneira e a orar pelos outros todos os dias?

A imagem de uma bela onda de adoração atingindo os confins da Terra ressoa nas palavras do Salmo 67. O salmista pede a graça de Deus, proclamando o seu desejo de tornar o Seu nome excelente em todas as nações (vv.1,2). Ele canta: "Que os povos te louvem, ó Deus, sim, que todos os povos te louvem" (v.3). E celebra o Seu governo soberano e orientação fiel (v.4). Como testemunho vivo do grande amor de Deus e das abundantes bênçãos, o salmista lidera o povo de Deus aos louvores jubilosos (vv.5,6).

A contínua fidelidade de Deus aos Seus filhos amados nos inspira a reconhecê-lo. Quando fazemos isso, outros podem se juntar a nós confiando nele, reverenciando-o, seguindo-o e o aclamando como Senhor. —*Xochtil Dixon*

Você pode dedicar alguns minutos hoje para louvar a Deus?
Qual o seu motivo de gratidão?

*Deus, Tu és digno
de todos os nossos louvores!*

16 de abril

No jardim

João 20:11-18

*Maria Madalena [...] lhes disse:
"Vi o Senhor!". Então contou o que Jesus havia falado.*
—João 20:18

Meu pai amava cantar hinos antigos. "No jardim" era um dos seus favoritos. Anos atrás, nós o cantamos em seu funeral. O refrão é simples: "E Ele caminha comigo, fala comigo e me diz que sou Seu. E a alegria que compartilhamos, enquanto estamos unidos, ninguém jamais conheceu". Essa canção trouxe tanta alegria ao meu pai — como traz a mim.

O hinista C. Austin Miles diz que escreveu essa canção na primavera de 1912 após ler João 20. "Enquanto eu lia naquele dia, parecia que eu fazia parte da cena. Tornei-me uma testemunha silenciosa daquele momento dramático na vida de Maria quando ela se ajoelhou diante de seu Senhor e clamou, 'Rabboni [Mestre]'".

Nessa passagem, encontramos Maria Madalena chorando perto do túmulo vazio de Cristo. Ali ela encontrou um homem que a questionou por que estava chorando. Pensando ser o jardineiro, Maria conversou com o Salvador ressuscitado — Jesus! Sua tristeza se transformou em alegria, e ela correu para dizer aos discípulos: "Vi o Senhor!" (v.18). Nós também temos a certeza de que Jesus ressuscitou! Ele está agora no Céu com o Pai, mas não nos deixou por nossa conta. Os cristãos têm o Seu Espírito em seu interior. Por meio dele, nós temos a certeza e a alegria de saber que Ele habita em nós e que somos "Seus". —*Alyson Kieda*

De que maneira é reconfortante saber
que não precisamos viver por conta própria?
Quando você sentiu intimamente a presença de Jesus?

*Jesus, sou muito grata porque estás vivo.
Pertenço a ti e sei que Tu habitas em mim!*

17 de abril
Acalma as ondas

Salmo 89:5-17

*Ó SENHOR, Deus dos Exércitos,
quem é poderoso como tu, SENHOR? Tu és totalmente fiel!*
—SALMO 89:8

Enquanto meu marido fotografava o horizonte havaiano, preocupada com minha saúde, sentei-me numa grande rocha. Ainda que meus problemas me aguardassem no retorno, eu precisava de paz naquele momento. Olhei para as ondas que batiam nas pedras escuras e irregulares, e uma sombra chamou minha atenção. Identifiquei a forma de uma tartaruga marinha seguindo com as ondas tranquilamente com suas nadadeiras se esticando amplamente.

Virando meu rosto para a brisa salgada, sorri. "SENHOR, os céus louvam as tuas maravilhas" (Salmo 89:5). Nosso incomparável Deus governa "os mares revoltos e acalmas as ondas agitadas (v.9). Ele fez o mundo e todas as coisas (v.11). Ele criou tudo, é dono de tudo, governa tudo e Seu propósito é que tudo seja para Sua glória e nosso deleite.

Apoiadas no alicerce de nossa fé — o amor de nosso Pai imutável — podemos andar "na luz de [Sua] presença…" (v.15). Deus ainda é Todo-poderoso e misericordioso ao lidar conosco. Podemos nos alegrar em Seu nome o dia todo (v.16). Não importa os obstáculos ou quantos contratempos tenhamos que suportar, Deus nos mantém enquanto as ondas sobem e descem. —*Xochitl Dixon*

Ao enfrentar as fortes ondas da vida,
como o refletir sobre as maravilhas de Deus pode encher você de paz,
coragem e confiança em Sua presença contínua
e cuidado constante? Que situações você precisa entregar
a Deus enquanto surfa pelas ondas da vida?

*Pai, obrigada por me capacitares
a passar pelas ondas da vida ancorada
em Tua comprovada fidelidade.*

18 de abril

Ancorada na verdade

Isaías 22:15-20,22-25

*...pois o colocarei firmemente no lugar,
como um prego na parede.*
—Isaías 22:23

Minha família mora numa casa antiga que tem paredes de gesso com uma textura maravilhosa. Um construtor me advertiu que, para pendurar um quadro nessas paredes, eu teria que utilizar um suporte de madeira ou âncora de gesso. Do contrário, arriscaria que o quadro tombasse, deixando um buraco feio no lugar.

O profeta Isaías usou a imagem de um prego cravado firmemente numa parede para descrever um personagem bíblico menos conhecido chamado Eliaquim. Ao contrário do oficial corrupto Sebna (Isaías 22:15-19), e até do povo de Israel que buscava força em si mesmo (vv.8-11), Eliaquim confiava em Deus. Profetizando a promoção de Eliaquim a administrador do palácio para o rei Ezequias, Isaías escreveu que Eliaquim seria cravado como um "prego na parede" (v.23). Estar firmemente ancorado na verdade e na graça de Deus também permitiria a Eliaquim ser um apoio para sua família e seu povo (vv.22-24).

Mesmo assim, Isaías concluiu essa profecia lembrando que nenhuma pessoa pode ser a segurança definitiva para amigos ou família. Todos nós falhamos (v.25). A única âncora totalmente confiável é Jesus (Salmo 62:5-6; Mateus 7:24). Ao cuidarmos dos outros e compartilharmos seus fardos, também podemos direcioná-los a Ele, a âncora que jamais falhará. —*Lisa Samra*

Como ancorar-se na verdade e na graça de Deus?
De que forma você pode apoiar
os que se sentem oprimidos pelos fardos da vida?

*Querido Jesus, obrigada
por seres minha âncora. Como Tua serva,
sei que estou firmemente alicerçada em ti.*

19 de abril
Em todos os momentos
Êxodo 40:34-38

*Durante o dia, a nuvem do SENHOR pairava no ar [...] e,
à noite, fogo ardia [...] Israel podia vê-la...*
—ÊXODO 40:38

Em 28 de janeiro de 1986, o ônibus espacial Challenger dos EUA se destruiu 73 segundos após a decolagem. No discurso de conforto à nação, o presidente Reagan citou o poema *Voo alto* de John Gillespie Magee, piloto da Segunda Guerra Mundial, que escreveu sobre o "nunca antes ultrapassado espaço sagrado" e a sensação de estender a mão para tocar "a face de Deus".

Ainda que não possamos literalmente tocar a face de Deus, por vezes experimentamos um pôr do sol extasiante ou um belo lugar na natureza para meditarmos. Isso nos dá a maravilhosa sensação de que Ele está próximo. Alguns chamam esses momentos de transcendentais. A barreira que separa o Céu da Terra se torna mais tênue. Deus parece mais perto.

Os israelitas podem ter experimentado essa proximidade ao sentirem a presença de Deus no deserto. Ele proveu uma nuvem de dia e uma coluna de fogo à noite para guiar o povo em meio à jornada (Êxodo 40:34-38). Quando estavam no acampamento, "a glória do SENHOR" enchia o tabernáculo (v.35). Durante toda a jornada, Seu povo sabia que Deus estava com eles.

Ao desfrutarmos da incrível beleza da criação divina, tornamo-nos conscientes de que Deus é onipresente. E quando oramos, ouvimos Sua voz e lemos Sua Palavra, podemos usufruir da comunhão com o Senhor em todo tempo e em todo lugar. —*Cindy Hess Kasper*

Quais lugares na natureza a fazem sentir-se perto de Deus?
Como buscá-lo em todo momento e lugar?

*Pai, ajuda-me a buscar-te e a te encontrar
mesmo quando eu estiver perdida no deserto.*

20 de abril

Alegria no louvor

Habacuque 3:6,16-19

…mesmo assim me alegrarei no Senhor.
—Habacuque 3:18

Quando o reconhecido escritor britânico C. S. Lewis entregou sua vida a Jesus, de início, ele resistiu em louvar a Deus. Chegou a dizer que o louvor era "pedra de tropeço". Sua luta era com a "sugestão de que o próprio Deus exigia isso". No entanto, Lewis finalmente reconheceu que "no processo de adoração o Senhor comunica Sua presença" a Seu povo. Então nós, "em perfeito amor com Deus", encontramos alegria nele não mais divisíveis "do que o brilho que um espelho recebe" do "brilho que derrama".

O profeta Habacuque concluiu isso há séculos. Tendo reclamado a Deus sobre os males designados ao povo de Judá, o profeta percebeu que louvar a Deus conduz à alegria, não pelo que Ele faz, mas por quem Deus é. Logo, mesmo frente às crises nacionais ou mundiais, Deus ainda é grande. Como o profeta declarou: "Ainda que a figueira não floresça e não haja frutos nas videiras, ainda que a colheita de azeitonas não dê em nada e os campos fiquem vazios e improdutivos, ainda que os rebanhos morram nos campos e os currais fiquem vazios, mesmo assim me alegrarei no Senhor…" (3:17-18).

C. S. Lewis percebeu que: "O mundo inteiro ressoa em louvor". Da mesma forma, Habacuque rendeu-se a louvar sempre a Deus, encontrando a rica alegria no Único a quem pertencem "…os caminhos eternos" (v.6). —*Patrícia Raybon*

Quando você louva a Deus, como isso impacta o seu espírito?
Cite três motivos para louvá-lo hoje.

Deus de amor, mesmo em meio às dificuldades, desperta em mim o espírito de alegre louvar a ti.

21 de abril

Planos imperfeitos

Provérbios 19:20-23

*É da natureza humana fazer planos,
mas o propósito do Senhor prevalecerá.*
—Provérbios 19:21

Eu estava numa biblioteca que ficava no andar abaixo de uma academia de ginástica quando, repentinamente, um barulho sacudiu a sala. Minutos depois, ouvi o mesmo som. O bibliotecário explicou que tinha uma academia bem acima dali, e que o som ocorria toda vez que alguém deixava um peso cair. Os arquitetos planejaram bem as instalações, mas esqueceram-se de colocar a biblioteca longe dessa agitação.

Na vida, os nossos planos também podem falhar. Negligenciamos considerações importantes, e nossos planejamentos nem sempre consideram os acidentes de percurso. Embora o planejamento nos ajude a evitar déficits financeiros, limitações de tempo e problemas de saúde, as melhores estratégias não eliminam todos os nossos problemas.

Vivemos no pós-Éden. Com a ajuda divina, podemos encontrar o equilíbrio entre considerar com prudência o futuro e como reagir às dificuldades (Provérbios 6:6-8). Deus tem um propósito para os problemas que Ele permite que vivenciemos, e pode usá-los para desenvolver nossa paciência, aumentar nossa fé, ou simplesmente para nos aproximar dele. "É da natureza humana fazer planos, mas o propósito do Senhor prevalecerá" (19:21). Ao apresentarmos a Jesus as nossas esperanças para o futuro, Ele nos mostrará o que deseja realizar em nós e por meio de nós. —*Jennifer Benson Schuldt*

Como você reage quando os seus planos não funcionam?
O que Deus quer ensiná-la com tais experiências?

*Deus, creio que tudo está sob o Teu controle.
Ajuda-me a entregar todos os meus planos a ti.*

22 de abril

A cobertura da fé

2 Timóteo 1:1-5

*Lembro-me de sua fé sincera, como era a de sua avó, [...]
e sei que em você essa mesma fé continua firme.*
—2 Timóteo 1:5

De mãos dadas, meu neto e eu tentamos encontrar uma roupa especial para a volta às aulas. Em idade pré-escolar, ele estava animado com tudo, e eu bem determinada a transformar sua animação em alegria. Eu tinha acabado de ver uma caneca de café com os dizeres: "Vovós são mães com muito glacê." O glacê é doce, igual a diversão, brilho, alegria! Sou uma vó desse tipo, certo? Isso... e mais.

Paulo ao escrever a Timóteo, seu filho espiritual, destaca sua fé sincera e credita isso à avó e a mãe dele (2 Timóteo 1:5). Essas mulheres viveram sua fé a ponto de Timóteo também passar a crer em Jesus. Certamente, elas o amavam e cuidavam de suas necessidades. Mas, com certeza, fizeram mais. Paulo destaca essa fé tão firme como sendo a fonte da fé que mais tarde seria vista em Timóteo.

Meu trabalho como avó inclui o momento "glacê" da compra de uma roupa para voltar à escola. No entanto, inclui muito mais: sou chamada a esses doces momentos quando compartilho a minha fé, quando oramos por nossos "lanchinhos" juntos; ao percebermos as nuvens angelicais no céu formando obras de arte de Deus ou ao cantarolarmos juntos uma música sobre Jesus. Que sejamos persuadidas pelo exemplo de mães e avós como Eunice e Loide para permitir que a nossa fé se torne o "glacê" da vida para que outros desejem o que temos. —*Elisa Morgan*

Quais pessoas a influenciaram a cultivar sua fé em Jesus?
A sua fé causa impacto na vida de quem a cerca?

*Querido Deus, ajuda-me a investir o meu tempo
para viver a minha fé em ti diante dos outros.*

23 de abril
Empatia uns pelos outros
Levítico 19:32-34

...amem-nos como a si mesmos. Lembrem-se de que vocês eram estrangeiros quando moravam [no] Egito...
—Levítico 19:34

Karen leciona para jovens e criou uma atividade para ensinar seus alunos a se entenderem melhor. Nessa "atividade", os alunos anotavam alguns pesos emocionais que carregavam. As anotações foram compartilhadas anonimamente. Cada estudante teve uma visão sobre as dificuldades uns dos outros e puderam demonstrar suas reações a isso. Desde então, há mais respeito mútuo entre os adolescentes, cujo senso de empatia agora é mais profundo entre eles.

Por toda a Bíblia, Deus incentivou o Seu povo a tratar uns aos outros com dignidade e demonstrar empatia nas interações (Romanos 12:15). Na história de Israel, em Levítico, Deus orientou os israelitas a praticarem a empatia, especialmente em relação aos estrangeiros. Disse-lhes para amá-los como a si próprios porque também haviam sido estrangeiros no Egito e, portanto, conheciam intimamente tais dificuldades (Levítico 19:34).

Muitas vezes, nossos fardos nos fazem sentir como estrangeiras, sozinhas e incompreendidas, mesmo entre nossos pares. Nem sempre temos a experiência que os israelitas vivenciaram com os estrangeiros entre eles. No entanto, sempre podemos tratar quem Deus coloca em nosso caminho com o respeito e a compreensão que desejamos. Quer seja um estudante, um israelita ou seja quem for, honramos a Deus agindo assim. —*Kirsten Holmberg*

Quem ao seu redor precisa da sua empatia pelos fardos que carrega?
Como você pode amar essa pessoa como a si mesma?

Deus, aliviaste-me quando coloquei a minha confiança em ti. Ajuda-me a ser empática e compassiva.

24 de abril

Estendendo misericórdia

Lucas 17:1-5

*Se um irmão pecar, repreenda-o e,
se ele se arrepender, perdoe-o.*
—Lucas 17:3

Ao refletir sobre como ela perdoou Manassés, o assassino do seu marido e de alguns de seus filhos no genocídio de Ruanda, Beata disse: "Meu perdão se baseia no que Jesus fez. Jesus recebeu a punição por cada ato maligno ao longo de todos os tempos. Sua cruz é o único lugar onde encontramos a vitória!". Mais de uma vez, Manassés lhe escrevera da prisão relatando os pesadelos regulares que o atormentavam e implorando o perdão dessa senhora, e de Deus. No início, ela não pôde lhe estender a misericórdia, dizendo que o odiava por ter matado sua família. Mas então "Jesus adentrou-se em seus pensamentos" e, com a ajuda divina, cerca de dois anos depois, ela o perdoou.

Beata seguiu a instrução de Jesus aos Seus discípulos para perdoar os que se arrependessem. Jesus disse que mesmo que alguém: "...peque contra você sete vezes por dia e, a cada vez, se arrependa e peça perdão, perdoe-o" (Lucas 17:4). Mas perdoar pode ser muito difícil e é possível concluirmos isso pela reação dos discípulos: "...Faça nossa fé crescer!" (v.5).

Enquanto Beata lutava em oração por sua incapacidade de perdoar, a sua fé "cresceu". Se, como ela, estamos lutando para perdoar, peçamos a Deus por meio de Seu Espírito Santo que nos ajude a fazer isso. À medida que a nossa fé cresce, o Senhor nos ajuda a perdoar. —*Amy Boucher Pye*

Você já perdoou alguém que a ofendeu e se arrependeu?
Como Deus pode ajudá-la a perdoar em tais situações?

*Jesus, graças te dou por me libertares
das consequências do meu pecado
por meio da Tua morte na cruz.*

25 de abril

Isolada pelo medo

Lucas 12:22-34

*Busquem, acima de tudo,
o reino de Deus…*
—Lucas 12:31

Em 2020, um surto do coronavírus amedrontou o mundo. Muitas pessoas entraram em quarentena; países sofreram bloqueios, voos e eventos foram cancelados. Quem está em áreas ainda livres do vírus teme a infecção. O especialista em ansiedade, Graham Davey, acredita que a transmissão de notícias negativas "talvez a deixem mais triste e ansiosa". Um dos *memes* que circulou na mídia social mostrava um homem assistindo notícias na TV e ele perguntava como poderia parar de se preocupar. Em resposta, outra pessoa na sala estendeu a mão e desligou a TV, sugerindo que a resposta poderia ser a mudança de foco!

Em Lucas 12, temos a ajuda para pararmos de nos preocupar: "Busquem, acima de tudo, o reino de Deus…" (v.31). Buscamos esse reino quando nos concentramos na promessa de que os Seus seguidores têm uma herança no Céu. Ao enfrentarmos dificuldades, podemos mudar o nosso foco e nos lembrar de que Deus nos vê e conhece as nossas necessidades (vv.24-30).

Jesus encoraja os Seus discípulos: "Não tenham medo […], pois seu Pai tem grande alegria em lhes dar o reino" (v.32). Deus gosta de nos abençoar! Vamos adorá-lo, sabendo que Ele se preocupa mais conosco do que com os pássaros e as flores do campo (vv.22-29). Mesmo em tempos difíceis, podemos ler as Escrituras, orar pela paz de Deus e confiar nele, que é bom e fiel. *Julie Schwab*

O que a amedronta hoje?
Você busca o reino de Deus quando começa a se preocupar?

*Deus de amor, em vez de viver
com medo ou preocupação, ajuda-me a focar
em Teu cuidado por mim.*

26 de abril

A promessa de Jesus para você

João 14:15-21,25-27

E eu pedirei ao Pai, e ele lhes dará
outro Encorajador, que nunca os deixará.
—João 14:16

Jason choramingou quando seus pais o entregaram a Ana. Foi o primeiro dia do filho de 2 anos no berçário, enquanto a mamãe e o papai assistiam ao culto — e o garoto não estava feliz. Ana lhes garantiu que o garoto ficaria bem. Ela tentou acalmá-lo com brinquedos e livros, balançando-o em uma cadeira, andando com ele, parando e falando sobre como Jason poderia se divertir. Mas tudo foi recebido com muitas lágrimas e altos gritos. Então ela sussurrou cinco simples palavras em seu ouvido: "Eu vou ficar com você". A paz e o consolo rapidamente se instalaram.

Jesus também ofereceu aos Seus amigos palavras de conforto durante a semana da Sua crucificação: "…o Pai, […] lhes dará outro Encorajador que nunca os deixará. É o Espírito da verdade…" (João 14:16-17). Após a Sua ressurreição, Jesus lhes deu esta promessa: "…estou sempre com vocês, até o fim dos tempos" (Mateus 28:20). Jesus em breve ascenderia ao Céu, mas enviaria o Espírito para "encorajar" e habitar entre o Seu povo.

Sentimos o conforto e a paz do Espírito quando as nossas lágrimas fluem. Nós recebemos a Sua orientação ao nos questionarmos sobre o que fazer (João 14:26). O Espírito Santo abre os nossos olhos para entendermos mais de Deus (Efésios 1:17-20), ajuda-nos em nossas fraquezas e intercede por nós (Romanos 8:26-27). Ele permanece para sempre com aquele que crê em Jesus. —*Anne Cetas*

O que você precisa da parte do Espírito Santo hoje?
Saber que Ele está sempre por perto a encoraja e consola?

Como sou grata
por Tu estares sempre ao meu lado, Jesus!
Eu preciso de ti.

27 de abril

O Deus de todo conforto

2 Coríntios 1:3-7

Ele nos encoraja […] para que, com o encorajamento que recebemos de Deus, possamos encorajar outros….
—2 Coríntios 1:4

Risonho era apenas um gatinho qualquer quando o seu dono o deixou no abrigo de animais, por considerá-lo doente demais para se recuperar. Mas Risonho se recuperou e foi adotado pelo veterinário. Hoje, o gatinho é um dos residentes nesse abrigo e passa seus dias "confortando" cães e gatos recém-saídos de cirurgia ou que se recuperam de doenças. Faz isso com sua calorosa presença e suave ronronar.

Essa é uma pequena ilustração do que o nosso Deus amoroso faz por nós e do que podemos fazer pelos outros em troca. Ele cuida de nós, em nossas doenças e lutas, e nos acalma com a Sua presença. Paulo chama Deus de "Pai misericordioso e Deus de todo encorajamento" (2 Coríntios 1:3). Quando estamos desanimadas, deprimidas ou nos sentimos maltratadas, Ele está ao nosso lado. Quando nós nos voltamos a Ele em oração, Deus nos consola em todas as nossas aflições (v.4). Paulo, que experimentou intenso sofrimento, segue: "para que, com o encorajamento que recebemos de Deus, possamos encorajar outros quando eles passarem por aflições" (v.4). O Pai nos encoraja, e quando experimentamos o Seu consolo, podemos fazer o mesmo por outros.

Nosso compassivo Salvador, que sofreu por nós, é mais do que capaz de nos consolar em nossa angústia (v.5). Ele nos ajuda em meio à nossa dor e nos prepara para fazer o mesmo por outras pessoas. —*Alyson Kieda*

Você já experimentou o conforto de Deus num momento difícil?
Já o ofereceu aos outros?

*Pai, obrigada por Tua presença reconfortante.
Ajuda-me a ser conforto
e encorajamento aos que me cercam.*

28 de abril
Melhor com Deus

Daniel 1:11-16; 2:19-20

...a ele pertencem a sabedoria e o poder.
—Daniel 2:20

No time de vôlei da faculdade, minha neta aprendeu o princípio da vitória. Se a bola vier em sua direção, não importa como, ela pode "melhorá-la". Poderá fazer uma jogada que deixará as companheiras de equipe numa melhor situação, sem fazer birras, sem culpar as outras ou procurar desculpas. Mas sempre melhorar a situação.

Essa foi a reação de Daniel quando ele e três amigos foram levados ao cativeiro pelo rei Nabucodonosor. Mesmo recebendo nomes pagãos e uma ordem de 3 anos de "treinamento" no palácio do inimigo, Daniel não se enfureceu. Ele pediu permissão para não se contaminar aos olhos de Deus com a comida e vinho do rei. Após consumir apenas vegetais e água por dez dias (Daniel 1:12), ele e seus amigos "pareciam mais saudáveis e bem nutridos que os outros rapazes que se alimentavam da comida do rei" (v.15)

Noutra vez, Nabucodonosor ameaçou matar Daniel e todos os sábios do palácio se eles não pudessem interpretar o seu sonho perturbador. Novamente, Daniel não se apavorou, mas buscou misericórdia do "Deus dos céus", e o mistério lhe foi revelado numa visão (2:19). Daniel declarou que "a sabedoria e o poder" pertencem a Deus (v.20). Estando cativo, Daniel buscou o melhor do Senhor, apesar dos conflitos. Que possamos seguir esse exemplo, tornando a situação melhor, entregando-a ao nosso Deus. —*Patricia Raybon*

Que batalhas você enfrenta?
Você crê que Deus pode transformar a sua jornada em algo melhor?

Deus de amor, eu recorro a ti.
Inspira-me a livrar-me do desespero
e a viver em Tua presença.

29 de abril

Trabalhando juntos

Êxodo 18:13-23

Se você seguir esse conselho, e se Deus assim lhe ordenar, poderá suportar as pressões...
—Êxodo 18:23

José trabalhava mais de 12 horas por dia, muitas vezes sem pausas. Começar uma instituição de caridade exigia dele tanto tempo e energia que mal lhe restava algo para oferecer à família ao voltar para casa. Depois do estresse crônico levá-lo ao hospital, um amigo se ofereceu para organizar uma equipe de apoio. Embora temesse renunciar ao controle, José sabia que não conseguiria manter o ritmo. Ele concordou em confiar em seu amigo, e em Deus, e delegou responsabilidades ao grupo de pessoas selecionadas. Um ano depois, José admitiu que a instituição e a família não teriam prosperado se ele tivesse recusado a ajuda que Deus enviara.

Deus não nos criou para prosperarmos sem o apoio de uma comunidade amorosa. Moisés conduziu os israelitas pelo deserto. Ele tentou servir ao povo de Deus como mestre, conselheiro e juiz com suas próprias forças. Mas quando Jetro visitou o seu genro Moisés, ele o aconselhou, dizendo: "Você ficará esgotado e deixará o povo exausto. É um trabalho pesado demais para uma pessoa só" (Êxodo 18:18). Jetro o encorajou a compartilhar a carga de trabalho com pessoas fiéis. Moisés aceitou ajuda e toda a comunidade foi beneficiada.

Quando confiamos que Deus age em e por meio de todo o Seu povo, enquanto trabalhamos juntos, podemos encontrar o verdadeiro descanso. —*Xochitl Dixon*

Podemos confiar em Deus ao pedir
ou oferecer ajuda a alguém na liderança?
Ele lhe provê o apoio de servos fiéis?

*Deus Pai, louvo-te por jamais me pedires
para viver sem a Tua ajuda ou o apoio dos outros.*

30 de abril

Amor inexplicável

João 13:31-35

*Assim como eu vos amei,
vocês devem amar uns aos outros.*
—João 13:34

Nossa congregação fez uma surpresa para o meu filho no seu aniversário de 6 aninhos. Os membros da igreja decoraram o espaço com balões e a mesa com o bolo. Quando o meu filho abriu a porta, todos gritaram: "Parabéns!". Enquanto eu cortava o bolo, meu filho sussurrou no meu ouvido: "Mãe, por que todo mundo aqui me ama?". Eu tinha a mesma pergunta! Eles nos conheciam apenas há seis meses e nos tratavam como amigos de longa data.

O amor demonstrado pelo meu filho refletia o amor de Deus por nós. Não entendemos por que o Senhor nos ama, mas Ele nos ama — e o Seu amor é uma dádiva. Nada fizemos para merecê-lo, mas o Senhor nos ama generosamente. As Escrituras afirmam: "Deus é amor" (1 João 4:8). O amor é a essência de Deus. O nosso Senhor Deus derramou o Seu amor sobre nós a fim de que pudéssemos demonstrar o mesmo amor aos outros. Jesus disse aos Seus discípulos: "Assim como eu vos amei, vocês devem amar uns aos outros. Seu amor uns pelos outros provará ao mundo que são meus discípulos" (vv.34,35).

As pessoas da nossa igreja nos amam porque o amor de Deus está nelas, brilha por meio delas e as identifica como seguidores de Jesus. Não compreendemos totalmente o amor de Deus, mas podemos derramá-lo sobre os outros — sendo exemplos de Seu amor inexplicável. —*Keila Ochoa*

Você experimentou recentemente o amor de Deus
por meio de outros?
Como você pode revelar os Seus caminhos compassivos
para outras pessoas hoje?

*Porque Deus nos ama,
podemos amar uns aos outros.*

1.º de maio

Na videira verdadeira...

Efésios 4:14-24

...Cristo habitará em seu coração [...]
Suas raízes se aprofundarão em amor e os manterão fortes.
—Efésios 3:17

Minha conselheira me ouviu atentamente quando compartilhei sobre a montanha-russa emocional após uma semana cheia de estresse. Convidou-me a olhar pela janela as laranjeiras com seus galhos exuberantes balançando ao vento.

Mostrando que os *troncos* não se moviam ao vento, ela explicou: "Somos um pouco assim. Quando a vida *sopra* contra nós de todas as direções, é claro que nossas emoções vão para cima e para baixo e ao redor. Mas, às vezes, vivemos como se tivéssemos apenas *galhos*. O meu objetivo é ajudá-la a encontrar o seu *tronco*. Assim, mesmo quando a vida estiver estressante, você não *dependerá* dos seus galhos e ainda estará segura e estável".

Essa imagem ficou gravada em mim e é semelhante àquela que Paulo forneceu aos novos cristãos. Lembrando-os do incrível dom de Deus — uma nova vida de enorme propósito e valor (Efésios 2:6-10), Paulo compartilhou o seu desejo de que eles se tornassem profundamente "enraizados" no amor de Cristo (3:17), não mais "empurrados por qualquer vento de novos ensinamentos" (4:14).

Sozinha é fácil sentir-se insegura, frágil e atingida por nossos medos e inseguranças. Mas, à medida que crescemos em nossa verdadeira identidade em Cristo (vv.22-24), podemos experimentar profunda paz com Deus e uns com os outros (v.3), nutridas e sustentadas pelo poder e pela beleza de Cristo (vv.15-16). —Monica La Rose

A sua identidade em Jesus a encoraja e a fortalece?

Jesus, ajuda-nos a criar raízes
cada vez mais profundas em Teu amor.

2 de maio

Eclipse

Amós 8:9-12; 9:11-12

*...restaurarei a tenda caída de Davi
e consertarei seus muros [...] restaurarei sua antiga glória.*
—Amós 9:11

Eu estava preparada com proteção para os olhos, num local de visualização ideal e repleto de sobremesas caseiras em formatos de lua. Milhões de pessoas e minha família assistiram o eclipse solar total tão raro — a Lua cobrindo todo Sol.

O eclipse causou escuridão incomum na tarde de verão. Embora para nós esse eclipse tenha sido uma celebração alegre e um lembrete do incrível poder de Deus sobre a criação (Salmo 135:6-7), ao longo da história as trevas durante o dia foram vistas como anormais e agourentas (Êxodo 10:21; Mateus 27:45), um sinal de que nem tudo é como deveria ser.

Isto é o que as trevas significaram para o profeta Amós durante o tempo da monarquia dividida no antigo Israel. Amós alertou o Reino do Norte que a destruição viria se eles continuassem se afastando de Deus. O Senhor disse que faria: "...o sol se pôr ao meio-dia e em plena luz do dia [escureceria] a terra" (Amós 8:9).

Mas o desejo e o propósito supremo de Deus era, e ainda é, tornar todas as coisas certas. Mesmo quando o povo foi levado ao exílio, Deus prometeu um dia trazer um remanescente de volta a Jerusalém, consertar seus muros quebrados e restaurar suas ruínas (9:11).

Mesmo quando a vida está mais sombria, como Israel, podemos encontrar conforto em saber que Deus está agindo para trazer luz e renovar a esperança de *todas* as pessoas (Atos 15:14-18; Apocalipse 21:23). —*Linda Washington*

Como Deus proveu resgate
e trouxe luz a sua situação sombria?

*Jesus, obrigada por brilhares
mais do que o Sol e afastares as trevas.*

3 de maio
Força para a jornada

1 Reis 19:1-9

Enquanto dormia, um anjo o tocou e disse: "Levante-se e coma!".
—1 Reis 19:5

Certo verão, enfrentei uma tarefa quase impossível de cumprir: um grande projeto de escrita e o prazo apertado demais. Tendo passado dias sozinha, tentando colocar as palavras na página, sentia-me exausta, desanimada e a ponto de desistir. Uma amiga sabiamente me perguntou: "Quando foi a última vez que você se sentiu forte e bem revigorada? Talvez você precise descansar e desfrutar de uma boa refeição".

Imediatamente percebi que ela estava certa. Seu conselho me fez pensar em Elias e na mensagem aterrorizante que ele recebeu de Jezabel (1 Reis 19:2) — embora, é claro, meu projeto não estivesse nem perto da escala cósmica da experiência do profeta. Após Elias triunfar sobre os falsos profetas no monte Carmelo, Jezabel mandou dizer que ela o capturaria e o mataria, e o profeta se desesperou, desejando morrer. Mas, na sequência, ele conseguiu dormir bem e por duas vezes um anjo o visitou e o alimentou. Após Deus renovar a força física de Elias, ele pôde continuar sua jornada.

Quando a jornada é pesada demais para nós (v.7), talvez precisemos descansar e desfrutar de uma refeição saudável e revigorante. Pois, quando estamos exaustas ou com fome, podemos facilmente sucumbir à decepção ou medo. Mas, quando Deus atende às nossas necessidades físicas por meio dos Seus recursos, tanto quanto possível neste mundo decaído, podemos dar o próximo passo em servir-lhe. —*Amy Boucher Pye*

Você já precisou desacelerar
e receber melhor sustento antes de prosseguir?

*Deus Criador, formate-nos como Teu povo.
Ajuda-nos a te servir com alegria.*

4 de maio

Oração intercessória

Romanos 8:26-34

*...pois o Espírito intercede por nós,
o povo santo, segundo a vontade de Deus.*
—Romanos 8:27

Parei num restaurante local para almoçar com minha família numa tarde de sábado. Enquanto o garçom nos servia, meu marido perguntou o nome dele e lhe disse: "Oramos em família antes de comer. Há algo pelo qual possamos orar por você hoje?. "Alan, cujo nome agora conhecíamos, olhou para nós num misto de surpresa e ansiedade. Após breve silêncio, ele nos disse que dormia no sofá de seu amigo todas as noites, seu carro estava estragado e ele estava sem condições de consertá-lo.

À medida que meu marido pedia a Deus que provesse a Alan e lhe mostrasse Seu amor, pensei em como nossa oração mediadora era semelhante ao que acontece quando o Espírito Santo assume nossa causa e nos conecta a Deus. Em nossos momentos de maior necessidade quando percebemos que não somos páreos para lidar com a vida por conta própria, quando não sabemos o que dizer a Deus: "O Espírito intercede por nós" (Romanos 8:27). O que o Espírito diz é um mistério, mas temos certeza de que sempre se encaixa na vontade de Deus para nossa vida.

Na próxima vez em que você orar pedindo a orientação, provisão e proteção de Deus na vida de outra pessoa, permita que esse ato de bondade a relembre de que as suas necessidades espirituais também estão sendo elevadas a Deus, que conhece o seu nome e se preocupa com os seus problemas. —*Jennifer Benson Schuldt*

Por quem você pode orar hoje?
Como resistir às tentações sabendo
que o Espírito intercede por você?

*Jesus, concede-me a vitória sobre as tentações
através do poder da Tua ressurreição dentre os mortos.*

5 de maio
Dúvida e fé

Jó 1:20-22; 2:7-10

*O Senhor me deu o que eu tinha,
e o Senhor o tomou. Louvado seja o nome do Senhor.*
—Jó 1:21

O senhor Ming Teck acordou com uma forte dor de cabeça pensando que fosse outra enxaqueca. Mas, ao sair da cama, caiu ao chão. Ele foi internado no hospital, e os médicos informaram que ele tivera um derrame. Após quatro meses de reabilitação, ele recuperou a sua capacidade de raciocinar e conversar, mas ele ainda caminha mancando dolorosamente. Às vezes, ele se desespera, mas encontra consolo no livro de Jó.

Jó perdeu toda a sua riqueza e seus filhos da noite para o dia. Apesar das notícias terríveis, ele primeiro olhou para Deus com esperança e o louvou por Ele ser a fonte de tudo. Reconheceu a mão soberana de Deus, mesmo em tempos de calamidade (Jó 1:21). Maravilhamo-nos com sua forte fé, mas Jó também lutou com o desespero. Depois que ele perdeu também a saúde (2:7), amaldiçoou o dia em que nasceu (3:1). Jó foi honesto com seus amigos e com Deus sobre a sua dor. Com o tempo, no entanto, ele aceitou que tanto o bem quanto o mal vêm das mãos de Deus (13:15; 19:25-27).

Em nossos sofrimentos, também podemos vacilar entre o desespero e a esperança, a dúvida e a fé. Deus não exige que sejamos destemidas diante da adversidade, mas nos convida a ir a Ele com os nossos questionamentos. Embora nossa fé às vezes falhe, podemos confiar que Deus sempre será fiel. —*Poh Fang Chia*

Como você pode usar Jó 1:21
para orientá-la em suas orações?

*Querido Pai, ajuda-me a sempre lembrar
que eu sou preciosa aos Teus olhos.*

6 de maio

Amor para sempre

Salmo 136:1-9

*Sabemos quanto Deus nos ama
e confiamos em seu amor. Deus é amor...*
—1 João 4:16

Anos atrás, meu filho de 4 anos me deu um coração de madeira emoldurado numa placa de metal com a expressão *para sempre* pintada no centro. "Eu te amo *para sempre*, mamãe", disse ele. Eu o agradeci com um abraço e disse: "Eu te amo mais". Esse presente inestimável ainda me assegura do amor infindável de meu filho. Em dias difíceis, Deus usa esse amoroso presente para me confortar e encorajar ao afirmar que sou profundamente amada.

Isso também me relembra a dádiva do eterno amor de Deus, expresso em Sua Palavra e confirmado pelo Seu Espírito. Podemos confiar na bondade imutável de Deus e agradecidos cantar louvores que confirmam Seu amor duradouro, como o salmista faz (Salmo 136:1). Podemos exaltar o Senhor como o maior e acima de tudo (vv.2-3), ao refletirmos sobre as Suas infinitas maravilhas e entendimento ilimitado (vv.4-5). O Deus que nos ama para sempre é o Criador consciente e cuidadoso dos céus e da Terra, que mantém o controle do tempo em si (vv.6-9).

Podemos nos alegrar porque o amor eterno que o salmista cantou é o mesmo amor contínuo que nosso Criador e Sustentador derrama na vida dos Seus filhos hoje. Não importa o que estivermos enfrentando, nosso Criador permanece conosco nos fortalecendo e afirmando que nos ama incondicional e completamente. *Obrigada, Deus, pelas incontáveis lembranças do Teu amor sem fim e transformador de vidas!* —Xochitl Dixon

Como o Senhor fortaleceu a sua fé?

*Deus, ajuda-nos a te amar e amar aos outros
também e a nos tornamos mais confiantes
no Teu interminável amor.*

7 de maio

Braços abertos

2 Samuel 22:1-7,17-20

Em minha aflição, clamei ao SENHOR [...]
meu clamor chegou a seus ouvidos.
—2 SAMUEL 22:7

Saydee e sua família têm uma filosofia de "lar e braços abertos". As pessoas sempre são bem-vindas na casa deles, "especialmente as aflitas", diz ele. A casa com seus nove irmãos na Libéria era o exemplo disso. Seus pais sempre acolheram outras pessoas em sua família. Ele diz: "Crescemos como uma comunidade. Nós nos amávamos. Todo mundo era responsável por todo mundo. Meu pai nos ensinou a amar, cuidar e proteger um ao outro".

Quando o rei Davi precisou, ele encontrou esse tipo de cuidado amoroso em Deus. Em 2 Samuel 22 e Salmo 18, lemos o seu cântico de louvor a Deus por Ele ter sido o seu refúgio durante toda a sua vida. Davi lembrou: "Em minha aflição, clamei ao SENHOR; sim, clamei a Deus por socorro. Do seu santuário ele me ouviu; meu clamor chegou a seus ouvidos" (2 Samuel 22:7). Muitas vezes Deus o livrara de seus inimigos, incluindo o rei Saul. O salmista louvou a Deus por ser sua fortaleza e libertador em quem se refugiou (vv.2-3).

Embora nossas angústias possam ser pequenas em comparação com as de Davi, Deus nos convida a buscá-lo para encontrarmos o abrigo que ansiamos. Seus braços estão sempre abertos. Portanto, "cantarei louvores ao [Seu] nome" (v.50).
—Anne Cetas

Quando Deus foi o seu refúgio?
Como você pode ajudar alguém a refugiar-se nele?

Deus, estou agradecida por sempre teres sido
e porque sempre serás o meu lugar seguro de refúgio.

8 de maio

Em sintonia com o Espírito

Gálatas 5:16-26

Uma vez que vivemos pelo Espírito,
sigamos a direção do Espírito em todas as áreas de nossa vida.
—Gálatas 5:25

Eu escutava a afinação do piano de cauda e pensei nos momentos em que ouvi aquele mesmo piano e o incrível som do "Concerto de Varsóvia" e do hino *Quão grande és tu!*. Mas agora o piano precisava desesperadamente de afinação. Enquanto algumas notas estavam no tom certo, outras estavam desafinadas, criando um som desagradável. A responsabilidade do afinador de piano não era fazer com que cada tecla tocasse o mesmo som, mas garantir que o som exclusivo de cada nota combinasse com as outras para criar um conjunto harmonioso agradável.

Mesmo na igreja, podemos ver discórdia. Pessoas com ambições ou talentos únicos podem criar dissonâncias ao se juntar. Paulo implorou aos cristãos que eliminassem "discórdias, ciúmes, acessos de raiva, ambições egoístas" (v.20), que destruiriam a comunhão com Deus ou os relacionamentos com os outros. Paulo nos incentivou a praticar o fruto do Espírito: "amor, alegria, paz, paciência, amabilidade, bondade, fidelidade, mansidão e domínio próprio" (vv.20,22-23).

Quando vivemos pelo Espírito, achamos mais fácil evitar conflitos desnecessários em assuntos não essenciais. Compartilhar o mesmo propósito pode ser maior do que as nossas diferenças. E com a ajuda de Deus, cada uma de nós pode crescer em graça e unidade, enquanto mantemos o nosso coração em sintonia com Ele.

—*Cindy Hess Kasper*

De que maneira posso evitar causar discórdia entre os cristãos?
Como posso espalhar a harmonia?

Deus gracioso, ensina-me a
"entrar em sintonia" com a liderança do Espírito
e viver em harmonia com os outros.

9 de maio

O presente da Paz

Lucas 2:25-35

*Soberano Deus, agora podes levar em paz o teu servo,
como prometeste. Vi a tua salvação.*
—LUCAS 2:23

"Acredito em Jesus, Ele é meu Salvador e não temo a morte", disse a esposa do ex-presidente dos EUA George H. W. Bush a seu filho antes de ela morrer. Essa declaração incrível e cheia de confiança sugere uma fé forte e enraizada. Ela experimentou a paz de Deus concedida aos que conhecem Jesus, mesmo quando confrontados com a morte.

Simeão também experimentou profunda paz por causa de Jesus. Movido pelo Espírito Santo, ele foi ao Templo quando Maria e José levaram o menino Jesus a ser circuncidado conforme exigia a Lei para o recém-nascido. Embora pouco se saiba sobre Simeão, pela descrição de Lucas, pode-se dizer que ele era um homem justo e devoto, esperando fielmente pelo Messias que viria, e "o Espírito Santo estava sobre ele" (Lucas 2:25). No entanto, Simeão não experimentou *shalom* (paz), um profundo senso de plenitude, até ver Jesus.

Enquanto segurava Jesus nos braços, Simeão começou a cantar louvores, expressando plena satisfação em Deus: "Soberano Deus, agora podes levar em paz o teu servo, como prometeste. Vi a tua salvação, que preparaste para todos os povos" (vv.29-31). Ele tinha paz porque previu a esperança futura para todo o mundo.

Ao celebrarmos a vida, a morte e a ressurreição de Jesus, o prometido Salvador, regozijemo-nos no presente da paz de Deus. —*Estera Pirosca Escobar*

Você já experimentou esse profundo sentimento de satisfação
e plenitude que vem de conhecer Jesus?

*Querido Pai, obrigada por Jesus,
Ele é o Teu presente
que nos concede a verdadeira Paz.*

10 de maio

O Jesus sorridente

Hebreus 1:8-12

*...Deus, o teu Deus, te ungiu.
Derramou sobre ti o óleo da alegria,
mais que sobre qualquer outro.*
—HEBREUS 1:9

Se você fizesse o papel de Jesus em um filme, como o interpretaria? Foi esse o desafio que Bruce Marchiano enfrentou ao interpretar Jesus no filme bíblico *O evangelho de Mateus*, em 1993. Sabendo que milhões de telespectadores tirariam conclusões sobre Jesus com base em sua obra, o peso de "acertar" Cristo parecia esmagador. Ele caiu de joelhos em oração e implorou a Jesus por — bem, por *Jesus*.

Marchiano inspirou-se no primeiro capítulo de Hebreus, onde o escritor nos diz como Deus Pai separou o Filho ungindo-o com "o óleo da alegria" (1:9). Esse tipo de alegria é de celebração, uma alegria de conexão com o Pai expressa de todo coração. Essa alegria reinou no coração de Jesus ao longo de Sua vida. "Por causa da alegria que o esperava, ele suportou a cruz sem se importar com a vergonha. Agora ele está sentado no lugar de honra à direita do trono de Deus" (Hebreus 12:2).

Inspirando-se nesse versículo, Marchiano representou-o com uma abordagem exclusivamente *alegre* de seu Salvador. Ele ficou conhecido como "o Jesus sorridente". Nós também podemos cair de joelhos e "implorar a Jesus por Jesus". Que Ele nos preencha com Seu caráter, para que as pessoas ao nosso redor vejam a expressão de Seu amor em nós! —*Elisa Morgan*

Quais são as suas percepções sobre Jesus e como elas precisam mudar?
Como você pode representá-lo para mostrar a Sua essência ao mundo?

*Querido Jesus, imploramos-te por Tua presença.
Que o os outros o vejam em nós hoje.
Que possamos irradiar a Tua alegria em tudo
o que dissermos e fizermos.*

11 de maio

Leve suas lágrimas a Deus

Lamentações 3:49-66

*Minhas lágrimas correm sem parar;
não cessarão até que o Senhor se incline dos céus e veja.*
—Lamentações 3:49-50

No verão passado, uma orca chamada Talequah deu à luz. O grupo de baleias assassinas de Talequah estava em perigo, e o recém-nascido era sua esperança para o futuro. Mas o filhote viveu por menos de uma hora. Em uma demonstração de tristeza que foi observada por pessoas em todo o mundo, Talequah empurrou seu filhote morto pelas águas frias do Oceano Pacífico por dezessete dias antes de deixá-lo ir.

Às vezes, os cristãos têm dificuldade em saber o que fazer com a dor. Talvez tenhamos medo de que a nossa tristeza pareça falta de esperança. Mas a Bíblia nos dá muitos exemplos de pessoas clamando a Deus em tristeza. Lamento e esperança podem ser parte de uma resposta fiel.

Lamentações é um livro de cinco poemas que expressam a tristeza de pessoas que perderam o seu lar. Elas foram caçadas por inimigos e estavam perto da morte (3:52-54). Choraram e clamaram a Deus para trazer justiça (v.64). Elas clamaram a Deus não porque perderam a esperança, mas porque acreditaram que Deus lhes ouviria. E quando elas clamam ao Senhor, Deus se aproxima (v.57).

Não é errado lamentar as coisas arruinadas em nosso mundo ou em nossa vida. Deus está sempre ouvindo, e você pode ter certeza de que Deus olhará do Céu e a enxergará. —*Amy Peterson*

Como você pode entregar todas as suas emoções para Deus?
Quando você sentiu que Deus se aproximou de você em sua tristeza?

*Amoroso Deus, ajuda-nos
a lembrar que é certo lamentar o mal antes
que possamos começar a mudá-lo.*

12 de maio

Mesas de conversa

Atos 2:42-47

...adoravam juntos no templo diariamente...
—Atos 2:46

A solidão é uma das maiores ameaças à nossa sensação de bem-estar e afeta a saúde por meio de nossa atuação nas mídias sociais, consumo de alimentos e similares. Um estudo sugere que quase dois terços de todas as pessoas, independentemente da idade ou sexo, sentem-se sós pelo menos parte do tempo. Um supermercado criou "mesas de conversa" como forma de promover o encontro entre as pessoas. Os que procuram interação humana simplesmente se sentam por ali, juntam-se a outros ou indicam o desejo de participar. A conversa segue e lhes proporciona um senso de conexão e comunidade.

As pessoas da Igreja Primitiva também se comprometiam com o compartilhamento. Isolados, eles provavelmente se sentiriam muito sozinhos na prática de sua fé, que ainda era nova no mundo. Eles não apenas "se dedicavam ao ensino dos apóstolos" para aprender o que significava seguir Jesus, também adoravam juntos no templo" e "partiam o pão com grande alegria e generosidade" para encorajamento e comunhão (Atos 2:42-46).

Nós precisamos de interação humana; Deus nos projetou dessa maneira! Os dolorosos momentos de solidão indicam essa necessidade. Como foi para as pessoas da Igreja Primitiva, é importante que tenhamos a companhia uns dos outros. O nosso bem-estar demanda que sejamos companhia àqueles que ao nosso redor, também precisam de comunhão. —*Kirsten Holmberg*

Como você pode interagir intencionalmente com alguém hoje?

Ajuda-nos, Deus, a buscar vínculos
por nossa causa e também pela causa dos outros!

13 de maio
O criador da Lua

Jeremias 31:33-37

…diz o Senhor […]
"Serei o Deus e eles e eles serão o meu povo".
—Jeremias 31:33

Depois que os astronautas pousaram a nave *Águia* no *Mar da Tranquilidade*, Neil Armstrong disse: "Este é um pequeno passo para o homem, um salto gigantesco para a humanidade". Ele foi o primeiro homem a andar na superfície da Lua. Outros o seguiram, incluindo o comandante da última missão da Apolo, Gene Cernan. "Lá estava eu, e você na Terra — dinâmica, avassaladora, e eu senti que a Terra era bonita demais para existir por acidente e que deve haver alguém maior que você e maior do que eu", disse Cernan. Dessa visão única que tinham no espaço profundo, eles entendiam a sua insignificância comparada à vastidão do Universo.

Jeremias também considerou a imensidão de Deus como Criador e Sustentador da Terra e do além. O Criador prometeu revelar-se intimamente ao oferecer ao Seu povo o amor, o perdão e a esperança (Jeremias 31:33,34). Jeremias afirma a grandiosidade de Deus como aquele que "dá o sol para iluminar o dia e a lua e as estrelas para iluminarem a noite" (v.35). O nosso Criador e Senhor Todo-Poderoso reinará acima de tudo enquanto Ele age para resgatar todo o Seu povo (vv.36-37).

Nunca terminaremos de explorar a imensidão imensurável dos Céus e as profundezas das fundações da Terra. Mas podemos admirar a complexidade do Universo e confiar no Criador da Lua e de todas as coisas. —*Xochitl Dixon*

Como a complexidade do Universo a ajuda a confiar
em Deus com os detalhes de sua vida?

Deus Criador e Sustentador de tudo,
obrigada por nos convidares a conhecer-te
e a confiarmos em ti hoje e sempre.

14 de maio

Mais doce do que o mel

Provérbios 16:1-2,21-24

*Palavras bondosas são como mel:
doces para a alma e saudáveis para o corpo.*
—Provérbios 16:24

Seu tópico era a tensão racial. No entanto, o orador permaneceu calmo. De pé no palco diante da grande audiência, ele falou com ousadia, porém com graça, humildade, bondade e até humor. Logo a tensa audiência relaxou visivelmente, rindo com o orador sobre o dilema que todos enfrentavam: como resolver seus problemas graves, e ao mesmo tempo manter os seus sentimentos e palavras sob controle? Sim, como abordar um tópico amargo com suavidade.

O rei Salomão aconselhou essa mesma abordagem para todos nós: "Palavras bondosas são como mel: doces para a alma e saudáveis para o corpo" (Provérbios 16:24). Dessa maneira, "Da mente sábia vêm conselhos sábios; as palavras dos sábios são convincentes" (v.23).

Por que um rei poderoso como Salomão dedicaria tempo para discorrer sobre como falamos? Porque as palavras podem destruir. Durante o tempo de Salomão, os reis contavam com mensageiros para obter informações sobre suas nações, e os mensageiros calmos e confiáveis eram muito valorizados. Eles usavam palavras prudentes e racionais, sem exagerar ou falar com severidade, não importava o problema.

Todos nós podemos nos beneficiar apresentando nossas opiniões e pensamentos com prudência. Nas palavras de Salomão: "É da natureza humana fazer planos, mas a resposta certa vem do Senhor" (v.1). —*Patricia Raybon*

Quando você permite que o Espírito de Deus controle a sua língua,
o que muda em suas palavras?

*Deus Santo, quando falamos sobre assuntos difíceis,
envolva o nosso coração
e nossas palavras com o Teu doce Espírito.*

15 de maio

Habita em nosso coração

Efésios 3:14-21

*Peço que [...] ele os fortaleça com poder interior [...].
Então Cristo habitará em seu coração...*
—Efésios 3:16-17

Às vezes, as palavras das crianças podem nos levar a uma compreensão mais profunda da verdade de Deus. Certa noite, contei a milha filha pequena sobre um dos grandes mistérios da fé cristã: Deus, por meio de Seu Filho Jesus e do Espírito, habita em Seus filhos. Ao colocá-la para dormir, disse que Jesus estava com ela e em seu interior. "Ele está na minha barriga?" ela me perguntou. "Não, você não o engoliu, mas Ele está com você", respondi. A compreensão literal de que Jesus estava "em sua barriga" me fez lembrar que, ao pedir a Jesus para ser meu Salvador, Ele veio e passou a "habitar" em meu interior.

O apóstolo Paulo se referiu a esse mistério ao orar para que o Espírito Santo fortalecesse os cristãos de Éfeso para que Cristo "habite em [seus] corações pela fé" (Efésios 3:17). Com Jesus vivendo em seu interior, eles podiam compreender o quanto Ele os amava. Alimentados por esse amor, eles amadureceriam em sua fé e amariam os outros com humildade e gentileza, enquanto falavam a verdade em amor (4:2,25).

O fato de Jesus "habitar em Seus seguidores" significa que o Seu amor nunca se afasta daqueles que o acolheram. Seu amor ultrapassa o conhecimento (3:19), faz nos enraizarmos nele e nos ajuda a compreendermos o quanto Ele nos ama.

Uma canção infantil descreve isso melhor: "Cristo tem amor por mim!"

—*Amy Boucher Pye*

Como você pode se aproximar de Deus
e reconhecer que o Seu poder é fortalecedor?

*Deus, Tu não estás longe, estás perto de mim.
Que eu possa me alegrar no Teu amor e compartilhá-lo.*

16 de maio

Ideias impopulares de Jesus

Mateus 5:38-48

Dê a quem pedir...
—Mateus 5:42

Por 15 anos, Mike Burden organizou reuniões que disseminavam o ódio racial em sua loja de antiguidades. Mas em 2012, sua esposa o questionou sobre isso, e o coração dele se abrandou. Burden reconheceu que estava errado em seu ponto de vista sobre o racismo e não quis mais ser aquela mesma pessoa. O grupo militante o retaliou e expulsou sua família do apartamento que ele alugava de alguém desse grupo.

Onde ele buscou ajuda? Surpreendentemente, ele a buscou com o pastor negro local com quem tivera conflitos. O pastor e sua igreja forneceram moradia e mantimentos para a família de Burden por algum tempo. Quando o pastor foi questionado sobre o porquê concordara em ajudar, ele explicou: "Jesus Cristo também fez coisas impopulares. Quando é hora de ajudar, você faz o que Deus quer que você faça". Mais tarde, Burden falou a essa igreja local e se desculpou com a comunidade negra por sua participação na disseminação do ódio.

Jesus ensinou ideias impopulares no Sermão do Monte: "Dê a quem pedir [...] amem os seus inimigos e orem por quem os persegue" (Mateus 5:42-44). Essa é a maneira controversa de pensar que Deus nos chama para seguir. Embora pareça fraqueza, na verdade isso significa agir a partir da força de Deus.

Deus nos ensina e nos concede o poder de praticarmos essa "controvérsia" e Ele nos orienta. —*Anne Cetas*

> Como você pratica as palavras de Jesus que nos ensinam
> que devemos doar aos que pedem e a amar os inimigos?

Deus, ajuda-me a amar aos outros como Tu me amas.
Mostra-me como fazer isso hoje.

17 de maio

Lutando contra o fogo

Daniel 3:13-18,25-27

*Se formos lançados na fornalha ardente,
o Deus a quem servimos pode nos salvar…*
—Daniel 3:17

Quando dois bombeiros, cansados e cobertos de fuligem, pararam num restaurante para fazer o desjejum, a garçonete os reconheceu do noticiário e percebeu que eles tinham passado a noite combatendo um incêndio num armazém. Para demonstrar sua gratidão, ela escreveu na conta: "Seu café da manhã hoje é por minha conta. Obrigada por servir aos outros e por correr para os lugares de onde todos fogem. Lutando contra o fogo e movidos pela coragem, vocês são um exemplo".

No Antigo Testamento, vemos um exemplo de coragem nas ações de três jovens: Sadraque, Mesaque e Abede-Nego (Daniel 3). Em vez de obedecerem à ordem de se curvar diante de uma estátua do rei da Babilônia, esses jovens mostraram corajosamente seu amor a Deus por meio de sua recusa. Seu castigo era serem lançados numa fornalha ardente. No entanto, os homens não recuaram: "Se formos lançados na fornalha ardente, o Deus a quem servimos pode nos salvar. Sim, ele nos livrará de suas mãos, ó rei. Mas, ainda que ele não nos livre […] jamais serviremos seus deuses ou adoraremos a estátua de ouro que o rei levantou" (vv.17-18).

Deus os resgatou e até mesmo caminhou com eles no fogo (vv.25-27). Em nossas provações e dificuldades de hoje, também temos a certeza de que Deus está conosco. Ele é capaz. —*Alyson Kieda*

Quando você sentiu a presença de Deus em meio a uma provação?
O que lhe dá confiança para prosseguir quando os desafios vierem?

*Deus Todo-Poderoso, obrigada por estares comigo
no fogo e por me confortares com a Tua presença.*

18 de maio

As palavras certas

Efésios 6:10-20

E orem também por mim. Peçam que Deus me conceda as palavras certas, para que eu possa explicar....
—Efésios 6:19

Recentemente, vários autores exortaram os cristãos a observarem o "vocabulário" da nossa fé. Um deles enfatizou que mesmo as palavras de fé ricas de conteúdo teológico podem perder seu impacto quando, pelo excesso de familiaridade e uso, perdemos contato com as profundezas do evangelho e da nossa necessidade de Deus. Quando isso acontece, ele sugere que talvez precisemos reaprender a linguagem da fé "do início", abandonando nossas suposições até que possamos ver as boas-novas pela primeira vez.

O convite para aprender "do início" lembra-me de que Paulo dedicou a sua vida para "...encontrar algum ponto em comum com todos [...] para espalhar as boas-novas..." (1 Coríntios 9:22-23). Ele nunca presumiu que sabia melhor como comunicar os feitos de Jesus. Paulo orava e clamava aos irmãos que orassem por ele, para o ajudarem a encontrar "as palavras certas" (Efésios 6:19) para compartilhar as boas-novas.

Paulo reconhecia a importância de cada cristão permanecer humilde e receptivo à sua necessidade de raízes mais profundas no amor de Cristo todos os dias (3:16-17). É apenas quando aprofundamos nossas raízes no amor divino, dia a dia nos tornando mais conscientes de nossa dependência de Sua graça, que podemos começar a encontrar as palavras certas para compartilhar a incrível notícia do que Ele fez por nós. —*Monica La Rose*

Como a oração pode mantê-la receptiva
à constante necessidade da graça de Deus?

*Amado Deus, ajuda-me a encontrar
as palavras certas para compartilhar o que
Tu fizeste por amor a mim.*

19 de maio
Legalmente dele

Romanos 8:1,2,10-17

*...o Espírito de Deus, que os adotou
como seus próprios filhos..."*
—Romanos 8:15

Liz chorou de alegria quando ela e seu marido receberam os novos documentos da filha, tornando a adoção juridicamente irrevogável. Agora Milena seria sua filha e parte da família para sempre. Enquanto Liz ponderava sobre esse processo legal, pensava na "verdadeira transformação" que acontece quando nos tornamos parte da família de Jesus: "Não somos mais reprimidos por nossa herança pecaminosa e de ruptura, pois entramos na plenitude do reino de Deus legalmente quando somos adotados como Seus filhos".

Nos dias do apóstolo Paulo, se uma família romana adotasse um filho, a situação legal dele mudaria completamente. Quaisquer dívidas de sua antiga vida seriam canceladas e ele ganharia todos os direitos e privilégios de sua nova família. Paulo queria que os cristãos romanos entendessem que esse novo status se aplicava a eles também. Não estavam sujeitos ao pecado e a condenação, mas agora viviam segundo o Espírito (Romanos 8:4). Aqueles a quem o Espírito lidera são adotados como filhos de Deus (vv.14-15). Seu status legal mudou quando se tornaram cidadãos do Céu.

Se recebemos o dom da salvação, também somos filhos e filhas de Deus, herdeiros de Seu reino e unidos com Cristo. Jesus cancelou nossas dívidas com o Seu sacrifício. Não precisamos mais viver com medo ou sob condenação.

—Amy Boucher Pye

Ser filho de Deus afeta a maneira como você vive?
Como assumir essa parte central da sua identidade?

*Deus Pai, Tu me criaste, e sendo assim,
o Senhor me conhece e me ama.
Que eu nunca duvide do quanto Tu te importas comigo.*

20 de maio

Cantando para nós

Sofonias 3:14-17

...Ele se agradará de vocês com exultação....
—Sofonias 3:17

Um jovem pai segurava o filho em seus braços, cantando para ele e balançando-o suavemente. O bebê era deficiente auditivo, incapaz de ouvir a melodia ou as palavras. Mesmo assim, o pai cantou, num belo e afetuoso ato de amor ao filho. E seus esforços eram recompensados com sorrisos encantadores.

Essa imagem da troca entre eles assemelha-se às palavras de Sofonias. O profeta do Antigo Testamento diz que Deus cantará alegremente sobre Sua filha, o povo de Jerusalém (Sofonias 3:17). Deus se agrada em fazer coisas boas para Seu amado povo, como retirar seu castigo e dispersar seus inimigos (v.15). Sofonias lhes diz que eles não têm mais motivos para temer, mas para se alegrar.

Nós, como filhas de Deus redimidas pelo sacrifício de Jesus Cristo, às vezes temos problemas de audição, somos incapazes, talvez relutantes, de sintonizar nossos ouvidos ao imenso amor que Deus entoa para nós. Sua afeição por nós é como a do jovem pai, que cantava amorosamente para o filho, apesar da incapacidade do pequeno de o ouvir. Deus também retirou o nosso castigo, dando-nos mais motivos para nos alegrarmos. Talvez possamos tentar ouvir com mais atenção para escutar a alegria ressoando bem alto em Sua voz. *Pai, ajuda-nos a ouvir a Tua melodia amorosa e a saboreá-la estando bem seguras em Teus braços.* —Kirsten Holmberg

O que a impede de ouvir a voz de Deus?
Como sintonizar seus ouvidos para ouvir a exultação de Deus por você?

Graças te dou, Deus, por te agradares comigo.
Que eu sempre ouça a Tua voz enquanto
te exultas ao meu redor.

21 de maio

Visão renovada

1 Samuel 1:10-18; 2:1-2

Meu coração se alegra no Senhor*;*
o Senhor *me fortaleceu...*
—1 Samuel 2:1

Após uma pequena cirurgia dolorosa no olho esquerdo, fiz um teste de visão. Confiante, cobri meu olho direito e li com facilidade. Cobrindo o olho esquerdo, vacilei. Como não percebi que não podia ver? Enquanto me ajustava aos novos óculos e à nova visão, pensei nas provações diárias que muitas vezes me deixavam espiritualmente míope. Concentrando-me apenas no que eu podia ver de perto, minhas dores e circunstâncias em constantes mudanças tornaram-me cega à fidelidade do meu Deus, eterno e imutável. Minha perspectiva limitada transformou a esperança num borrão inatingível.

Lemos a história de outra mulher que falhou em reconhecer a confiabilidade de Deus enredando-se em sua angústia, incerteza e perda. Por anos, Ana suportou a falta de filhos e o tormento sem fim provocado por Penina, a outra esposa de seu marido Elcana. O marido de Ana a amava, mas a alegria lhe escapou. Um dia, Ana orou com amarga sinceridade. Quando o sacerdote Eli a questionou, ela lhe relatou a sua situação. Logo que Ana saiu, Eli pediu que Deus atendesse à oração dessa mulher (Samuel 1:17). Embora a situação não tenha mudado imediatamente, Ana sentiu-se esperançosa (v.18).

A oração de Ana revela uma mudança na perspectiva. Mesmo antes de as circunstâncias melhorarem, sua visão renovada mudou a sua atitude. Ana se alegrou na presença de Deus, sua Rocha e esperança eterna. —*Xochitl Dixon*

Você enfrenta lutas contra a miopia espiritual?

Pai, por favor, renova a minha visão
para que eu possa me concentrar
em Tua presença constante.

22 de maio

Estrelas brilhantes

Filipenses 2:12-18

...brilhando como luzes resplandecentes [...].
Apeguem-se firmemente à mensagem da vida...
—Filipenses 2:15-16

Posso fechar os olhos e voltar no tempo para a casa onde cresci. Lembro-me de observar as estrelas com meu pai. Nós nos revezávamos olhando através de seu telescópio, buscando pontos brilhantes que tremeluziam e piscavam. As pitadas de luz, nascidas do calor e do fogo, contrastavam nitidamente com o céu liso e negro.

Você se considera uma estrela brilhante? Não falo do ápice da realização humana, mas de destacar-se contra à corrupção e maldade. O apóstolo Paulo disse aos cristãos em Filipos que Deus brilharia neles e por meio deles se eles se apegassem "firmemente à mensagem da vida" e evitassem se queixar ou discutir (Filipenses 2:14-16). Nossa comunhão com outros cristãos e nossa fidelidade a Deus podem nos separar do mundo. O problema é que isso não surge naturalmente. Esforçamo-nos sempre para vencer a tentação e podermos manter um relacionamento íntimo com o Senhor. Lutamos contra o egoísmo para concordar com os nossos irmãos espirituais.

Há esperança! O Espírito de Deus habita em cada cristão, capacitando-o a ter domínio próprio, ser bondoso e fiel (Gálatas 5:22,23). Assim como somos chamadas a viver além de nossa capacidade natural, a ajuda sobrenatural de Deus torna isso possível (Filipenses 2:13). Se cada cristão "brilhar" pelo poder do Espírito Santo, imagine como a luz de Deus repelirá as trevas ao nosso redor! —*Jennifer Benson Schuldt*

O que você precisa fazer para brilhar por Jesus?

Amoroso Deus, que o Teu Espírito nos conceda poder
para "brilharmos" nas trevas e sermos fiéis a ti.

23 de maio

Perseguido pelo amor

Jonas 2:1-9

*...pois somente do S*ENHOR *vem o livramento".*
—JONAS 2:9

"Dele fugi, noites e dias adentro", abre o famoso poema *O cão de caça do céu* do poeta inglês Francis Thompson. O autor descreve a busca incessante de Jesus — apesar de Seus esforços para se esconder, ou até mesmo fugir, de Deus. O poeta imagina Deus falando com Jesus e dizendo: "Eu sou aquele a quem buscas!".

O amor de Deus *que vai ao encalço* é o tema central do livro de Jonas. O profeta recebeu a ordem de falar ao ninivitas (notórios inimigos de Israel) sobre a necessidade de eles se voltarem a Deus, mas, em vez disso, Jonas fugiu do Senhor (Jonas 1:3). Ele comprou uma passagem num navio que seguia em direção oposta à de Nínive, mas a embarcação logo foi vencida por uma violenta tempestade. Para salvar a tripulação do navio, Jonas foi jogado ao mar sendo engolido por um grande peixe (1:15-17).

Em seu belo poema, Jonas contou que, apesar de seus melhores esforços para fugir de Deus, o Senhor o alcançou. Quando Jonas foi vencido por sua situação e precisava ser salvo, clamou a Deus em oração e voltou-se ao Seu amor (2:2,8). Deus lhe respondeu e providenciou o resgate não apenas a ele, mas também aos seus inimigos assírios (3:10).

Em ambos os poemas, há momentos na vida que tentamos fugir do alcance de Deus. Mesmo assim, Jesus nos ama e nos orienta novamente a termos um relacionamento restaurado com Ele (1 João 1.9). —*Lisa Samra*

Você já tentou fugir do alcance de Deus?
Como Ele providenciou o seu resgate?

Jesus, graças te dou por me perseguires com tanto amor a fim de me resgatar.

24 de maio

Ela fez o que podia

Marcos 14:3-9

Ela fez o que podia e ungiu meu corpo
de antemão para o sepultamento.
—Marcos 14:8

A mãe colocou tudo o que havia comprado para o aniversário da filha frente ao caixa do supermercado: *cupcakes* (bolinhos individuais), enfeites e guloseimas. Ela sentia-se cansada e sua filha implorava por atenção. A balconista anunciou o total e a mãe decepcionada suspirou e disse: "Bom, preciso devolver algo, mesmo sendo para a festa dela", e olhou com tristeza para a filha.

Na fila atrás dela, outra cliente reconheceu a dor dessa mãe. Esse cenário é familiar nas palavras de Jesus para Maria de Betânia: "Ela fez o que podia" (Marcos 14:8). Depois de ungi-lo com uma cara garrafa de nardo antes da morte e sepultamento de Jesus, Maria foi ridicularizada pelos discípulos. Jesus os corrigiu e celebrou o que Maria havia feito. Jesus não disse: "Ela fez *tudo* o que podia", mas sim, "Ela fez *o que* podia". Jesus não se referia ao alto custo do perfume. Era o amor de Maria que importava. O relacionamento com Jesus demanda uma reação.

Naquele momento, antes que a mãe pudesse protestar, a cliente que se posicionava na fila se inclinou e inseriu seu cartão de crédito no leitor, pagando pela compra. Não era uma grande despesa e, naquele mês, aquela mulher tinha dinheiro extra. Mas para a mãe da aniversariante, era muito. Foi um gesto de puro amor derramado num momento de necessidade. —*Elisa Morgan*

De que maneiras inesperadas Jesus a ajudou?
O que você pode fazer, não *tudo*, mas *o que*, para retribuir
o amor de Jesus numa necessidade que você vê hoje?

Pai, abre os meus olhos para eu ver Teu convite
para fazer o que eu puder ainda hoje.

25 de maio

Em terra firme

Salmo 139:7-12

"Silêncio! Aquiete-se!..."
—Marcos 4:39

Em Papua-Nova Guiné, a tribo Kandas esperava com entusiasmo a chegada dos Novos Testamentos da Bíblia impressos em seu idioma. As pessoas que os traziam precisavam viajar pelo oceano em pequenos barcos para alcançar a aldeia. O que lhes deu coragem para viajar por águas tão profundas? Suas habilidades marítimas, sim. Mas elas também conheciam o Criador dos mares. Ele é aquele que guia cada uma de nós pelas ondas agitadas e por águas mais profundas em nossa vida.

Como Davi escreveu: "É impossível escapar do teu Espírito…" (Salmo 139:7). "Se subo aos céus, lá estás […] se habitar do outro lado do oceano, mesmo ali tua mão me guiará e tua força me sustentará"(vv.8-10). Essas palavras repercutiriam profundamente com a tribo Kandas, cuja nação é uma ilha com densas florestas tropicais e montanhas escarpadas que são chamadas de "O Último Desconhecido". No entanto, como os cristãos de todos os lugares sabem, nenhum lugar ou problema é muito distante ou difícil para Deus. "Para ti, a noite é tão clara como o dia; escuridão e luz são a mesma coisa" (Salmo 139:12).

Em águas tempestuosas, portanto, nosso Deus fala: "Silêncio! Aquiete-se!" e as ondas e o vento obedecem. Portanto, não tema as águas profundas ou turbulentas da vida atual. Nosso Deus nos conduz com segurança à terra firme.

—*Patrícia Raybon*

O que a provoca a não confiar em Deus?
O que você precisa para confiar nele hoje?

Pai, sei que governas os ventos
e as ondas e sou grata a ti por me guiares
com segurança até à costa.

26 de maio

Quais os seus planos?

Provérbios 16:3-9

*É da natureza humana fazer planos,
mas é o Senhor quem dirige nossos passos.*
—Provérbios 16:9

Carlos, 18 anos, esperava cursar sua faculdade sendo bolsista. Ele participava de um ministério cristão no Ensino Médio e queria prosseguir atuando na universidade. O jovem economizou o dinheiro do seu trabalho de meio-período e sempre demonstrou excelente conduta. Carlos estabeleceu seus objetivos e tudo estava saindo como o planejado.

Mas no início de 2020, uma crise sanitária global mudou tudo. Carlos soube que seu primeiro semestre seria provavelmente online. O ministério em campus foi interrompido. A probabilidade de arrumar emprego sumiu quando o negócio foi fechado. Desesperado, ele ouviu seu amigo citar as palavras de um conhecido boxeador profissional: "Todo mundo tem um plano até levar um soco na boca".

Lemos em Provérbios que ao entregarmos tudo o que fazemos a Deus, Ele firmará nossos planos e os realizará de acordo com a Sua vontade. Entretanto, entregar tudo, pode ser difícil. Envolve submeter-se à direção de Deus, aliado à disposição de resistir em traçar os nossos planos (16:3-9; 19:21).

Podemos nos decepcionar por não realizarmos os nossos sonhos, mas a nossa visão limitada do futuro não pode jamais competir com os caminhos oniscientes de Deus. Quando nós nos rendemos ao Senhor, podemos reconhecer que Ele direciona os nossos passos com amor, mesmo quando não vemos o caminho à frente (16:9). —*Cindy Hess Kasper*

Alguma decepção mudou os seus planos?
O que é necessário para buscar a orientação de Deus hoje?

*Pai, ajuda-me a confiar em ti, reconhecendo
que Tu és bom e fiel e que firmarás os meus passos.*

27 de maio

Amor corajoso

1 Coríntios 16:10-14

Façam tudo com amor.
—1 Coríntios 16:14

Numa gélida noite, em 1943, o navio de transporte *SS Dorchester* foi torpedeado. Os quatro capelães deram tudo de si para acalmar os soldados em pânico. Um dos sobreviventes relatou que enquanto o navio afundava e os feridos pulavam para os botes salva-vidas superlotados, os capelães acalmavam o tumulto "pregando coragem". Quando os coletes salva-vidas acabaram, cada um doou o seu a um jovem assustado, decidindo morrer para que outros pudessem viver. Outro sobrevivente disse: "Foi a melhor coisa que já vi ou espero ver deste lado do céu". Quando o navio começou a submergir, os capelães, abraçados, oraram em voz alta, oferecendo encorajamento aos que padeciam com eles.

O heroísmo desses homens foi marcado por bravura. Os quatro ofereceram a dádiva do amor. Paulo instou todos os cristãos a praticar esse amor, incluindo os da igreja devastada em Corinto. Atormentada por conflitos, corrupção e pecado, Paulo os exortou: "Estejam vigilantes. Permaneçam firmes na fé. Sejam corajosos. Sejam fortes" e, acrescentou: "Façam tudo com amor" (1 Coríntios 16:13-14).

É um excelente mandamento para todo cristão, especialmente em meio à crise. Na vida, quando surgem as ameaças, que a nossa reação mais corajosa seja refletir a Cristo e compartilhar o Seu amor. —*Patricia Raybon*

Por que o amor altruísta reflete Jesus?
Como o Seu amor pode influenciar a maneira como você reage numa situação turbulenta?

Jesus, quando estou desencorajada, capacita-me para que eu possa oferecer amor com ousadia.

28 de maio

Floresça novamente

Êxodo 1:6-14

Porém, quanto mais eram oprimidos,
mais os israelitas se multiplicavam e se espalhavam....
—Êxodo 1:12

Com a luz solar e água suficientes, as exuberantes flores silvestres cobrem extensas áreas de vegetação. Mas o que acontece quando a seca chega? Os cientistas descobriram que certas flores silvestres armazenam grandes quantidades de suas sementes no subsolo, não permitindo que penetrem no solo e floresçam. Após a seca, as sementes armazenadas reflorescem.

Os israelitas prosperaram na terra do Egito, apesar das condições adversas. Eles eram obrigados a trabalhar nos campos e a fazer tijolos. Os supervisores eram implacáveis e exigiam que eles construíssem cidades inteiras para o Faraó. O rei do Egito tentou usar o infanticídio para reduzir o número de israelitas. "Porém, quanto mais eram oprimidos, mais os israelitas se multiplicavam..." (Êxodo 1:12). Muitos estudiosos da Bíblia estimam que a população cresceu para dois milhões (ou mais) durante esse período.

Deus, que preservou Seu povo *naquela época*, sustenta-nos *hoje* também. O Senhor pode nos ajudar em qualquer local e momento. Podemos nos preocupar em perseverar por mais uma temporada, porém a Bíblia nos garante que o Deus, que "veste com tamanha beleza as flores silvestres que hoje estão aqui e amanhã [se vão]...", pode suprir as nossas necessidades (Mateus 6:30). —*Jennifer Benson Schuldt*

Por que é tão difícil confiar em Deus
durante as estações "áridas" da vida?
Como Deus proveu para você no passado,
e como a história de Sua fidelidade
pode encorajar alguém que você conhece?

Pai, às vezes é tão difícil continuar.
Por favor, ajuda-me a perseverar
pelo poder do Teu Espírito Santo.

29 de maio

O resplendor do arco-íris

Gênesis 9:12-17

*...o arco-íris nas nuvens [...]
é o sinal da minha aliança com toda a terra.*
—Gênesis 9:13

Ao caminhar nas montanhas, Adriano observou algumas nuvens baixas. Com o brilho do sol atrás dele, ele viu a sua sombra e a brilhante exibição conhecida como o espectro de *Brocken*. Esse fenômeno se assemelha ao halo do arco-íris, que envolve a sombra da pessoa. Ocorre quando a luz do Sol é refletida nas nuvens baixas. Adriano o descreveu como um momento "mágico", que o encantou imensamente.

Podemos imaginar como deve ter sido encantador para Noé ter visto o esplendor do primeiro arco-íris. Mais do que um deleite para os olhos, a luz refletida e as cores vieram com uma promessa de Deus. Após um dilúvio devastador, Deus garantiu a Noé e a todos os "seres vivos" desde então, que: "Nunca mais as águas de um dilúvio destruirão toda a vida" (Gênesis 9:15).

Nossa Terra ainda experimenta inundações e fenômenos assustadores que causam perdas trágicas, mas o arco-íris é uma promessa de que Deus nunca mais julgará a Terra com um dilúvio global. Essa promessa de Sua fidelidade pode nos lembrar de que, embora soframos perdas pessoais e morte física por doenças, desastre natural, erros ou idade avançada, Deus nos ampara com Seu amor e presença em todas as dificuldades. O reflexo da luz solar lembra-nos de Sua fidelidade em encher a Terra com aqueles que portam Sua imagem e refletem Sua glória.

—*Kirsten Holmberg*

Essa promessa divina o tranquiliza?
Quem em sua vida precisa do seu reflexo da glória de Deus?

*Obrigada, Deus, por Tua fidelidade,
proteção e provisão. Ajuda-me a refletir
Tua glória ao meu redor.*

30 de maio

Doador secreto

Mateus 6:1-4

Tenham cuidado! Não pratiquem suas boas ações em público, para serem admirados por outros...
—Mateus 6:1

Para Cristóvão, veterano militar, a sua deficiência física tinha tornado as suas atividades cotidianas mais desafiadoras, demoradas e doloridas. Mesmo assim, ele fez o possível para ser útil à sua família. Todas as semanas, os passantes o viam cortar a grama usando um cortador inadequado para ele. Certo dia, o veterano recebeu uma carta, e um cortador de grama motorizado e caro, de um doador anônimo. O doador secreto sentiu-se privilegiado por ajudar alguém necessitado.

Jesus não diz que todas as nossas ofertas devem ser entregues em segredo, mas Ele nos lembra de verificar as nossas motivações quando doamos (Mateus 6:1). O Mestre também ensinou: "quando ajudarem alguém necessitado, não façam como os hipócritas que tocam trombetas nas sinagogas e nas ruas para serem elogiados pelos outros" (v.2). Embora Deus espere que sejamos doadoras generosas, Ele nos encoraja a evitar praticarmos boas ações à vista das pessoas com o propósito de receber elogios ou reconhecimento especial (v.3).

Quando percebemos que tudo o que temos vem de Deus, podemos ser doadoras sigilosas que não precisam dar tapinhas nas próprias costas ou ganhar a admiração alheia. Nosso Onisciente Doador de todas as boas coisas se alegra com a genuína generosidade de Seu povo. Nada supera a recompensa de Sua aprovação. —*Xochitl Dixon*

Deus já a ajudou por meio de uma doação secreta?
Você pode ajudar alguém com um presente anônimo hoje?

Amoroso Deus, por favor, dá-me oportunidades de doar com abnegação e sacrifício como recebi do Senhor.

31 de maio

Aqui para você

Deuteronômio 15:7-11

...ordeno que compartilhem seus bens generosamente com os pobres e com outros necessitados de sua terra.
—Deuteronômio 15:11

Em Paris e em muitas cidades ao redor do mundo, as pessoas auxiliam os sem-teto em suas comunidades. Roupas dentro de bolsas impermeáveis são penduradas em cercas para os que vivem nas ruas satisfazerem suas necessidades. Com etiquetas dizendo: "Não estou perdida: as roupas são suas se estiver com frio". As roupas aquecem os necessitados e ensinam sobre a importância de ajudar os sem-teto da comunidade.

A Bíblia destaca a importância de cuidar dos que são pobres instruindo-nos a sermos "mãos abertas" em relação a eles (v.11). Podemos ser impelidas a desviar nossos olhos para o sofrimento dos pobres, mantendo firmemente nossos recursos em vez de compartilhá-los. No entanto, Deus nos desafia a reconhecer que estaremos sempre cercadas por aqueles que têm necessidades e, portanto, devemos reagir com generosidade, não com "má vontade" (v.10). Jesus diz que, ao compartilhar "com os pobres", recebemos um tesouro duradouro no Céu (Lucas 12:33).

Nossa generosidade pode não ser reconhecida por ninguém além de Deus. No entanto, quando doamos livremente, não apenas satisfazemos as necessidades daqueles que nos rodeiam, mas também experimentamos a alegria que Deus deseja para nós ao provermos aos outros. Que o Senhor nos ajude a ter os olhos e as mãos abertas para suprir as necessidades daqueles que Ele coloca em nossos caminhos! —*Kirsten Holmberg*

Você está retendo os seus recursos? Se sim, por quê?
Qual necessidade você pode suprir hoje?

A generosidade demonstra confiança na provisão amorosa e fiel de Deus.

1.º de junho

Escolhido para perdoar

Lucas 1:76-79

Pai, perdoa-lhes, pois não sabem o que fazem.
—Lucas 23:34

No Ensino Médio, Patrick Ireland sentiu pela primeira vez que Deus o escolhera para algo especial. Mas o quê? Como um dos sobreviventes do massacre da Escola Columbine, Colorado, EUA, no qual 13 pessoas morreram e 24 ficaram feridas, Ireland começou a entender o porquê de tudo que acontecera.

Durante sua recuperação, Ireland aprendeu que o apego à amargura causa mais ferimentos. Deus lhe mostrou que a chave do perdão é parar de focar no que fizeram *para* nós, mas centrar-se no que Jesus fez *por* nós. As palavras de Cristo na cruz: "Pai, perdoa-lhes, porque não sabem o que fazem" (Lucas 23:34) cumpriram a profecia de Zacarias sobre o perdão que é concedido por Jesus (1:77). Além disso, o exemplo de Jesus revelou um propósito para a vida de Ireland, que 20 anos após a tragédia pôde compartilhar dizendo: "Talvez eu tenha sido escolhido para perdoar".

Como esse jovem, cada uma de nós já foi prejudicada em algum momento. Uma traição conjugal, um filho rebelde, um empregador abusivo. Como prosseguir? Talvez devamos olhar o exemplo de nosso Salvador. Ele enfrentou a rejeição e crueldade e, mesmo assim, perdoou. Pelo fato de Jesus ter perdoado os nossos pecados, nós encontramos a salvação, a qual inclui a capacidade de perdoarmos uns aos outros. Podemos optar por nos livrarmos da nossa amargura e, dessa maneira, abrir o nosso coração para praticar o perdão. —*Elisa Morgan*

Você está pronta a perdoar?
Como experimentar profundamente a salvação de Jesus
que morreu para nos possibilitar que perdoemos quem nos prejudicou?

Querido Pai, mostra-me quem eu devo perdoar hoje
e dá-me a coragem para oferecer
o Teu perdão, pelo qual o Teu Filho morreu.

2 de junho

Basta clamar

2 Reis 5:9-14

Eu os atenderei antes mesmo de clamarem a mim...
—Isaías 65:24

Seu médico disse que as retinas dela estavam descoladas e que não poderiam ser restauradas. Mas, depois de viver sem visão por 15 anos, aprender Braille e usar bengala e um cão-guia, a vida dessa mulher mudou quando o marido dela fez uma simples pergunta a outro oftalmologista: "É possível ajudá-la?". A resposta foi "Sim"! Esse novo médico consultado descobriu que a mulher tinha uma doença ocular comum, catarata no olho direito, e ele a removeu. Quando retirou o tapa-olhos no dia seguinte, a visão dela estava em 20/20. A cirurgia do olho esquerdo teve igual sucesso.

Uma pergunta simples também mudou a vida de Naamã, o poderoso militar com hanseníase. Mas Naamã se enfureceu e foi arrogante ao ouvir as instruções do profeta Eliseu: "Vá e lave-se sete vezes no rio Jordão. Sua pele será restaurada" (2 Reis 5:10). Os servos de Naamã, no entanto, perguntaram ao líder militar: "se o profeta lhe tivesse pedido para fazer algo muito difícil, o senhor não teria feito?" (v.13). Persuadido, Naamã obedeceu e "sua pele ficou saudável [...] e ele foi curado" (v.14).

Em nossa vida, às vezes lutamos com um problema porque não clamamos a Deus. O Senhor me ajuda? Devo ir? O Senhor me orienta? Deus não exige que façamos perguntas complicadas para nos ajudar. Antes mesmo de clamarmos, Ele responderá (Isaías 65:24). Portanto, hoje simplesmente fale com o Senhor e pergunte se Ele pode lhe ajudar —*Patrícia Raybon*

Quão complexos são os seus pedidos de oração?
Quais problemas você pode entregar a Deus em oração?

Pai celestial, quando a vida parece complicada e difícil, obrigada por Tua promessa de ouvires até mesmo nossas simples orações.

3 de junho

Herança de amor

2 Timóteo 1:1-8,13,14

Lembro-me de sua fé sincera, como era a de sua avó, Loide, e de sua mãe, e [...] você [...] continua firme.
—2 Timóteo 1:5

Minha filha está fascinada pela série americana *Nancy Drew*. Nas últimas três semanas, ela leu pelo menos uma dúzia de romances com essa garota detetive. Eu também amava Nancy, e as cópias encadernadas em azul que minha mãe leu nos anos 1960 ainda alinham uma prateleira em sua casa. Ver o gosto por essa personagem passado adiante me faz pensar sobre o que mais estou transmitindo a ela.

Em sua segunda carta a Timóteo, Paulo escreveu que, quando pensava em seu pupilo, lembrava-se da "fé sincera" que a avó e a mãe de Timóteo possuíam. Espero que, com seu amor pelos mistérios, minha filha também esteja herdando a fé, com a qual ela "servirá" como seus avós o fizeram, que ela orará e se apegará à promessa de vida que está em Cristo Jesus.

Também vejo a esperança para aqueles que não têm os pais ou avós que conhecem Jesus. Embora o pai de Timóteo não seja mencionado no texto, o apóstolo Paulo chama Timóteo de "filho amado" (v.2). Aqueles que não têm famílias para lhes legar a fé podem encontrar pais e avós na igreja — são pessoas que os ajudarão a descobrir como viver uma "vida santa" (v.9) e a como abraçar os dons de "poder, amor e autocontrole" (v.7) que Deus nos concedeu. Na verdade, todos nós temos uma linda herança. —*Amy Peterson*

O que você aprendeu com os seus pais ou mães na fé?
Como você transmite um legado de fé aos seus filhos ou à igreja?

Pai celestial, obrigada por me salvares pela graça por meio da fé em Jesus. Ajuda-me a passar para a próxima geração as dádivas que recebi e a verdade do evangelho.

4 de junho

Fé profundamente enraizada

Mateus 13:18-23

E as que caíram em solo fértil representam os que ouvem e entendem a mensagem...
—Mateus 13:23

A árvore conhecida como o Carvalho Santo ao lado da Igreja Presbiteriana de *Basking Ridge*, em Nova Jersey, EUA, durou mais de 600 anos até ser removida. Em seu auge, os galhos se estendiam espaçosos e a brisa agitava as suas folhas. O sol espiava pelas brechas sopradas ao vento, criando fachos de luz à sua sombra. O sistema radicular da árvore era magnífico. A raiz principal de um carvalho cresce verticalmente e garante o suprimento confiável de alimento.

A partir da raiz principal, as raízes se espalham horizontalmente para fornecer umidade e nutrientes. Esse intrincado sistema radicular geralmente cresce mais forte do que a árvore que suporta e serve como tábua de salvação e âncora para estabilizar o tronco. Como o carvalho, grande parte do nosso crescimento ocorre sob a superfície. Ao explicar a parábola do semeador aos discípulos, Jesus ressaltou a importância de estarmos firmados num relacionamento pessoal com o Pai. Ao crescermos no conhecimento de Deus revelado nas Escrituras, nossas raízes de fé são sustentadas pelo Seu Espírito.

Deus fortalece os Seus seguidores por meio de circunstâncias, provações, perseguições e preocupações em constante mudança (Mateus 13:18-23).

Nosso amoroso Pai nutre o nosso coração com a Sua Palavra. À medida que o Seu Espírito transforma o nosso caráter, Ele garante que o fruto da nossa fé profundamente enraizada se torne evidente para as pessoas ao nosso redor.

—Xochitl Dixon

Pai amoroso, por favor, transforma-nos de dentro para fora ancorando nossa fé na Tua Palavra imutável.

5 de junho

Olhos eternos

2 Coríntios 4:7-18

...não olhamos para aquilo que agora podemos ver; [...] fixamos o olhar naquilo que não se pode ver.
—2 Coríntios 4:18

Minha amiga Madalena ora para que os seus filhos e netos mantenham o olhar no que é eterno. A família dela passou por momentos tumultuados que culminaram com a morte de sua filha. À medida que eles sofrem com essa perda, Madalena deseja que sejam cada vez menos míopes, menos consumidos pela dor deste mundo. Quer que se concentrem no que é eterno e permaneçam plenos de esperança em nosso amoroso Deus.

Paulo e seus cooperadores sofreram muito nas mãos dos perseguidores e até dos cristãos que tentaram desacreditá-los. Porém, eles mantiveram o olhar fixo na eternidade. Com ousadia, Paulo reconheceu que "não olhamos para aquilo que agora podemos ver; em vez disso, fixamos o olhar naquilo que não se pode ver. Pois as coisas que agora vemos logo passarão, mas as que não podemos ver durarão para sempre" (v.18).

Embora eles estivessem realizando a obra de Deus, sentiam-se "de todos os lados pressionados por aflições", estavam "perplexos" e "derrubados" (vv.8-9). Deus não deveria tê-los livrado desses problemas? Mas, em vez de desapontar-se, Paulo firmou sua esperança na "glória que pesa mais que todas as angústias" (v.17). Ele sabia que o poder de Deus estava agindo nele e estava convencido de que aquele "que ressuscitou o Senhor Jesus, também nos ressuscitará com Jesus..." (v.14).

Quando o mundo ao nosso redor parecer instável, voltemos os nossos olhos a Deus — a Rocha eterna que nunca será destruída. —*Estera Pirosca Escobar*

*Elevo os meus olhos a ti hoje, ó Deus.
Dá-me um vislumbre da segurança que tenho em ti.*

6 de junho
Sendo generoso

1 Timóteo 6:17-19

*Devem ser ricos em boas obras e
generosos com os necessitados, sempre prontos a repartir.*
—1 Timóteo 6:18

Kelly passou pelo corredor estreito do avião com sua filha de 11 meses, Lucy, e a máquina de oxigênio da bebê. Elas estavam viajando para procurar tratamento para a doença pulmonar crônica da pequena criança. Logo depois de se acomodar em seu assento compartilhado, uma aeromoça se aproximou de Kelly dizendo-lhe que um passageiro da primeira classe queria trocar de lugar com ela. Com lágrimas de gratidão escorrendo em seu rosto, Kelly caminhou de volta pelo corredor até o assento que era mais espaçoso, enquanto o generoso estranho se dirigia para utilizar o que tinha sido o dela.

O benfeitor de Kelly demonstrou o tipo de generosidade que Paulo encoraja em sua carta a Timóteo. Paulo disse ao jovem Timóteo que ele deveria instruir os que estavam sob seus cuidados com a ordem de "fazer o bem, ser ricos em boas obras e generosos com os necessitados, sempre prontos a repartir" (1 Timóteo 6:18). Paulo diz que é tentador tornar-se arrogante e depositar nossa esperança nas riquezas deste mundo. Assim, em vez disso, ele sugere que nos concentremos em sermos generosos e que sirvamos aos outros, tornando-nos "ricos" em boas obras, como o generoso homem que trocou seu assento privilegiado naquele voo com o de Kelly.

Quer tenhamos muito ou pouco, todas nós podemos ser generosas ao nos dispormos a compartilhar o que temos com os outros. Quando o fazemos, Paulo diz que experimentaremos "a verdadeira vida" (v.19). —*Kirsten Holmberg*

Com quem você pode compartilhar generosamente hoje?

*Deus, por favor, concede-me um espírito generoso
e que eu renove a minha esperança em ti.*

7 de junho

Feitos um para o outro

Gênesis 2:18-24

Não é bom que o homem esteja sozinho.
Farei alguém que o ajude e o complete.
—Gênesis 2:18

"Eu cuido dele. Quando ele está feliz, fico feliz", diz Stella. Merle responde: "Fico feliz quando ela está por perto". Eles são casados há 79 anos. Quando Merle foi colocado numa casa de repouso, ele sentiu-se muito triste, então Stella prontamente o levou de volta para casa. Ele tem 101 e ela 95 anos. Embora ela precise do andador para se locomover, faz o que pode para o marido, como preparar as comidas que ele gosta. Mas não pode fazer tudo sozinha, portanto, os netos e vizinhos a ajudam naquilo que é preciso.

A vida desse casal é um exemplo do que lemos em Gênesis 2, onde Deus afirma: "Não é bom que o homem esteja sozinho. Farei alguém que o ajude e o complete" (v.18). Nenhuma das criaturas que Deus fez antes de Adão se encaixa nessa descrição. Somente em Eva, Adão encontrou uma ajudante e companheira adequada feita a partir da sua própria costela (vv.19-24).

Eva foi a companhia perfeita para Adão, e através deles Deus instituiu o casamento. Não foi apenas para que um ajudasse o outro, mas também para iniciar uma família e cuidar da criação, que inclui outras pessoas e seres viventes (1:28). Daquela primeira família, surgiu uma comunidade para que, casados ou solteiros, idosos ou jovens, nenhum de nós permanecesse sozinho. Como Igreja, o Corpo de Cristo, Deus nos deu o privilégio de compartilharmos "os fardos uns dos outros" (Gálatas 6:2). —*Alyson Kieda*

De que maneira o Corpo de Cristo age em sua comunidade?

Querido Deus, obrigada por criares o homem
e a mulher um para o outro e por instituíres uma comunidade
para que nenhuma de nós esteja realmente sozinha.

8 de junho
Ele me transformou
Ezequiel 18:25-32

…se os perversos se afastarem de sua perversidade e fizerem o que é justo e certo, preservarão a vida.
—Ezequiel 18:27

Quando João, que administrava o maior bordel de Londres, foi preso, ele pensava erroneamente que era um sujeito legal. Enquanto esteve preso, decidiu participar dos estudos bíblicos por causa do bolo e do café que ali serviam, mas ficou impressionado ao perceber como os outros presos pareciam felizes. Ele começou a chorar durante a primeira música e, na sequência, recebeu uma Bíblia.

A leitura sobre o profeta Ezequiel o transformou, atingindo-o "como um raio". João leu: "…se os perversos se afastarem de sua perversidade e fizerem o que é justo e certo, preservarão a vida" (Ezequiel 18:27,28). A Palavra de Deus ganhou vida e ele percebeu: "Eu não era um sujeito legal, era maldoso e precisava mudar". Depois, ao compartilhar e orar com o pastor, disse-lhe: "Encontrei Jesus Cristo e Ele me transformou".

Essas palavras de Ezequiel foram ditas ao povo de Deus quando eles estavam no exílio. Embora os israelitas tivessem se afastado de Deus, o Senhor desejava que eles se livrassem de suas ofensas e tivessem "um coração novo e um espírito novo" (v.31). Essas palavras ajudaram João a se arrepender e a viver (v.32) na medida em que caminhava com Jesus, Aquele que chamou os pecadores ao arrependimento (Lucas 5:32).

Que possamos responder ao Espírito que nos convence do pecado, para que também desfrutemos do perdão e da liberdade. —*Amy Boucher Pye*

Em que áreas da vida você precisa "se arrepender e viver"?

Pai, obrigada por me conscientizares do meu pecado através do Teu Espírito Santo. Age em mim trazendo-me o arrependimento e a dádiva do Teu perdão.

9 de junho

Perspectivas do alto

Isaías 48:5-11,17

...e não repartirei minha glória com outros.
—Isaías 48:11

Peter Welch era jovem na década de 1970 e ele usava um detector de metais apenas como um hobby. Mas, desde 1990, ele guia pessoas de todo o mundo em excursões para a detecção de metais. Juntos já descobriram milhares de espadas, joias antigas e moedas.

Usando o programa de computador *Google Earth* que é baseado em imagens de satélite, eles procuram novos locais nas terras agrícolas no Reino Unido. O mapa lhes mostra onde as estradas, construções e outras estruturas de séculos passados poderiam estar. Welch diz: "Com a perspectiva vista de cima isso nos abre um mundo totalmente novo".

Nos dias de Isaías, o povo de Deus precisava de "uma perspectiva do alto". Eles se orgulhavam de serem o Seu povo, mas eram desobedientes e se recusavam a abandonar os seus ídolos. Deus tinha outra perspectiva. Apesar da rebelião deles, o Senhor os resgataria do cativeiro babilônico. Por quê? "Por minha própria causa. [...] não repartirei minha glória a outro" (Isaías 48:11). A perspectiva de Deus "lá do alto" é que a vida é para Sua glória e propósito — não para o nosso. Nossa atenção deve ser dada a Ele e aos Seus planos e para encorajar outras pessoas a louvá-lo também.

A glória de Deus como projeto de vida nos abre um mundo totalmente novo. Somente o Senhor sabe o que descobriremos sobre Ele e o que tem reservado para nós. Deus nos ensinará o que é bom para nós e nos conduzirá pelos caminhos que devemos seguir (v.17). —*Anne Cetas*

Por qual motivo você quer louvar ao maravilhoso Deus hoje?

Deus, que a minha vida reflita a Tua presença em mim. Ensina-me e transforma-me.

10 de junho

Nosso motivo de alegria

Salmo 149:1-5

Ó Israel, alegre-se em seu Criador!
Ó povo de Sião, exulte em seu Rei!
—Salmo 149:2

No início do ano letivo, C. J., de 14 anos, descia do ônibus todas as tardes e dançava na calçada. A mãe dele gravou e compartilhou alguns vídeos sobre isso. C.J. dançava porque gostava da vida e "de fazer as pessoas felizes" a cada movimento. Um dia, dois coletores de lixo tiraram um tempo do seu horário de trabalho para sapatear, girar e bailar com o garoto que os inspirou. Esse trio demonstrou o poder da alegria sincera e contagiosa.

O Salmo 149 descreve a fonte original da alegria duradoura e incondicional — Deus. O salmista encoraja o povo de Deus a se unir e cantar "ao Senhor um cântico novo" (v.1). Ele convida Israel a se alegrar no Criador e exultar "em seu Rei" (v.2). Chama-nos para louvar o Seu nome "com danças, acompanhadas de tamborins e harpas (v.3). Por quê? Porque "o Senhor tem prazer em seu povo; ele coroa os humildes com vitória" (v.4).

Nosso querido Pai nos criou e sustenta o Universo. Ele se deleita em nós simplesmente porque somos as Suas filhas amadas. Ele nos projetou, conhece-nos e nos convida a ter um relacionamento pessoal com Ele. Que honra! Nosso Deus amoroso e vivo é a nossa razão e motivo de alegria eterna. Podemos nos alegrar com o dom da Sua presença constante e agradecer por todos os dias que o nosso Criador nos concede. —*Xochitl Dixon*

Por que saber que Deus se deleita em nós nos encoraja
a sermos alegres em todas as circunstâncias?
Como você pode expressar a sua alegria no Senhor ao longo do dia?

Deus, obrigada por Teu amor,
Tua presença em nós e por nos concederes
uma nova vida em Teu Filho Jesus.

11 de junho

Precisando de resgate

Lucas 10:30-37

*Um samaritano, enquanto viajava,
chegou onde estava o homem; e quando o viu, teve pena dele.*
—Lucas 10:33

Aldo era adolescente e trabalhava sozinho num barco de pesca ancorado a cerca de 125 km da ilha de Sulawesi, na Indonésia, quando os ventos fortes derrubaram a cobertura do ancoradouro fazendo ele desaparecer no mar. Aldo esteve perdido no oceano por 49 dias. Toda vez que avistava um navio, acendia a lâmpada e tentava chamar a atenção dos marinheiros, apenas para se decepcionar. Cerca de dez navios passaram pelo adolescente desnutrido antes de ele ter sido resgatado.

Jesus contou uma parábola sobre alguém que precisava de resgate a um "especialista da lei" (Lucas 10:25). Dois homens, um sacerdote e um levita viram o homem ferido enquanto viajavam. Mas, em vez de ajudá-lo, os dois atravessaram "para o outro lado da estrada" (vv.31-32). Não sabemos o porquê disso, pois ambos eram homens religiosos e familiarizados com a lei de Deus para amar o próximo e não alimentar "ódio no coração" (Levítico 19:17-18). Eles podem ter pensado que era muito perigoso. Ou talvez não quisessem violar as leis judaicas sobre tocar em cadáveres, o que os tornaria cerimonialmente impuros e incapazes de servir no Templo. Por outro lado, um samaritano, que era desprezado pelos judeus, agiu com nobreza ao ver o homem necessitado e desinteressadamente cuidou dele.

Jesus encerrou esse ensinamento com a ordem aos Seus seguidores: "Vá e faça o mesmo" (Lucas 10:37). Que Deus nos dê a disposição para, em amor, estender ajuda aos outros. —*Poh Fang Chia*

Como você pode colocar o seu amor em ação hoje?

*Deus, abre os meus olhos
para as necessidades ao meu redor e dá-me
a Tua compaixão pelos outros.*

12 de junho
Nas bordas da multidão

Lucas 19:1-10

*Porque o Filho do Homem veio
buscar e salvar os perdidos.*
—Lucas 19:10

Para ver as acrobacias de tirar o fôlego que os pilotos de motocicletas faziam numa demonstração de perícia, tive de ficar na ponta dos pés no meio da multidão. Ao redor, vi três crianças empoleiradas numa árvore próxima, aparentemente porque também não conseguiam chegar à frente da multidão para ver aquele show.

Observando-as no alto, lembrei-me de Zaqueu, que Lucas identifica como "chefe dos cobradores de impostos" (19:2). Os judeus viam os cobradores de impostos como traidores por trabalharem para o governo romano coletando impostos de outros israelitas, além de frequentemente exigirem dinheiro adicional para cobrir as suas contas bancárias pessoais. Provavelmente, Zaqueu era marginalizado por sua comunidade.

Quando Jesus passou por Jericó, Zaqueu desejava vê-lo, mas não conseguia olhar por cima da multidão. Talvez por isso e se sentindo desesperado e sozinho, "correu adiante e subiu numa figueira-brava para ver o caminho por onde Jesus passaria" (vv.3-4). E foi lá, por entre a multidão, que Jesus o procurou e anunciou Sua intenção de se hospedar na casa dele (v.5). A história de Zaqueu nos lembra de que Jesus "veio buscar e salvar os perdidos", oferecendo Sua amizade e a dádiva da salvação (vv.9-10). Mesmo que nos sintamos à margem de nossas comunidades, empurradas para fora, tenhamos a certeza de que, mesmo lá, Jesus nos encontra.

—Lisa Samra

Você já se sentiu deixada de lado por amigos ou familiares?
Você já convidou Jesus para entrar em sua casa,
ou melhor, em sua vida?

*Jesus, obrigada por nunca teres simplesmente
passado por aqui quando sofremos, mas Tu paraste
para nos convidar a ter comunhão contigo.*

13 de junho

Tentação útil

Tiago 1:2-5,12-21

…aceitem humildemente a palavra que lhes foi implantada no coração, pois ela tem poder para salvá-los.
—Tiago 1:21

Um monge do século 15, Tomás de Kempis, oferece no clássico *A imitação de Cristo* (Publicações Pão Diário, 2021) uma perspectiva sobre a tentação que pode ser surpreendente. Em vez de focar na dor e nas dificuldades que a tentação pode trazer, ele escreve: "As tentações são úteis porque podem nos tornar humildes, purificar-nos e nos ensinar". E explica: "A chave para a vitória é a verdadeira humildade e a paciência; nelas vencemos o inimigo".

Humildade e paciência. Como minha caminhada com Cristo seria diferente se eu respondesse assim à tentação! Reajo com vergonha, frustração e tentativas impacientes de me livrar da luta?

Mas as tentações e provações que enfrentamos não precisam ser sem propósito nem ser uma ameaça. Embora ceder à tentação possa nos trazer desgosto e destruição (Tiago 1.13-15), quando nós nos voltamos a Deus com o coração humilde em busca de Sua sabedoria e graça, descobrimos que Ele é generoso e que não nos repreenderá por pedirmos (v.5). Pelo poder de Deus em nós, as nossas provações e lutas para resistir ao pecado nos tornam perseverantes, para que sejamos "maduros e completos", sem que nada nos falte (v.4).

Confiando em Jesus, não há razão para temermos. Como filhas amadas de Deus, encontramos paz ao descansarmos em Seus braços amorosos, até mesmo quando enfrentarmos as tentações. —*Monica La Rose*

A atitude de humildade e paciência pode mudar
a sua reação à tentação ou provação? De que maneira isso é libertador?

Jesus, entristeço-me ao perceber quantas vezes quero enfrentar as tentações e lutas por conta própria, como se eu fosse autossuficiente e não precisasse de ti. Obrigada por Teu infinito amor e paciência.

14 de junho
Encontro sagrado
Levítico 23:33-36,39-44

Celebrem com alegria diante do SENHOR,
seu Deus, por sete dias.
—LEVÍTICO 23:40

Reuni-me com amigos para um fim de semana juntos às margens de um lago. Passávamos os dias brincando e compartilhando as refeições, mas eram as conversas noturnas que eu mais apreciava. Quando a escuridão caía, abríamos o coração com profundidade e vulnerabilidade incomuns, compartilhando as dores dos casamentos vacilantes e as consequências de traumas que alguns de nossos filhos sofriam. Sem minimizar nossos problemas, relembrávamos da completa fidelidade de Deus ao longo dessas dificuldades. Essas noites estão entre as mais sagradas da minha vida.

Imagino que tais momentos foram iguais ao que Deus pretendia quando instruiu Seu povo a se reunir anualmente para o Festa dos Tabernáculos. Essa festa, como muitas outras, exigia que os israelitas fossem a Jerusalém. Na chegada, Deus instruía Seu povo a se reunir em adoração e a não fazer "nenhum trabalho habitual" durante a festa por cerca de uma semana (Levítico 23:35). A Festa dos Tabernáculos celebrava a provisão de Deus e comemorava o tempo no deserto depois de os israelitas terem sido libertos do Egito (vv.42-43).

Essa Festa fortalecia o senso de identidade dos israelitas como povo de Deus e proclamava a bondade divina, apesar das dificuldades coletivas e individuais do povo. Quando nos reunimos com aqueles que amamos para relembrar a provisão e presença de Deus em nossa vida, também somos fortalecidas na fé.
—Kirsten Holmberg

A sua fé é fortalecida quando você está
em comunhão com os outros?

Deus e Pai, sou grata pelas pessoas
que colocaste na minha vida.
Por favor, ajuda-me a encorajá-las.

15 de junho

O segredo do contentamento

Filipenses 4:10-13

Aprendi o segredo de viver em qualquer situação.
—Filipenses 4:12

A vida de Joni Eareckson Tada tornou-se muito diferente quando ela sofreu um acidente de natação e ficou tetraplégica. As portas da casa dela eram estreitas para a cadeira de rodas e as pias muito altas. Até reaprender alguns movimentos, ela precisava de ajuda para alimentar-se. Levando a colher especial da sua tala de braço à boca pela primeira vez, Joni sentiu-se humilhada ao manchar sua roupa. Mas prosseguiu e disse: "O segredo foi aprender a apoiar-me em Jesus e pedir Sua ajuda". E o Senhor a ajudou.

Joni diz que esse confinamento a fez olhar a outro prisioneiro — o apóstolo Paulo, que esteve encarcerado, e ao que ele escreveu aos filipenses. Ela se esforça para conseguir o que Paulo alcançou: "aprendi a ficar satisfeito com o que tenho" (Filipenses 4:11). Paulo precisou aprender a sentir paz. Isso não lhe era natural. Como Paulo encontrou o contentamento?

Por meio da confiança em Cristo: "Posso todas as coisas por meio de Cristo, que me dá forças" (v.13). Todas nós enfrentamos desafios diferentes em nossos dias; todas nós podemos olhar para Jesus em todo momento em busca de ajuda, força e paz. Ele nos ajudará em nossas reações tempestivas com os nossos entes queridos. O Senhor nos ajudará a termos coragem para dar o próximo passo difícil. Olhemos para Jesus e encontraremos o verdadeiro contentamento. —*Amy Boucher Pye*

Em que áreas da sua vida você enfrenta lutas?
Você pode entregá-las a Deus?

Cristo Salvador, Tu tens-me dado coragem e esperança.
Ajuda-me a encontrar forças em ti.

16 de junho

A proteção de Deus

Salmo 63

...à sombra de tuas asas canto de alegria.
Minha alma se apega a ti; tua forte mão [...] me sustenta.
—Salmo 63:7-8

Agulhas, leite, cogumelos, elevadores, abelhas e favos de mel... essas são apenas frações das muitas fobias atribuídas ao Sr. Adrian Monk, detetive protagonista de um show de TV. Mas quando ele e o seu rival, Harold Krenshaw, são trancados no porta-malas de um carro, Monk risca pelo menos a claustrofobia da sua lista.

Quando ambos entram em pânico, surge um pensamento que interrompe abruptamente a angústia de Monk. "Acho que estamos olhando para isto da forma errada", ele diz ao Harold. "Na verdade, o porta-malas está nos protegendo. Isso permite que as coisas ruins fiquem de fora — germes, cobras e lagartos". Com os olhos arregalados, Krenshaw se dá conta do que Monk diz e sussurra maravilhado: "Este bagageiro é nosso amigo".

No Salmo 63, é quase como se Davi tivesse esclarecimento semelhante. Apesar de estar numa "terra seca e exausta", quando Davi se lembra do poder, glória e amor de Deus (vv.1-3), é como se o deserto se transformasse num lugar de proteção divina. Como um pássaro à sombra das asas de sua mãe, Davi descobre que quando ele se apega a Deus, esse lugar estéril se torna: "mais que um rico banquete" (v.5), onde se encontra alimento e força num amor que "é melhor que a própria vida" (v.3). —*Monica La Rose*

Você já sentiu o cuidado de Deus enquanto estava num lugar difícil?
Em quais lutas você pode aprender a cantar
"à sombra de Tuas asas [de Deus] canto de alegria"?

Amoroso Criador e Sustentador,
obrigada porque o Teu amor transforma
o deserto em lugar seguro.

17 de junho

Legado de bondade

Atos 9:36-42

*…viúvas que choravam e lhe mostravam os vestidos
e outras roupas que Dorcas havia feito para elas.*
—Atos 9:39

Marta foi professora assistente de Ensino Fundamental por mais de 30 anos. Ela sempre poupou seu dinheiro para comprar casacos, cachecóis e luvas para os alunos necessitados. Depois de ela ter perdido a sua luta contra a leucemia, celebramos o seu testemunho de vida. Em vez de flores, as pessoas doaram centenas de casacos de inverno novinhos aos estudantes que ela amou e serviu durante décadas. Muitos relembraram histórias sobre as inúmeras vezes que ela encorajou os outros com palavras amáveis e atos de bondade. Os seus colegas honraram a sua memória com uma coleta anual de casacos de inverno por 3 anos após a sua partida. Sua bondade ainda inspira outros a servirem generosamente os necessitados.

O evangelista Lucas compartilha a história de Dorcas, uma mulher que "sempre fazia o bem e ajudava os pobres" (Atos 9:36). Depois de ter adoecido e morrido, a comunidade de Dorcas exortou Pedro a vir até eles. As viúvas mostraram a Pedro como Dorcas vivera para servir (v.39). Num milagroso ato de compaixão, Pedro trouxe Dorcas de volta à vida.

A notícia da ressurreição de Dorcas espalhou-se, e "muitos creram no Senhor" (v.42). O empenho de Dorcas em servir aos outros de forma prática tocou o coração das pessoas e revelou o poder da abundante generosidade. —*Xochitl Dixon*

Como amar alguém com palavras bondosas e generosidade hoje em dia?
Deus usou a bondade de alguém para a aproximar dele?

*Deus, ajuda-me a amar generosamente para
poder deixar um legado de bondade que direcione outros a ti.*

18 de junho

Compartilhando a sua fé

2 Coríntios 12:5-10

Minha graça é tudo de que você precisa.
Meu poder opera melhor na fraqueza.
—2 Coríntios 12:9

Quando a autora e evangelista Becky Pippert viveu na Irlanda, seu desejo era compartilhar as boas-novas de Jesus com a sua manicure durante dois anos. Mas ela parecia não demonstrar qualquer interesse. Sentindo-se incapaz de iniciar uma conversa, Becky orou antes do seu atendimento.

Enquanto a manicure a atendia, Becky folheou uma revista e pausou na foto de uma das modelos. Quando a atendente lhe perguntou o porquê de tanto entusiasmo, Becky lhe contou que a foto era de uma amiga que tinha sido modelo de capa da revista Vogue anos antes. Becky partilhou algumas histórias daquela sua amiga sobre a fé que ela tinha em Deus, e a manicure a ouviu com grande atenção.

Becky viajou e quando regressou à Irlanda, soube que a manicure tinha se mudado para um novo local. E refletiu: "eu tinha pedido a Deus que me desse uma oportunidade de compartilhar o evangelho, e Ele me concedeu"!

Inspirada pelo apóstolo Paulo, em sua fraqueza, Becky procurou a ajuda de Deus. Quando Paulo estava fraco e suplicou a Deus que removesse o espinho da sua carne, ele ouviu do Senhor: "Minha graça é tudo de que você precisa. Meu poder opera melhor na fraqueza" (2 Coríntios 12:9).

Paulo tinha aprendido a confiar em Deus, em todas as circunstâncias — grandes e pequenas. Vamos depender de Deus para nos ajudar a amar os que nos rodeiam e compartilhemos a nossa fé. —*Amy Boucher Pye*

Você já compartilhou a sua fé com alguém?
Pode fazê-lo hoje?

Amado Jesus, age em minha vida hoje,
para que eu possa compartilhar
a dádiva das Tuas boas-novas.

19 de junho

Ele lutará por você

Provérbios 21:21-31

*O cavalo é preparado para o dia da batalha,
mas quem dá vitória é o Senhor.*
—Provérbios 21:31

O cavalo ferido Drummer Boy foi um dos 112 que levou soldados britânicos à batalha. O animal mostrou tanta coragem e resistência que o seu comandante o tornou merecedor de uma medalha tanto quanto os seus valentes homens, apesar da ação militar ter falhado. No entanto, o valor da cavalaria, igualado pela coragem dos seus cavalos, fez o confronto ser considerado um dos maiores momentos militares da Grã-Bretanha, ainda hoje celebrado.

O confronto, contudo, mostra a sabedoria de um antigo provérbio bíblico: "O cavalo é preparado para o dia da batalha, mas quem dá a vitória é o Senhor" (Provérbios 21:31). As Escrituras afirmam claramente este princípio. "pois o Senhor, seu Deus, vai com vocês. Ele lutará contra seus inimigos em seu favor e lhes dará vitória" (Deuteronômio 20:4). Até mesmo contra o aguilhão da morte, escreveu o apóstolo Paulo: "Mas graças a Deus, que nos dá a vitória sobre o pecado e sobre a morte por meio de nosso Senhor Jesus Cristo!" (1 Coríntios 15:56-57).

Sabendo isso, a nossa tarefa continua a ser estarmos preparadas para as duras provas da vida. Para criar um ministério, estudamos, trabalhamos e oramos. Para criar uma obra-prima, criamos a arte, dominamos a técnica. Para conquistar uma montanha, juntamos os equipamentos precisos e nos preparamos fisicamente. Preparados, somos mais do que vencedoras pelo grande amor de Cristo.
—Patrícia Raybon

A sua vitória está no Senhor?

*Pai, inspira-me, quando as lutas vierem,
a preparar o meu coração para que a vitória seja do Senhor.*

20 de junho
Maiores do que os nossos problemas
Jó 40:15-24

Veja o Beemote, que eu criei, assim como criei você...
—Jó 40:15

Como você imagina que os dinossauros eram? Dentes grandes? Pele escamosa? Caudas longas? A artista Karen Carr recria essas criaturas extintas em enormes murais. Um deles tem 6 m de altura e 18 m de comprimento. Seu tamanho exigiu uma equipe de especialistas para o instalar no Museu de História Natural de Sam Noble Oklahoma, EUA.

Seria difícil não se sentir um anão comparando-se ao tamanho dos dinossauros. Sinto o mesmo quando leio a descrição de Deus sobre o poderoso animal chamado "Beemote" (Jó 40:15). Este grandalhão ruminava como boi, sua cauda era do tamanho de um tronco de árvore e seus ossos eram como tubos de ferro. Ele pastava nas colinas, parando ocasionalmente no pântano para relaxar e jamais se preocupou com as enchentes.

Ninguém podia domar essa incrível criatura, exceto o seu Criador (v.19). Deus lembrou Jó dessa verdade numa época em que os problemas dele tinham lançado sombras sinistras em sua vida. O luto, desnorteamento e frustração encheram o seu campo de visão até ele começar a questionar Deus. Mas a resposta do Senhor o ajudou a ver o tamanho real das coisas. Deus era maior do que todos os seus problemas e suficientemente poderoso para lidar com os que Jó não conseguia resolver sozinho. No final, Jó admitiu: "Sei que podes fazer todas as coisas" (42:2).

—*Jennifer Benson Schuldt*

Como a sua visão de Deus afeta a maneira como você lida com os seus problemas?

Senhor, ajuda-me a ser receptiva ao Teu poder e bondade quando me sinto sobrecarregada por problemas.

21 de junho

O caminho da fé

Juízes 7:1-8, 22

*O Senhor disse a Gideão:
"Você tem guerreiros demais. […],
Israel se vangloriará diante de mim".*
—Juízes 7:2

Num jogo qualificatório para a Copa do Mundo de 2018, a equipe de Trinidad e Tobago chocou o mundo quando eliminou a equipe dos Estados Unidos, na época ranqueada 56 posições acima deles. A vitória desse pequeno país foi tão inesperada, em parte porque a população e os recursos dos Estados Unidos anulavam os da pequena nação caribenha. Mas essas vantagens aparentemente intransponíveis foram insuficientes para derrotar esses apaixonados jogadores do *Soca Warriors*.

A história de Gideão e dos midianitas tem semelhanças, pois também ocorreu entre um pequeno grupo de combatentes e um grande exército. O exército israelita tinha mais de 30 mil pessoas, mas o Senhor os reduziu a apenas 300 guerreiros para que aprendessem que o sucesso deles dependia de Deus, não do seu exército, dinheiro, tesouro ou habilidade dos seus líderes (Juízes 7:1-8).

Pode ser tentador depositar a nossa confiança no que podemos ver ou medir, mas esse não é o caminho da fé. Embora muitas vezes seja difícil, quando estamos dispostas a depender de Deus, ser fortes nele e em Seu poder (Efésios 6:10), podemos enfrentar as situações com coragem e confiança, mesmo se nos sentirmos sobrecarregadas e desqualificadas. A presença e poder do Senhor podem fazer coisas surpreendentes em nós e através de nós. —*Lisa Samra*

Você já enfrentou situações aparentemente intransponíveis?
Na vitória ou na derrota, qual foi a provisão de Deus?

Deus, ajuda-me a aprender a confiar cada vez mais no Teu poder e graça ao enfrentar os desafios.

22 de junho

Os cuidados do nosso Pai

Mateus 10:16-20, 26-31

*Quanto custam dois pardais? […] no entanto,
nenhum deles cai no chão sem o conhecimento de seu Pai.*
—Mateus 10:29

Ouvi um barulho forte e vi na janela do carro o pássaro se debatendo. O meu coração se condoeu e eu queria ajudar aquele frágil ser emplumado. Jesus descreveu o cuidado de Seu Pai pelos pardais, a fim de confortar os discípulos, ao mesmo tempo que os advertia sobre os perigos futuros. O Mestre instruiu os doze e "lhes deu autoridade para expulsar espíritos impuros e curar todo tipo de enfermidade e doença" (Mateus 10:1). Embora o poder de fazer tais obras pudesse parecer grande aos discípulos, muitas pessoas se oporiam a eles, incluindo os governantes, as suas próprias famílias e o poder ludibriador do maligno (vv.16-28).

Jesus, no entanto, disse-lhes para não temerem o que quer que enfrentassem porque nunca estariam fora dos cuidados do Seu Pai. Ele perguntou: "Quanto custam dois pardais? Uma moeda de cobre? No entanto, nenhum deles cai no chão sem o conhecimento de seu Pai […]. Portanto, não tenham medo; vocês são muito mais valiosos…" (vv.29-31).

Observei o pássaro ao longo do dia, encontrando-o sempre vivo, mas imóvel. Depois, já tarde da noite, desapareceu. Orei para que tivesse sobrevivido. Se eu me preocupava tanto com o pássaro, certamente Deus preocupava-se ainda mais. Imagina o quanto mais Ele se preocupa com você e comigo! —*Elisa Morgan*

Como Deus cuidou de você no passado?
Como encorajar-se frente às lutas, e compreender que
você está sempre sob os cuidados do Senhor?

*Querido Pai, obrigada por sempre
me observares e cuidares de mim.*

23 de junho

O poder de Deus

Salmo 121

*Meu socorro vem do Senhor,
que fez os céus e a terra!*
—SALMO 121:2

Os médicos informaram Rebeca e Rudi que eles não poderiam gerar filhos. Mas Deus tinha outros planos. Dez anos mais tarde, Rebeca engravidou. Tudo ocorreu conforme as expectativas e quando começaram as contrações, o casal correu para o hospital. No entanto, as horas de trabalho de parto tornaram-se longas e intensas, e o corpo de Rebeca não reagia o suficiente para completar o parto. Finalmente, a médica decidiu fazer uma cesariana de emergência. Receosa, Rebeca chorou pelo bebê e por ela mesma. A médica a acalmou, dizendo: "Farei o meu melhor, mas vamos orar a Deus porque Ele pode fazer muito mais". Elas oraram juntas e 15 minutos depois nasceu um menino saudável.

A médica reconheceu que dependia de Deus e do Seu poder. Embora ela tivesse formação e habilidade para a cirurgia, ainda precisava da sabedoria, força e ajuda de Deus para guiar as suas mãos (Salmo 121:1-2).

Encoraja-nos ouvir pessoas altamente qualificadas, ou quaisquer pessoas que reconheçam abertamente que precisam do Senhor. Todas nós precisamos dele. Ele é Deus; nós não somos. Só Ele é "capaz de realizar infinitamente mais do que poderíamos pedir ou imaginar" (Efésios 3:20). Que tenhamos um coração humilde para aprender do Senhor e confiar nele em oração, pois Ele é "capaz de realizar infinitamente mais" do que nós alguma vez pudemos. —*Anne Cetas*

Você compreende a sua necessidade da presença de Deus?
Como isso se revela no seu dia a dia?

*Deus, preciso diariamente da Tua sabedoria,
poder e orientação em todas as áreas da minha vida.*

24 de junho
Ele sabe o seu nome

Isaías 43:1-7

…eu o chamei pelo nome; você é meu.
—Isaías 43:1

Meu marido e eu voltamos a nossa igreja local depois de três longos anos. Como seríamos recebidos? Seríamos bem-vindos? Eles nos amariam e perdoariam por termos saído dali? Recebemos a resposta numa manhã de domingo quando, ao entrarmos pela porta principal, ouvimos os nossos nomes. "Patrícia! Daniel! Que bom vê-los!" Como escreveu a autora Kate DiCamillo em um dos seus livros infantis: "Leitor, nada é mais doce neste triste mundo do que o som de alguém que amamos nos chamando pelo nome".

Essa mesma certeza foi válida para o povo de Israel. Nós tínhamos escolhido uma igreja diferente durante algum tempo, mas os israelitas tinham virado as costas a Deus. No entanto, o Senhor os acolheu novamente e enviou o profeta Isaías para lhes assegurar: "Não tema, pois eu o resgatei; eu o chamei pelo nome, você é meu" (Isaías 43:1).

Podemos nos sentir invisíveis neste mundo, não valorizadas, e até mesmo desconhecidas. Tenha a certeza de que Deus conhece cada uma de nós pelo nome. Ele afirma: "…você é precioso para mim, é honrado e eu o amo" (v.4). "Quando passar por águas profundas, estarei a seu lado. Quando atravessar rios, não se afogará" (v.2). Essa promessa não é apenas para Israel. Jesus deu a Sua vida em resgate por nós. Ele conhece o nosso nome e, por amor, pertencemos a Ele. —*Patrícia Raybon*

Por que Deus acolheu o Seu povo de volta a Ele?
Como o Senhor lhe demonstrou que a conhece pelo nome?

*Jesus, se eu me afastar dos Teus braços
e Tua comunhão, chama-me pelo meu nome.
Sou grata por te pertencer.*

25 de junho

Rumo à maturidade espiritual

Efésios 4:11-16

Até que alcancemos a unidade que a fé e o conhecimento do Filho de Deus produzem e amadureçamos...
—Efésios 4:13

Em uma determinada pesquisa pediu-se aos participantes que identificassem a idade em que se tornaram adultos. Quem se considerava adulto destacava os comportamentos que comprovavam isso. Ter um ganho financeiro e a compra de uma casa encabeçava a lista como sinal de "adultidade". Outros eram: cozinhar, cuidar da agenda médica, optar por lanches rápidos ou permanecer em casa num sábado à noite em vez de sair.

A Bíblia diz que também devemos buscar a maturidade espiritual. Paulo exortou a igreja de Éfeso, pedindo-lhes para amadurecer, "chegando à completa medida da estatura de Cristo" (Efésios 4:13). Enquanto somos "imaturos" na fé, somos vulneráveis a "qualquer vento de novos ensinamentos" (v.14), o que muitas vezes resulta em divisão entre nós. Em contrapartida, à medida que amadurecemos na nossa compreensão da verdade, agimos como um corpo unificado tornando-nos "mais parecidos com Cristo, que é a cabeça" (v.15).

Deus concedeu-nos o Seu Espírito para nos ajudar a crescer na plena compreensão de quem Ele é (João 14:26), e equipa os pastores e mestres para nos instruírem e nos conduzirem à maturidade na fé (Efésios 4:11-12). Assim como certas características distinguem a maturidade física, a nossa unidade como Seu Corpo certifica o nosso crescimento espiritual. —*Kirsten Holmberg*

De que maneira você é vulnerável a qualquer vento de novos ensinos?
O que fazer para continuar a crescer espiritualmente?

Deus amoroso, ajuda-me a ver onde a minha compreensão de ti ainda é imatura e ensina-me a ser sábia.

26 de junho

A sábia edifica

Provérbios 14:1-3,26-27,33

*A mulher sábia edifica o lar,
mas a insensata o destrói com as próprias mãos.*
—Provérbios 14:1

A *Peregrina Negra da Verdade* cujo verdadeiro nome era Isabella Baumfree nasceu escrava, em 1797, Nova Iorque. Quase todos os seus filhos foram vendidos como escravos, mas ela e uma filha foram libertas em 1826 e passaram a morar com a família que lhes comprou a liberdade. Isabella não aceitou ter a sua família separada e tomou medidas legais para recuperar o seu pequeno filho Pedro. Proeza espantosa para uma afro-americana naqueles dias. Sabendo que não podia criá-los sem a ajuda de Deus, tornou-se cristã e mudou o seu nome para *Peregrina Negra da Verdade*. Com isso demonstrou que a sua vida foi construída sobre os alicerces da verdade divina.

O rei Salomão declara: "A mulher sábia edifica o lar"; em contrapartida, a não sábia o destrói (Provérbios 14:1). Essa metáfora demonstra a sabedoria que Deus concede aos que estão dispostos a ouvi-lo. Como construir com sabedoria? Dizendo "palavras [que] sejam boas e úteis" (Efésios 4:29; 1 Tessalonicenses 5:11). Como a destruir?: "A conversa arrogante do insensato se torna uma vara que o castiga" (Provérbios 14.3).

Graças à sabedoria divina, a *Peregrina* encontrou refúgio seguro (v.26) num tempo turbulento. Talvez você nunca precise salvar os seus filhos de uma injustiça, mas você pode construir a sua casa sobre os mesmos alicerces que ela construiu — a sabedoria de Deus. —*Linda Washington*

Sobre qual fundação você estabeleceu o seu lar?

*Pai, preciso da Tua sabedoria para construir
um legado duradouro para a Tua glória.*

27 de junho

Esperançoso

Romanos 12:9-13

Alegrem-se em nossa esperança.
Sejam pacientes nas dificuldades e não parem de orar.
—Romanos 12:12

Em uma de nossas conversas com Rogério, um garçom que conhecemos em nossas férias, ele agradeceu a Jesus por sua esposa ser compassiva e ter fé. Depois do primeiro filho, Deus lhes deu a oportunidade de cuidar de sua sobrinha com síndrome de Down. E, logo depois, sua sogra precisou de cuidados médicos. Rogério trabalha com alegria, muitas vezes dobra o turno para que sua esposa fique em casa cuidando das pessoas que Deus lhes confiou. Quando lhe disse que o seu testemunho em servir seus familiares me inspirou a amar melhor, ele disse: "É um prazer servir a eles e a vocês."

A vida desse senhor reafirma o valor de sermos bondosos e confiantes na provisão de Deus para servirmos o próximo com altruísmo. Paulo nos exorta: "Amem-se com amor fraternal e tenham prazer em honrar uns aos outros […]. Sejam pacientes nas dificuldades e não parem de orar" quando "membros do povo santo passarem por necessidade, ajudem com prontidão. Estejam sempre dispostos a praticar a hospitalidade" (Romanos 12:10-13).

Nossa vida pode mudar num instante e nós ou os nossos amados ficarmos em circunstâncias aparentemente insuportáveis. Mas dispondo-nos a compartilhar tudo o que Deus nos deu enquanto esperamos nele, podemos juntas nos apegar ao Seu eterno amor. —*Xochitl Dixon*

Você pode apoiar hoje fisicamente e
em oração alguém que precisa? Deus já usou alguém para lhe oferecer
apoio tangível enquanto você esperava por Ele?

Deus, ajuda-me a amar aos outros
enquanto espero Tua ação em mim e por meio
das circunstâncias ao meu redor.

28 de junho
Tudo bem lamentar-se

Lamentações 3:19-26

*O Senhor é bom para os que
dependem dele, para os que o buscam.*
—Lamentações 3:25

Durante a pandemia COVID-19, em 2020, ajoelhei e deixei as lágrimas escorrerem. "Deus, por que não estás cuidando de mim?" Chorei, pois tinha sido demitida há quase um mês e algo dera errado com meus papéis de desemprego. Ainda não tinha recebido nada de dinheiro e o auxílio que o governo prometera ainda não tinha sido depositado. No fundo, eu confiava que Deus resolveria tudo. Cria que Ele de fato me amava e cuidaria de mim. Mas, naquele momento, sentia-me abandonada.

O livro de Lamentações ensina que não há problemas em nos lamentarmos. Provavelmente, foi escrito durante ou logo após os babilônios destruírem Jerusalém, em 587 a.C. Descreve a aflição (3:1,19), opressão (1:18) e fome (2:20; 4:10) que o povo enfrentou. Porém no meio desse livro, o autor lembra o motivo de sua esperança: "As misericórdias do Senhor são a causa de não sermos consumidos, porque as suas misericórdias não têm fim; renovam-se cada manhã. Grande é a tua fidelidade" (3:22-23 ARA). Apesar da devastação, o autor lembrou-se de que Deus permanece fiel.

Às vezes, parece impossível acreditar que "O Senhor é bom para os que dependem dele, para os que o buscam" (v.25), especialmente quando não vemos o fim do nosso sofrimento. Mas podemos clamar a Ele e confiar que nos ouve e será fiel para nos ajudar. —*Julie Schwab*

Qual a sua dificuldade para confiar em Deus hoje?
O que a ajudará a sentir-se confortável o suficiente para clamar a Ele?

*Pai, preciso de ti. Por favor,
ajuda-me a confiar que Tu agirás por mim,
em minha dificuldade.*

29 de junho

Uma vida notável

1 Pedro 2:9-12

*Procurem viver de maneira exemplar
entre os que não creem...*
—1 Pedro 2:12

Lendo o obituário de Catherine Hamlin, conheci um pouco dessa notável cirurgiã australiana. Na Etiópia, Catherine e seu marido estabeleceram o único hospital do mundo dedicado a vítimas do devastador trauma físico e emocional das fístulas obstétricas —, lesão comum em países em desenvolvimento, e que pode ocorrer durante o parto. Catherine foi responsável por supervisionar o tratamento de mais de 60 mil mulheres.

Catherine, aos 92 anos, iniciava seus dias com uma xícara de chá, o estudo bíblico e ainda fazia cirurgias no hospital. Ela disse aos curiosos que era uma simples cristã e que apenas fazia o trabalho que Deus lhe dera para fazer.

Senti-me grata por descobrir sobre sua vida excepcional. Ela exemplificou poderosamente para mim o encorajamento que a Bíblia oferece aos cristãos para viverem de tal forma que mesmo os que rejeitam enfaticamente a Deus vejam "...seu comportamento correto e [deem] glória a Deus quando ele julgar o mundo" (1 Pedro 2:12).

O poder do Espírito Santo que nos chamou das trevas para um relacionamento com Ele (v.9) também pode transformar o nosso trabalho ou áreas de serviço em testemunhos da nossa fé. Seja qual for a paixão ou habilidade que Deus nos deu, podemos dar-lhe significado e propósito ainda maior agindo de maneira que seja capaz de direcionar pessoas a Ele. —Lisa Samra

O que Deus a chamou para fazer?
Como você pode fazer isso hoje, em nome de Jesus?

*Jesus, que Seu amor e graça
sejam evidentes em minhas palavras e ações hoje.*

30 de junho

À imagem de Deus

Gênesis 1:26-31

...Deus criou os seres humanos à sua própria imagem, à imagem de Deus os criou; homem e mulher os criou.
—Gênesis 1:27

Quando a sua linda pele marrom começou a perder a sua cor, a jovem senhora se assustou, sentiu-se como se ela estivesse desaparecendo ou perdendo o seu "eu". Com maquiagem pesada, ela cobria o que chamava de suas "manchas" de pele mais claras causadas por vitiligo — a perda de melanina, pigmento da pele que lhe dá o tom.

Porém, certo dia, ela se perguntou: "Por que esconder? Confiando na força de Deus para aceitar-se a si mesma, ela parou de usar a pesada maquiagem. Logo, começou a receber atenção por sua autoconfiança. Por fim, tornou-se a primeira porta-voz do vitiligo para uma marca global de cosméticos. "É uma enorme bênção", disse a um apresentador de TV, acrescentando que sua fé, família e amigos são sua fonte de encorajamento.

A história dessa mulher nos convida a lembrar que cada uma de nós foi criada à Sua imagem. "...Deus criou os seres humanos à sua própria imagem, à imagem de Deus os criou; homem e mulher os criou" (v.27). Não importa a nossa aparência exterior, todas nós somos portadoras da imagem divina. Como Suas criaturas, refletimos a Sua glória; e como cristãs estamos sendo transformadas para representar Jesus neste mundo.

Você luta para aceitar e amar a sua aparência? Olhe-se no espelho e sorria para Deus. Ele a criou à Sua imagem. —*Patrícia Raybon*

O que lhe é mais importante, como os outros a veem ou se veem Deus em você? De quais maneiras você pode representar a Sua imagem para os outros?

Ajuda-me a aceitar como me fizeste, Senhor. Reina em meu coração para que outros possam ver-te em mim.

1.º de julho

O favorito

Gênesis 37:2-4,17-24

*Assim como eu os amei,
vocês devem amar uns aos outros.*
—João 13:34

Um dos irmãos do meu marido mora a cerca de 2 mil quilômetros de nós. Apesar da distância, ele sempre foi um membro muito querido da família por causa de seu grande senso de humor e bom coração. Desde que me lembro, no entanto, os outros irmãos brincam humoradamente sobre o status dele como favorito aos olhos de sua mãe. Há vários anos, até lhe entregaram uma camiseta com as palavras: "Sou o favorito da mamãe". Embora todos nós gostemos das piadas entre os irmãos, o favoritismo não é brincadeira.

Jacó deu uma "linda túnica" ao seu filho José, o que indicou claramente para seus outros filhos o quanto José lhe era especial (v.3). Sem sutilezas, a mensagem dizia: "José é o meu filho favorito". Exibir favoritismo pode enfraquecer uma família. A mãe de Jacó, Rebeca, o favoreceu em detrimento do outro filho, Esaú, gerando conflitos entre os dois irmãos (25:28). A disfunção foi perpetuada quando Jacó favoreceu mais sua esposa Raquel (mãe de José) do que a Lia, criando discórdias e mágoas (29:30,31). Sem dúvida, essa atitude fez os irmãos mais velhos de José o desprezarem, a ponto de planejarem uma forma de matá-lo (37:18).

Quando se trata de relacionamentos, às vezes podemos achar difícil sermos objetivas. Mas nosso alvo deve ser tratar todos sem favoritismo e amar todas as pessoas de nosso convívio como nosso Pai nos ama (João 13:34). —*Cindy Hess Kasper*

Você já demonstrou favoritismo por alguém?

*Amoroso Deus, ao interagir com o próximo,
ajuda-me a ver os outros como Tu nos vês e a tratá-los
de maneira justa e sem favoritismo ou preconceitos.*

2 de julho
Mensagens encorajadoras
Atos 11:19-26

*[Barnabé] incentivou os irmãos
a permanecerem fiéis ao Senhor.*
—Atos 11:23

Jamais desista! Seja a razão do sorriso de alguém! Você é incrível! Não importa de onde você veio; importa para onde você vai! Algumas crianças em idade escolar encontraram essas e outras mensagens escritas em bananas vendidas na lanchonete. A gerente do local se dedicou a escrever essas notas encorajadoras nas cascas das frutas, que as crianças chamavam de "frutas falantes".

Esse atencioso trabalho lembra-me do sentimento de Barnabé pelos "jovens espirituais" na antiga Antioquia (Atos 11:22-24). Barnabé era conhecido por sua capacidade de inspirar pessoas. Era um homem bom, cheio de fé e do Espírito Santo e incentivava os novos cristãos a "serem fiéis ao Senhor" (v.23). Imagino que ele tenha investido tempo com as pessoas que queria ajudar, dizendo coisas como: Continuem orando! Confiem no Senhor! Fiquem perto de Deus quando a vida for difícil!".

Os novos cristãos, como as crianças, têm muito potencial e precisam de muito encorajamento. Estão descobrindo no que são bons. Talvez não percebam completamente o que Deus quer fazer neles e através deles, e muitas vezes o inimigo trabalha ainda mais arduamente para impedir que a fé deles floresça.

Nós que já andamos com Jesus há um tempo entendemos como é difícil viver para Ele. Que possamos dar e receber o encorajamento, à medida que o Espírito de Deus nos guia e nos lembra da verdade espiritual. —*Jennifer Benson Schuldt*

Como Deus a encorajou no passado?
Ele pode usá-la para inspirar alguém?

*Pai celestial, mostra-me alguém para encorajar hoje.
Ensina-me o que dizer e como atender às
necessidades dessa pessoa para que Tu sejas glorificado.*

3 de julho

Promovendo a bondade

Lucas 7:11-17

*Quando o Senhor a viu,
sentiu profunda compaixão por ela.*
—Lucas 7:13

Desiludido e querendo uma vida mais significativa, Leo deixou o seu emprego na área de finanças. Certo dia, ele viu um sem-teto segurando uma placa na esquina que dizia: A BONDADE É O MELHOR REMÉDIO e disse: "Foi uma epifania —, uma revelação divina. Essas palavras me atingiram diretamente".

Leo decidiu começar sua nova vida criando uma organização internacional que promovesse a bondade. Hoje, ele viaja ao redor do mundo contando com as pessoas estranhas para lhe proverem alimento, gasolina e um lugar para ficar. Em seguida, ele os recompensa por meio de sua organização com boas ações tais como alimentar órfãos ou construir uma escola para crianças carentes. Ele diz: "Às vezes acham que isso é sinônimo de fraqueza, mas a bondade é sinônimo de profunda força".

A bondade é a essência de Cristo, de modo que ela fluía dele naturalmente. Amo a história do que Jesus fez quando foi à procissão fúnebre do único filho de uma viúva (Lucas 7:11-17). A mulher enlutada provavelmente dependia do filho para obter sustento financeiro. A história não diz que alguém pediu a Jesus para intervir. Pela Sua natureza de pura bondade (v.13), Jesus estava preocupado e trouxe o filho da viúva de volta à vida. A "multidão louvava a Deus, dizendo: 'Hoje Deus visitou seu povo!'" (v.16). —*Anne Cetas*

Quais bondades Jesus derramou sobre você?
Liste-as e as agradeça ao Senhor.

*Deus, Tu sempre me concedes
os Teus presentes de amor.
Louvo-te por cuidares de mim.*

4 de julho
Tempo de oração

Habacuque 2:1-3

Se parecer que demora a vir, espere com paciência, pois certamente acontecerá; não se atrasará.
—HABACUQUE 2:3

Um sabiá construiu seu ninho sob os beirais do telhado do lado de fora da janela da minha cozinha. Eu gostava de vê-los colocando os ramos secos num local seguro e depois se agachando para chocar seus ovos. Eu observava o progresso no ninho; mas todas as manhãs nada se modificava. Os ovos de sabiás levam duas semanas para eclodir.

A impaciência não é novidade para mim. Sempre relutei em esperar, especialmente na oração. Meu marido e eu esperamos quase cinco anos para adotar nosso primeiro filho. Décadas atrás, a autora Catherine Marshall escreveu: "As orações são como ovos, que não eclodem assim que são depositados".

O profeta Habacuque lutou com a espera em oração. Frustrado com o silêncio de Deus a respeito dos maus-tratos brutais da Babilônia ao Reino do Sul, Judá, Habacuque compromete-se a subir à torre de vigia, ficar de guarda e esperar a resposta à sua queixa (Habacuque 2:1). Deus responde que Habacuque deve aguardar o "tempo designado" (v.3 ARA) e o instrui a descrever o fim "para que se possa ler depressa e com clareza" (v.2).

O que Deus não menciona é que o "tempo designado" para a Babilônia cair seria em seis décadas, criando um longo intervalo entre a promessa e seu cumprimento. Como os ovos, as orações nem sempre são respondidas de imediato, mas são englobadas nos propósitos de Deus para o nosso mundo e a nossa vida.
—*Elisa Morgan*

Você acha difícil esperar enquanto Deus age?

Querido Deus, ajuda-me a confiar em Tua forma de agir enquanto espero.

5 de julho

Loucura para os incrédulos

1 Coríntios 1:20-31

A mensagem da cruz é loucura
para os que se encaminham para a destruição, mas
para nós [...] salvos ela é o poder de Deus.
—1 Coríntios 1:18

Algumas coisas não fazem sentido até você experimentá-las. Grávida do primeiro filho, li vários livros sobre o parto e ouvi dezenas de mulheres contarem suas experiências individuais. Mas eu ainda não conseguia imaginar como seria a minha experiência. O que meu corpo faria parecia impossível!

Paulo escreve em 1 Coríntios que o "nascer" no reino de Deus, a salvação que Ele nos oferece por meio de Cristo, parece igualmente incompreensível aos que ainda não o experimentaram. Parece "loucura" dizer que a salvação pode vir através da cruz — uma morte marcada por fraqueza, derrota e humilhação. No entanto, essa "loucura" foi a salvação que Paulo apregoou! Não era o que alguém poderia ter imaginado. Alguns pensavam que a salvação viria através de um poderoso líder político ou de um sinal milagroso. Outros pensavam que as suas realizações acadêmicas ou filosóficas seriam a sua salvação (1 Coríntios 1:22). Mas Deus surpreendeu todos ao trazer a salvação de maneira que só faria sentido aos que cressem, para aqueles que a experimentassem.

Deus utilizou algo vergonhoso e fraco, a morte na cruz, e a estabeleceu como o fundamento da sabedoria e do poder. Deus faz o inimaginável. Ele "escolheu as coisas que o mundo considera loucura para envergonhar os sábios" (v.27). E os Seus caminhos surpreendentes são sempre os melhores. —*Amy Peterson*

Por que é verdade que os caminhos de Deus
são melhores do que os seus?

Deus, sou grata pelos Teus caminhos
serem mais altos do que os meus caminhos,
e os Teus pensamentos mais altos do que os meus.

6 de julho
Não se aproveite da situação
Atos 16:22-34

Não se mate! Estamos todos aqui!
—Atos 16:28

Vários prisioneiros estavam coletando lixo à beira da estrada para reduzir sua pena quando o supervisor deles, Tiago, sofreu um colapso. Eles rapidamente perceberam que era uma emergência médica. Um deles usou o telefone do próprio Tiago para pedir ajuda. Mais tarde, o delegado local lhes agradeceu por ajudarem o supervisor a receber assistência médica imediata, especialmente porque poderiam negligenciá-lo e prejudicá-lo, e usar a situação para escaparem.

A bondade deles não foi diferente da bondade demonstrada por Paulo e Silas quando estavam presos. Depois de eles serem açoitados e encarcerados, um forte terremoto sacudiu os alicerces da prisão (Atos 16:23-26). O carcereiro acordou e assumindo que houvera uma fuga, preparou-se para se suicidar (antecipando o seu castigo) quando Paulo gritou: "Não se mate! Estamos todos aqui!" (vv.26-28). O carcereiro comoveu-se tanto com a atitude deles, incomum para os prisioneiros, que ficou curioso sobre o Deus que eles adoravam, acabando por crer no Senhor também (vv.29-34).

A maneira como tratamos os outros revela o que cremos e valorizamos. Quando escolhemos fazer o bem em vez do mal, nossas ações fazem os outros pensarem sobre o Deus que conhecemos e amamos. —*Kirsten Holmberg*

Em que situação você optou por não tirar proveito
para seu próprio ganho?
Como a sua decisão beneficiou alguém?

*Amado Deus, ajuda-me a fazer escolhas
que atrairão outras pessoas à Tua presença.*

7 de julho
Luz brilhante

Mateus 5:13-16

*...suas boas obras devem brilhar,
para que todos as vejam e louvem seu Pai, que está no céu.*
—Mateus 5:16

Fiquei preocupada pelas cinco semanas de aulas sobre oração que concordei em lecionar numa igreja local. Os alunos gostariam? Gostariam de mim? Minha ansiedade estava mal focada, preparei as aulas muito bem, mas me sentia insegura. Faltava uma semana, e eu havia incentivado poucos a comparecerem.

Na oração, entendi que a aula deveria destacar somente Deus. O Espírito Santo usaria as lições para direcionar as pessoas ao Pai. Deixei de lado o meu nervosismo em falar em público. Quando Jesus ensinou os Seus discípulos no Sermão do Monte, Ele lhes disse: "Vocês são a luz do mundo. É impossível esconder uma cidade construída no alto de um monte. Não faz sentido acender uma lâmpada e depois colocá-la sob um cesto. Pelo contrário, ela é colocada num pedestal, de onde ilumina todos que estão na casa" (Mateus 5:14-15).

Lendo essas palavras, postei um anúncio nas mídias sociais. Logo, as pessoas começaram a se inscrever, expressando gratidão e entusiasmo. Ao ver as reações, refleti mais sobre os ensinamentos de Jesus: "Da mesma forma, suas boas obras devem brilhar, para que todos as vejam e louvem seu Pai, que está no céu. Deixe sua luz brilhar diante dos outros, para que possam ver suas boas ações e glorificar seu Pai no céu" (v.16). Com isso em mente, ensinei com alegria. Oro para que minha ação simples se torne um farol e incentive outros a brilhar sua luz para Deus também. —*Patricia Raybon*

Como as suas ações e dons podem ajudar
os outros e como compartilhá-los?

*Jesus, capacita-me a deixar minha luz, dada por Deus,
brilhar para que outros possam glorificar-te.*

8 de julho
Toque os necessitados

Mateus 4:1-11

Então ele a tocou e, no mesmo instante,
ela conseguiu se endireitar e começou a louvar a Deus.
—Mateus 4:13

Não foi surpresa quando Madre Teresa recebeu o Prêmio Nobel da Paz. Como esperado, ela recebeu o prêmio "em nome dos famintos, dos nus, dos sem-teto, dos cegos, dos leprosos, de todos aqueles que se sentem indesejados, não amados e excluídos pela sociedade". Ela ministrou a essas pessoas a maior parte de sua vida.

Jesus demonstrou como cuidar e amar os marginalizados, independentemente das circunstâncias. Diferentemente dos líderes da sinagoga que respeitavam mais a lei do sábado do que os doentes (Lucas 13:14), quando Jesus viu uma mulher doente no Templo, compadeceu-se. Ele olhou além da deficiência física e viu a bela criação de Deus em cativeiro. Ele a chamou e curou, "ele a tocou e, no mesmo instante, ela conseguiu se endireitar e começou a louvar a Deus" (v.13). Jesus aborreceu o líder da sinagoga porque era sábado. O "senhor do sábado" (Lucas 6:5) compassivamente decidiu curar a mulher que havia enfrentado desconforto e humilhação por quase duas décadas.

Quantas vezes julgamos achando que alguém não merece a nossa compaixão? Ou talvez tenhamos experimentado a rejeição porque não cumprimos o padrão de outra pessoa. Não sejamos como a elite religiosa que se importava mais com as leis do que com pessoas. Em vez disso, sigamos o exemplo de Jesus e tratemos os outros com compaixão, amor e dignidade. —*Estera Pirosca Escobar*

Como você experimentou a cura e o toque de Deus?
A quem você pode demonstrar compaixão nesta semana?

Jesus, obrigada por Teu amor infinito e
Tua incrível compaixão por todos os seres humanos,
incluindo os que sofrem por doenças e dificuldades.

9 de julho

Confiar em Deus

2 Timóteo 1:6-12

...pois conheço aquele em quem creio.
—2 Timóteo 1:12

Quando João soube que tinha câncer terminal, ele e sua esposa Carol sentiram que Deus os chamava para compartilhar online sua jornada de doenças. Crendo que Deus ministraria através da vulnerabilidade deles, publicaram seus momentos de alegria e suas tristezas e dores por dois anos.

Quando Carol escreveu que João "fora para os braços estendidos de Jesus", centenas de pessoas reagiram, muitas agradeceram a Carol por sua disposição em compartilhar. Uma pessoa observou que ouvir sobre a morte do ponto de vista cristão era saudável, pois "todos nós morreremos" algum dia. Outra disse que, embora nunca tivesse conhecido o casal, não conseguia expressar o encorajamento que havia recebido através do testemunho de confiança em Deus.

Embora João às vezes sentisse dores insuportáveis, ele e Carol contaram sua história para demonstrar como Deus os sustentava. Sabiam que seu testemunho daria frutos para Deus, ecoando as palavras de Paulo a Timóteo quando sofreu: "Pois conheço aquele em quem creio e tenho certeza de que ele é capaz de guardar o que me foi confiado até o dia de sua volta" (2 Timóteo 1:12).

Deus pode usar até a morte de um ente querido para fortalecer nossa fé nele (e a fé dos outros) através da graça que recebemos em Cristo Jesus (v.9). Se você estiver enfrentando angústia e dificuldade, saiba que Ele pode trazer conforto e paz. —*Amy Boucher Pye*

Como você experimentou a alegria de Deus,
mesmo em meio à profunda tristeza?

*Pai celestial, incendeia o dom da fé em mim,
para que eu possa compartilhar com amor e vigor
o meu testemunho de como Tu trabalhas em minha vida.*

10 de julho

Traído

João 13:18-22; Salmo 41:9-12

Até meu melhor amigo, em quem eu confiava
e com quem repartia meu pão, voltou-se contra mim.
—SALMO 41:9

Em 2019, as exposições de arte em todo o mundo comemoraram os 500 anos da morte de Leonardo da Vinci. Entre seus desenhos e descobertas científicas há apenas cinco pinturas finalizadas e universalmente creditadas a Da Vinci, incluindo *A Última Ceia*. Essa pintura captura a confusão dos discípulos quando Jesus disse: "Um de vocês vai me trair" (João 13:21). Perplexos, eles discutiram sobre quem seria o traidor, enquanto Judas saía em silêncio para alertar as autoridades sobre o paradeiro de seu Mestre e amigo.

A dor da traição é evidente nas palavras de Jesus: "Aquele que come do meu alimento voltou-se contra mim" (v.18). Um amigo próximo o suficiente para compartilhar uma refeição usou essa conexão para prejudicar Jesus.

Talvez já tenhamos experimentado a traição de um amigo. Como reagir a essa dor? O Salmo 41:9, que Jesus citou para indicar que o Seu traidor estava presente na refeição compartilhada (João 13:18), traz esperança. Depois que Davi manifestou sua angústia diante da falsidade de um amigo íntimo, ele se consolou no amor e na presença de Deus, os quais o sustentariam e o colocariam diante do Senhor para sempre (Salmo 41:11-12).

Quando os amigos decepcionam, encontramos conforto ao saber que o amor sustentador de Deus e Sua poderosa presença estarão conosco para nos ajudar a suportar até a dor mais devastadora. —*Lisa Samra*

De que maneira o amor e a presença de Deus o sustentam?

Pai celestial, ajuda-me a encontrar força
no conhecimento de que Tu estás sempre comigo.

11 de julho

Pertencer à realeza

João 1:9-14

*Mas, a todos que creram nele e o aceitaram,
ele deu o direito de se tornarem filhos de Deus.*
—João 1:12

Quanto mais um herdeiro da família real se aproxima da sucessão do trono, mais se ouve sobre ele. A família real britânica tem uma linha de sucessão de quase 60 pessoas. Lorde Frederick Windsor é o 49.º na fila do trono. Em vez de estar no centro das atenções, ele segue silenciosamente sua vida. Embora ele trabalhe como analista financeiro, não é considerado um "trabalhador real", um dos membros importantes da família que são pagos para representá-la.

O filho de Davi, Natã (2 Samuel 5:14), é outro membro da realeza que viveu longe dos holofotes. Muito pouco se sabe sobre ele. Mas, enquanto a genealogia de Jesus em Mateus menciona seu filho Salomão (seguindo a linha de José, Mateus 1:6), a genealogia no evangelho de Lucas, que muitos estudiosos acreditam ser a linhagem da família de Maria, menciona Natã (Lucas 3:31). Embora Natã não tivesse um cetro, ele teve um papel no reino eterno de Deus.

Os cristãos também pertencem à realeza. João escreveu que Deus nos deu o "direito de [nos tornarmos] filhos de Deus" (João 1:12). Embora possamos não estar no centro das atenções, somos filhas do Rei! Deus considera cada uma de nós importante o suficiente para representá-lo aqui na Terra e um dia reinar com Ele (2 Timóteo 2:11-13). Como Natã, podemos não usar uma coroa terrena, mas ainda temos um papel a desempenhar no reino de Deus. —*Linda Washington*

Sendo filha do Rei, quais as suas responsabilidades
para com as pessoas ao seu redor?

*Pai celestial, sou grata por teres
me adotado em Tua família eterna.*

12 de julho

Em nosso coração

Deuteronômio 6:1-9

Guarde sempre no coração as palavras que hoje eu lhe dou. Repita-as com frequência a seus filhos.
—Deuteronômio 6:6,7

Depois que um menino enfrentou alguns desafios na sua classe, seu pai começou a ensinar-lhe uma oração para ele recitar antes de ir à escola: "Agradeço a Deus por me acordar hoje. Estou indo à escola para aprender e ser o líder que Deus me criou para ser". Com essas palavras, o pai espera ajudar o seu filho a se valorizar e a lidar com os inevitáveis desafios da vida.

De certa forma, ajudando o filho a guardar essas palavras na memória, o pai está fazendo algo semelhante ao que Deus ordenou aos israelitas no deserto: "Guarde sempre no coração as palavras que hoje eu lhe dou. Repita-as com frequência a seus filhos" (Deuteronômio 6:6-7).

Depois de vagar no deserto por 40 anos, a geração subsequente de israelitas estava prestes a entrar na Terra Prometida. Deus sabia que não seria fácil para eles serem bem-sucedidos, a menos que mantivessem seu foco no Senhor. E assim, por meio de Moisés, Deus os exortou a se lembrarem e serem obedientes ao Senhor e a ajudar seus filhos a conhecerem e amarem a Deus falando sobre Sua Palavra: "Quando estiver em casa e quando estiver caminhando, quando se deitar e quando se levantar" (v.7).

A cada novo dia, também podemos nos comprometer a isso e permitir que as Escrituras guiem o nosso coração e mente ao vivermos com gratidão a Deus.
—*Alyson Kieda*

Como guardar as Escrituras em seu coração?
Por que é importante ler e falar
sobre a Palavra com os seus entes queridos?

Querido Deus, obrigada por me dares cada novo dia. Ajuda-me a manter a Tua sabedoria no meu coração e na minha mente.

13 de julho
Luz na escuridão
Salmo 18:28-36,46-49

*Manténs acesa minha lâmpada;
o Senhor, meu Deus, ilumina minha escuridão.*
—Salmo 18:28

Uma forte tempestade passou por nossa nova cidade, deixando a umidade alta e o céu escuro. Levei o nosso cachorro, Callie, para um passeio à noite. Os crescentes desafios por causa da nossa mudança para outro estado ficaram mais pesados em minha mente. Frustrada com as circunstâncias que se distanciavam de nossas expectativas, andei devagar para deixar Callie cheirar a grama. Ouvi o riacho que corre ao lado de casa e admirei as minúsculas luzes piscando enquanto pairavam sobre as flores silvestres à margem do riacho.

Vagalumes.

O Senhor me trouxe paz enquanto eu os observava piscando e cortando a escuridão. Pensei em Davi entoando: "Manténs acesa minha lâmpada…" (Salmo 18:28). Proclamando que Deus transforma as Suas trevas em luz, Davi demonstrou confiança na provisão e proteção do Senhor (vv.29,30). Com a força do Senhor, ele poderia lidar com qualquer obstáculo que surgisse no caminho (vv.32-35). Confiando no Senhor para estar com ele em todas as circunstâncias, Davi prometeu louvá-lo entre as nações e cantar louvores ao Seu nome (vv.36-49).

Quer suportemos as tempestades imprevisíveis da vida ou desfrutemos a quietude depois que as chuvas já passaram, a paz da presença constante de Deus ilumina o nosso caminho através das trevas. Nosso Deus vivo sempre será a nossa força, o nosso refúgio, o nosso sustentador e nosso libertador. —*Xochitl Dixon*

Que versículos a ajudam a confiar na constante presença de Deus?

*Pai, por favor, ajuda-nos a confiar
em Tua bondade e amor, mesmo quando não podemos
te ver nas circunstâncias sombrias da vida.*

14 de julho

Valorize os momentos

Eclesiastes 3:1-14

*E, no entanto, Deus fez tudo apropriado
para seu devido tempo.*
—Eclesiastes 3:11

Su Dongpo (também conhecido como Su Shi) foi um dos maiores poetas e ensaístas de seu país. Enquanto exilado e contemplando a lua cheia, escreveu um poema para descrever o quanto sentia falta do irmão. "Nós nos alegramos e sofremos, reunimo-nos e partimos, enquanto a Lua cresce e diminui. Desde os tempos antigos, nada permanece perfeito. Que nossos entes queridos vivam por muito tempo e contemplem juntos essa bela cena a milhares de quilômetros de distância."

Seu poema traz temas encontrados no livro de Eclesiastes. O autor, conhecido como o Mestre (1:1), observou que "há tempo de chorar, e tempo de rir […] tempo de abraçar, e tempo de se afastar" (3:4,5). Ao combinar duas atividades contrastantes, o Mestre, como Su Dongpo, parece sugerir que todas as coisas boas devem inevitavelmente chegar ao fim.

Como Su Dongpo viu o surgimento e o declínio da Lua como outro sinal de que nada permanece perfeito, o Mestre também viu na criação a ordenação providencial de Deus, do mundo que Ele havia feito. Deus supervisiona o curso dos eventos, e "Deus fez tudo apropriado para seu devido tempo" (v.11).

Às vezes a vida pode ser imprevisível e cheia de separações dolorosas, mas podemos nos animar, pois tudo acontece sob o olhar do Senhor. Podemos aproveitar a vida e valorizar os momentos, o bom e o ruim, porque nosso Deus amoroso está conosco. —Poh Fang Chia

*Quais situações você evita por temer
a imprevisibilidade da vida?*

*Pai amoroso, sou grata por cuidares de todas
as situações da minha vida. Ajuda-me a confiar em ti
e aproveitar a vida que me concedeste.*

15 de julho

Olhando para cima!

Apocalipse 21:25

…pois ali não haverá noite.
—A‍pocalipse 21:25

Quando o cineasta Wylie Overstreet mostrou a estranhos uma imagem ao vivo da Lua vista através de seu poderoso telescópio, todos ficaram surpresos com a visão de perto, reagindo com sussurros e reverência. Contemplar uma visão tão gloriosa, explicou Overstreet, "nos enche de admiração por haver algo muito maior do que nós".

O salmista Davi também se maravilhou com a luz celestial de Deus. "Quando olho para o céu e contemplo a obra de teus dedos, a lua e as estrelas que ali puseste, pergunto: Quem são os simples mortais, para que penses neles? Quem são os seres humanos, para que com eles te importes?" (Salmo 8:3-4).

Essa humilde pergunta coloca nossa admiração em perspectiva quando descobrimos que, depois de Deus criar Seu novo Céu e Terra, não precisaremos mais da Lua ou do Sol. Em vez disso, disse o apóstolo João, a glória resplandecente de Deus proverá toda a luz necessária. "A cidade não precisa de sol nem de lua, pois a glória de Deus a ilumina, e o Cordeiro é sua lâmpada. […] ali não haverá noite" (Apocalipse 21:23-25).

Que pensamento incrível! Portanto, podemos experimentar Sua luz celestial agora, simplesmente buscando a Cristo, a Luz do mundo. Na visão de Overstreet, "deveríamos olhar para cima com mais frequência". E à medida que o fizermos, que possamos ver o Senhor Deus. —*Patricia Raybon*

O que a luz celestial divina lhe ensina sobre Deus?
Ao louvar a glória de Deus, o que você experimenta?

*Nosso Deus maravilhoso,
estamos admirados com a Tua santa glória e
louvamos-te por Tua maravilhosa luz.*

16 de julho

Opte por honrar a Deus

Salmo 18:20-27

Aos fiéis te mostras fiel...
—Salmo 18:25

Em *Felicidade conjugal* de Leo Tolstoy (Editora 34, 2010), Sergey e Masha encontram-se quando ela é jovem e linda. Ele é um homem de negócios, mais idoso, bem viajado, e compreende o mundo fora do contexto rural onde ela vive. Eles se apaixonam e se casam. Vivem na área, mas Masha se aborrece. Sergey a leva a São Petersburgo. Nela, a beleza e o encanto de Masha lhe trazem imediata popularidade. Quando eles estão prestes a regressar ao campo, um príncipe vem à cidade e quer conhecê-la. Sergey sabe que pode forçá-la a voltar com ele, mas deixa-a tomar a decisão, e Masha escolhe ficar onde está. A traição parte o coração dele.

Deus jamais nos forçará a lhe sermos fiéis. O Senhor nos ama e permite que nós escolhamos ser a favor ou contra Ele. Nossa primeira escolha por Ele é quando recebemos o Seu Filho, Jesus Cristo, como sacrifício pelo nosso pecado (1 João 4:9-10). Depois, temos uma vida inteira de decisões a tomar.

Escolheremos a fidelidade a Deus guiados por Seu Espírito, ou deixaremos que o mundo nos seduza? A vida de Davi não foi perfeita, mas muitas vezes ele escreveu sobre guardar "os caminhos do Senhor" e sobre os bons resultados advindos dessa escolha (Salmo 18:21-24).

Quando as nossas escolhas honram a Deus, experimentamos as bênçãos que Davi descreveu. Deus mostra-se fiel. —*Jennifer Benson Schuldt*

Alguma decisão difícil para honrar a Deus
influenciou a sua comunhão com Ele?

Deus, ajuda-me a honrar-te com as minhas escolhas.
Obrigada por me amares ao longo da minha vida.

17 de julho

Método de limpeza

Tiago 4:4-10

Lavem as mãos, pecadores; purifiquem o coração...
—Tiago 4:8

Duas crianças cantam alegremente a canção "Feliz aniversário" e a repetem duas vezes, enquanto lavam as mãos. "Demora todo esse tempo para tirar os germes", diz-lhes a mãe. Assim, as crianças aprenderam a dedicar tempo para limpar as mãos. Manter as coisas limpas pode ser aborrecido, como aprendemos na pandemia. Porém, limpar o pecado significa seguir alguns passos para voltar a Deus.

Tiago exortou os cristãos espalhados pelo Império Romano a voltarem sua atenção a Deus. Eles se fizeram inimigos do Senhor ao se envolverem em disputas e lutas, batalhas por superioridade, bens, prazeres mundanos, dinheiro e reconhecimento. Tiago os exortou: "...submetam-se a Deus. Resistam ao diabo, e ele fugirá de vocês. [...] Lavem as mãos, pecadores; purifiquem o coração, vocês que têm a mente dividida" (Tiago 4:7-8). Mas como?

"Aproximem-se de Deus, e ele se aproximará de vocês" (v.8). Essas palavras são purificadoras e descrevem a necessidade de nos voltarmos para Deus a fim de varrermos o solo do pecado da nossa vida. Tiago explicou melhor esse método de limpeza: "Que haja lágrimas, lamentação e profundo pesar. Que haja choro em vez de riso, e tristeza em vez de alegria. Humilhem-se diante do Senhor, e ele os exaltará" (vv.9-10).

É humilhante lidar com o nosso pecado, mas aleluia! Deus é fiel para transformar a nossa "lavagem" em adoração. —*Patrícia Raybon*

Em que área de sua vida o pecado persiste?

Deus, obrigada, pois os Teus métodos de limpeza para purificar o pecado me atraem de volta a ti.

18 de julho

Por que partilhamos a nossa fé?

1 Coríntios 2:1-5

Minha mensagem e minha pregação foram muito simples [...], me firmei no poder do Espírito.
—1 Coríntios 2:4

Alan queria conselhos sobre como lidar com o medo de falar em público, pois o seu coração disparava, a boca secava e o seu rosto ficava vermelho quando o fazia. A glossofobia é o medo de falar em público. Muitos afirmam que têm mais medo de falar em público do que de morrer! Para ajudar Alan a vencer o seu medo de não "se expressar" bem, sugeri que ele se concentrasse na ideia central da mensagem em vez da forma como a transmitiria.

Mudar o foco para o que será compartilhado, em vez de na habilidade de como apresentá-lo, é semelhante à abordagem que Paulo usou para conduzir pessoas a Deus. Paulo escreveu à igreja de Corinto que a sua mensagem e pregação não usava de "argumentos persuasivos e astutos" (1 Coríntios 2:4). Ao contrário, ele estava determinado a destacar somente a verdade sobre Jesus Cristo e Sua crucificação (v.2). Paulo confiou no Espírito Santo para dar poder às suas palavras, e não em sua eloquência como orador.

Quando conhecemos a Deus pessoalmente, desejamos compartilhar sobre o Senhor com os que nos rodeiam. Mas, às vezes, evitamos por temermos não o apresentar com as palavras "certas" ou eloquentes.

Porém, se destacarmos a verdade sobre quem Deus é e Suas maravilhosas obras, podemos, como Paulo, confiar em Deus para dar poder às nossas palavras e compartilhá-las sem medo ou relutância. —*Kirsten Holmberg*

O que a impede de compartilhar
sobre Deus com os outros?

Pai celestial, ajuda-me a compartilhar a Tua graça, confiando em ti para dar poder às minhas palavras.

19 de julho

O princípio do conhecimento

Provérbios 1:1-9

*O temor do S*ENHOR *é o princípio do conhecimento...*
—PROVÉRBIOS 1:7

Helena retirou da caixa de correio um envelope volumoso enviado por sua querida amiga. Dias antes, elas tinham discutido. Curiosa, Helena o abriu e encontrou um colar de contas coloridas num fio de juta. No cartão anexo havia uma mensagem em Código Morse e a tradução das sábias palavras dessa mensagem: "Busque os caminhos de Deus". Sorrindo, ela o colocou no pescoço.

O livro de Provérbios é a compilação de ditos sábios e contém muitos escritos de Salomão, o homem aclamado como o mais sábio da sua época (1 Reis 10:23). Os 31 capítulos desse livro convidam o leitor a ouvir a sabedoria e evitar a loucura, começando pela mensagem: "O temor do SENHOR é o princípio do conhecimento" (1:7). Conhecimento — saber o que se deve fazer é a consequência de honrar a Deus e buscar os Seus caminhos. Lemos: "preste atenção à correção de seu pai e não deixe de lado a instrução de sua mãe. O que aprender com eles será coroa de graça em sua cabeça e colar de honra em seu pescoço" (vv.8-9).

A amiga de Helena a tinha direcionado ao princípio do conhecimento que ela precisava: Busque os caminhos de Deus. O colar ajudou aquela jovem a descobrir onde e como buscar a ajuda que tanto precisava.

Se honrarmos a Deus e buscarmos os Seus caminhos, receberemos a sabedoria para todos os desafios que enfrentamos na vida— para todos e para cada um deles. —*Elisa Morgan*

Onde você busca a sabedoria
e o conhecimento que precisa?

*Deus, lembra-me de que Tu és sempre
a Fonte de toda a sabedoria de que necessito.*

20 de julho

Crescer na graça de Deus

2 Pedro 1:3-11

*...esforcem-se ao máximo [...].
Acrescentem à fé a excelência moral;
à excelência moral o conhecimento.*

—2 PEDRO 1:5

O pregador inglês Charles H. Spurgeon (1834–92) viveu "a todo o vapor". Tornou-se pastor aos 19 anos e pregava a grandes multidões. Ele editou pessoalmente os seus sermões, que somam 63 volumes. Escreveu muitos comentários, livros sobre oração e outras obras. Spurgeon lia seis livros por semana! Num dos sermões, ele afirmou: "O maior de todos os pecados é o pecado de não fazer nada, pois envolve a maioria dos outros. Deus nos livre dessa terrível ociosidade!".

Spurgeon viveu com diligência, o que significa que ele esforçou-se "ao máximo" (2 Pedro 1:5) para crescer na graça de Deus e para viver por Ele. Se somos seguidores de Cristo, Deus pode incutir em nós esse mesmo desejo e capacidade de crescer mais em semelhança a Jesus, de nos esforçarmos ao máximo para acrescentarmos "à [nossa] fé a excelência moral; à excelência moral o conhecimento […] ao domínio próprio a perseverança; à perseverança a devoção a Deus…" (vv.5-7).

Temos motivações, capacidades e níveis de energia diferentes, nem todos nós podemos ou devemos viver ao ritmo de Spurgeon! Mas quando compreendemos o que Jesus fez por nós, somos motivados a ser servos diligentes e fiéis. Temos a nossa força por meio dos recursos que Deus nos concedeu para vivermos e para servi-lo. Deus, através do Seu Espírito, pode nos capacitar em nossos esforços.

Alyson Kieda

Quais são os seus esforços para crescer mais na graça de Cristo?
O que ainda é preciso?

*Deus, quero ser diligente.
Sou grata, pois me capacitas por meio do
Teu Espírito que habita em mim.*

21 de julho

Substituir mentiras com a verdade

Provérbios 30:5-8

Toda palavra de Deus se prova verdadeira;
ele é escudo para quem busca sua proteção.
—Provérbios 30:5

Coloquei a Bíblia sobre o púlpito e olhei para os ouvintes. Eu estava preparada, mas não conseguia falar e pensei: *jamais a ouvirão, especialmente se conhecerem o seu passado. E Deus nunca a usaria.* Seladas em mim, essas palavras ditas de várias maneiras ao longo da minha vida desencadearam uma luta contra as mentiras em que eu tão facilmente acreditava. Sabia que as palavras não eram verdadeiras, mas eu não abandonava as minhas inseguranças e temores. Em seguida, abri a Bíblia.

Antes de a ler em voz alta, inalei e exalei o ar lentamente. "Toda palavra de Deus se prova verdadeira; ele é escudo para quem busca sua proteção" (Provérbios 30:5). Fechei os olhos, a paz me invadiu e compartilhei o meu testemunho com os presentes.

Muitos já experimentaram o poder paralisante das palavras e opiniões negativas de outros sobre nós. No entanto, a Palavras de Deus é verdadeira, perfeita e sã. Quando queremos crer em ideias que subjugam o nosso espírito quanto ao nosso valor ou propósito como filhos e filhas do Senhor, a verdade duradoura e infalível de Deus protege a nossa mente e o nosso coração. Reportamo-nos ao salmista que escreveu:

"Medito em teus estatutos tão antigos; ó Senhor, eles me consolam!" (Salmo 119:52).

Vamos combater as mentiras que aceitamos a respeito de Deus, de nós e dos outros, substituindo a linguagem negativa pelas Escrituras. —*Xochitl Dixon*

Em quais mentiras você acreditou?

Pai amoroso, ajuda-me a estudar
Tua Palavra e a compreender a vida
através da lente da Tua verdade.

22 de julho
Ouvir e aprender
Tiago 1:19-27

*…estejam todos prontos para ouvir,
mas não se apressem em falar nem em se irar.*
—Tiago 1:19

De um lado da rua, o proprietário exibe no seu quintal o símbolo e a bandeira do seu país. O caminhão à entrada da garagem exibe na janela lateral uma bandeira pintada e o para-choques traseiro coberto de adesivos nacionalistas. Em frente, no outro lado da rua, o vizinho expõe sinais que destacam as questões que abordam a justiça social na mídia.

Podemos nos questionar: Será que os moradores dessas casas estão se desentendendo ou estão sendo amigos? Será possível que essas duas famílias sejam cristãs? Deus nos convoca a vivermos as palavras de Tiago: "…estejam todos prontos para ouvir, mas não se apressem em falar nem em se irar" (1:19). Com muita frequência, apegamo-nos obstinadamente às nossas opiniões, e não estamos dispostos a considerar o que os outros pensam. O *Comentário Bíblico Matthew Henry* (CPAD, 2016) tem isto a dizer: "Devemos ser rápidos a ouvir a razão e a verdade de todos os lados, e ser lentos para falar… e, quando falarmos, não deve haver qualquer ira em nossas palavras".

Alguém disse: "Aprender exige que ouçamos". As palavras práticas de Deus na carta de Tiago só podem ser cumpridas se estivermos cheios do Espírito amoroso de Deus e optarmos por respeitar os outros. O Senhor está disposto a nos ajudar a fazermos mudanças em nosso coração e atitudes. Estamos dispostas a ouvir e a aprender? —Anne Cetas

Como Deus deseja que você pratique o versículo de hoje?

*Deus, por vezes sou tão cheia de opiniões.
Ajuda-me a ser rápida para ouvir e lenta para falar.*

23 de julho
Navegar nas tempestades da vida

Salmo 43

Envia a tua luz e a tua verdade, para que me guiem.
Que elas me conduzam ao teu santo monte…
—Salmo 43:3

O pequeno avião pilotado por John F. Kennedy Jr. caiu no mar em julho de 1999. Os investigadores determinaram que a causa do acidente foi um erro bastante comum, conhecido como desorientação espacial. Isso ocorre quando, devido à fraca visibilidade, os pilotos se desorientam e se esquecem de confiar nos seus instrumentos para os ajudar a alcançar o destino com sucesso.

À medida que navegamos na vida, tantas vezes tudo se torna tão avassalador que nos sentimos desorientados. O diagnóstico de câncer, a morte de alguém querido, a perda de emprego, a traição de alguém. As tragédias inesperadas podem facilmente nos deixar perdidas e confusas.

Quando nos deparamos com tais situações, podemos tentar orar usando as palavras do Salmo 43. Nele, o salmista está sobrecarregado e sente-se perdido porque se percebe rodeado pelo mal e por injustiças. Em desespero, ele pede a Deus que lhe conceda a orientação segura para o ajudar a navegar em segurança nessa situação até o destino desejado, a presença de Deus (vv.3-4). Na presença do Senhor, o salmista sabe que encontrará esperança e alegria e se sentirá renovado.

Ele deseja que, pelo Espírito Santo, a luz da verdade e a certeza da presença de Deus o orientem. Quando nos sentimos desorientadas e perdidas, a orientação e a presença divina, por meio do Seu Espírito, podem nos consolar e iluminar o nosso caminho. —Lisa Samra

Você deseja a ajuda de Deus para a orientar?

Pai celestial, ajuda-me a confiar em ti.
Peço a Tua orientação sobre os meus passos e decisões.

24 de julho

Os caminhos restauradores de Deus

Oseias 14

Meu povo viverá novamente à minha sombra;
crescerá como o trigo e florescerá como a videira...
—Oseias 14:7

Lembro-me de uma canção comovente a respeito de "prosseguir". É sobre uma pessoa que reflete sobre as dores que causou aos familiares e amigos. A canção celebra a alegria do retorno ao lar e a descoberta de que o que já possuímos é mais do que o suficiente.

De maneira semelhante, o livro de Oseias conclui com alegria e gratidão desmedida pela restauração que Deus possibilita aos que voltam a Ele. Grande parte desse livro compara o relacionamento entre Deus e o Seu povo à relação com um cônjuge infiel e, lamenta os fracassos de Israel em amá-lo e viver para Ele.

Oseias expõe a promessa do amor ilimitado, graça e restauração de Deus, livremente disponível aos que voltam ao Senhor com o coração quebrantado pelas formas como o abandonaram (14:1-3). "Curarei de sua infidelidade", promete Deus, "e os amarei com todo o meu ser" (v.4). E o que parecia quebrado e sem restauração mais uma vez encontrará a plenitude e abundância, pois a graça de Deus, como o orvalho, fará o Seu povo florescer como o lírio e crescer como o trigo (vv.5-7).

Quando ferimos os outros ou pensamos que merecemos a bondade divina em nossa vida, é fácil presumir que desfiguramos para sempre os dons que nos foram dados. Mas quando voltamo-nos humildemente a Ele, descobrimos que o Seu amor está sempre pronto para nos receber e restaurar. —*Monica La Rose*

O que é preciso para crer na promessa
de Deus de curar e restaurar?

Deus, Criador da vida, ensina-me
a confiar em Tua bondade, não só quando
sou bondosa, mas o tempo todo.

25 de julho

Em busca da ajuda de Deus

2 Crônicas 20:5-12,15

...nos colocaremos em tua presença [...].
Clamaremos a ti em nossa angústia.
—2 Crônicas 20:9

Durante cinco anos, no final do século 19, os gafanhotos destruíram as colheitas em Minnesota, EUA. Os agricultores tentaram apanhá-los e queimaram os seus campos para matar os ovos ali depositados. Sentindo-se desesperados, e à beira da fome, muitos separaram um dia de oração, ansiando, em conjunto, pela ajuda de Deus. O governador do estado cedeu a esse pedido e separou o dia 26 de abril como um dia de oração.

Dias após a oração coletiva, o tempo esquentou e os ovos começaram a eclodir. Porém, quatro dias depois, uma queda de temperatura os surpreendeu e satisfez a muitos, pois a congelante temperatura matou as larvas. Os agricultores voltaram a colher milho, trigo e aveia.

A oração também esteve por detrás da salvação do povo de Deus durante o período do rei Josafá. Quando o rei soube que um vasto exército vinha contra ele, chamou o povo de Deus para orar e jejuar. O povo lembrou-se de como Deus os tinha salvado em tempos passados. E Josafá disse-lhes que caso ocorresse uma calamidade, "quer a espada do juízo, quer a peste ou a fome", clamariam a Deus sabendo que o Senhor os ouviria e salvaria (2 Crônicas 20:9).

Deus resgatou o Seu povo dos exércitos invasores. O Senhor nos ouve quando clamamos a Ele em aflição. Qualquer que seja a sua preocupação, seja um problema de relacionamento ou qualquer outra ameaça, entregue-a ao Senhor Deus, em oração. Nada é impossível para o Pai. —*Amy Boucher Pye*

Quais situações em sua vida
você poderia entregar ao Senhor hoje?

Deus, Tu fizeste o mundo e tudo o que nele há.
Por favor, restabelece a ordem e salva o Teu povo.

26 de julho

Deus nos ampara

Deuteronômio 1:26-31

…o Senhor, seu Deus, cuidou de vocês ao longo do caminho, […] como um pai cuida de seu filho.
—Deuteronômio 1:31

Quando o furacão Dorian inundou as ilhas das Bahamas, em 2019, isso foi considerado o pior desastre natural do país. Brent estava em casa com o seu filho adulto que tem paralisia cerebral e ambos precisavam sair rapidamente do local. Mesmo sendo cego, Brent colocou ternamente o filho sobre seus ombros e o levou para um lugar seguro.

Se um pai terreno que enfrenta tamanho obstáculo deseja ajudar o seu filho, quanto mais o nosso Pai celestial está preocupado com os Seus filhos. No Antigo Testamento, Moisés recordou como Deus amparava o Seu povo, mesmo quando eles vacilavam na fé. Lembrou os israelitas como Deus os tinha libertado, provendo-lhes alimento e água no deserto, lutando contra os seus inimigos e os guiando com colunas de nuvem e fogo. Meditando sobre as muitas maneiras como Deus agiu em favor deles, Moisés disse: "Também viram como o Senhor, seu Deus, cuidou de vocês […] como um pai cuida de seu filho" (Deuteronômio 1:31).

A viagem dos israelitas pelo deserto foi difícil, e, por vezes, a fé diminuiu. Mas, com certeza, a viagem estava cheia de evidências da proteção e provisão divina. A imagem de um pai carregando o seu filho com ternura, coragem e confiança reflete maravilhosamente como Deus cuidou de Israel.

Mesmo quando enfrentamos desafios que provam a nossa fé, podemos nos lembrar de que Deus está presente e nos ampara. —*Karen Pimpo*

De que maneira você recebeu a provisão
e proteção de Deus em sua vida?

Pai, lembra-me do Teu amparo, mesmo quando não o percebo. Sou grata por Tua força e compaixão.

27 de julho

Florescendo para Jesus

João 13:31-35

*...eu lhes dou um novo mandamento:
Amem uns aos outros.
Assim como eu os amei, vocês devem amar...*
—João 13:34

Eu nem gosto tanto assim das tulipas. No entanto, minha filha me presenteou com bulbos que ela trouxe de sua viagem a Holanda. Sendo assim, fiz uma cena ao receber e demonstrei entusiasmo, pois estava feliz ao reencontrá-la. Mas as tulipas são a minha flor menos favorita, pois elas florescem rápido e murcham rapidamente. Era verão e estava muito quente para as plantar.

Mas, no início do outono, plantei "os bulbos que ganhei da minha filha". Pensando nela, fiz isso com amor. A cada virada no solo rochoso, o meu cuidado aumentava. Afofando o solo do canteiro eu oferecia uma bênção a cada bulbo, dizendo: "durma bem", na esperança de vê-los florescerem na primavera.

O meu cuidado tornou-se um humilde lembrete do apelo de Deus para nos amarmos uns aos outros, mesmo quando "os outros" não sejam os nossos "favoritos". Deixando de focar nas "ervas daninhas", Deus também nos capacita a estendermos o Seu amor aos outros, mesmo nos momentos temperamentais. Depois, apesar de nós mesmas, com o tempo, o amor mútuo floresce. Por isso, Jesus disse: "Seu amor uns pelos outros provará ao mundo que são meus discípulos" (v.35). Quando somos aparadas por Ele, somos abençoadas para florescer, como as minhas tulipas floresceram na primavera seguinte. No fim de semana que minha filha nos visitou, eu lhe disse: "Vejam o que está florescendo!". Finalmente, eu estava sendo sincera com ela. —*Patrícia Raybon*

Como você pode demonstrar o amor de Cristo?

*Querido Jesus, poda o meu coração
para que eu possa aprender
a amar o meu próximo em Cristo.*

28 de julho

A alegria que Deus proporciona

Provérbios 15:13-15,30

O coração alegre é um bom remédio...
—Provérbios 17:22

Márcia sempre tenta sorrir para os outros. Essa é sua maneira de aproximar-se das pessoas que talvez precisem de um rosto amigável. A maioria das vezes, ela recebe em troca um sorriso genuíno. Mas, por certo tempo, Márcia se obrigou a usar uma máscara facial e ela percebeu que as pessoas já não conseguiam ver a sua boca, tampouco o seu sorriso. E, pensou: Que triste! Mas não vou parar.

Talvez eles vejam nos meus olhos que estou sorrindo. Na verdade, isso é científico. Os músculos dos cantos da boca e os que fazem os olhos enrugar podem mover-se juntos. Isso se chama de sorriso *Duchenne* e é descrito como "sorrir com os olhos".

O livro de Provérbios nos lembra de que "o olhar animador alegra o coração" e "o coração alegre é um bom remédio" (15:30; 17:22). Muito frequentemente, os sorrisos dos filhos de Deus provêm da alegria sobrenatural que possuímos. É uma dádiva de Deus que nos é derramada regularmente, à medida que encorajamos as pessoas que carregam fardos pesados ou compartilhamos com os que buscam respostas às questões da vida. Mesmo quando sofremos, podemos refletir a nossa alegria no Senhor.

Se a vida parecer escura, escolha a alegria. Que o seu sorriso seja uma janela de esperança refletindo o amor de Deus e a luz da Sua presença aos outros.
—*Cindy Hess Kasper*

O que você já aprendeu sobre alegrar-se no Senhor?
A alegria interior contribui para a mente,
o corpo e o espírito saudáveis?

*Deus, a alegria que vem do Senhor é a minha força.
Ajuda-me a ser mensageira do Teu amor aos outros.*

29 de julho

O amor de Deus é mais forte

Cântico dos Cânticos 8:6-7

Pois o amor é forte como a morte.
—Cântico dos Cânticos 8:6

Em 2020, Alyssa Mendoza recebeu um e-mail do seu pai com instruções sobre o que fazer pela sua mãe nas bodas de prata dos seus pais. Por que isso foi chocante? O pai dela falecera 10 meses antes. Ela descobriu que o pai, enquanto estava doente, percebeu que poderia não estar presente. Ele tinha agendado o e-mail e pago o envio de flores para a sua mulher nos aniversários futuros e Dia dos Namorados.

Essa história poderia constituir um exemplo do tipo de amor descrito em detalhes em Cântico dos Cânticos. "Pois o amor é forte como a morte, e o ciúme, exigente como a sepultura" (8:6). Comparar túmulos e morte ao amor parece estranho, mas ambos são fortes porque não desistem dos seus cativos. No entanto, nem o amor verdadeiro desistirá da pessoa amada. O capítulo 8 atinge o seu auge nos versículos 6 e 7, descrevendo o amor conjugal como algo tão forte que até mesmo as muitas águas não o podem apagar (v.7).

Ao longo da Bíblia, o amor entre marido e mulher é comparado ao amor de Deus (Isaías 54:5; Efésios 5:25; Apocalipse 21:2). Jesus é o Noivo e a Igreja a Sua noiva. Deus demonstrou o Seu amor por nós enviando Cristo para enfrentar a morte para que não tivéssemos de morrer pelos nossos pecados (João 3:16). Quer sejamos casadas ou solteiras, podemos recordar que o amor de Deus é mais forte do que qualquer coisa que possamos imaginar. —*Julie Schwab*

Como você se sente sabendo
o quanto Deus a ama?

Jesus, obrigada por Teu imenso amor e por me lembrares dele todos os dias concedendo-me vislumbres disso.

30 de julho

Vidas inestimáveis em Cristo

Lucas 15:8-10

*...há alegria na presença dos anjos de Deus
quando um único pecador se arrepende.*
—Lucas 15:10

As lágrimas descem por meu rosto durante a busca frenética pelas minhas alianças de casamento e de aniversário perdidas. Finalmente, meu marido disse: "Lamento. Vamos substituí-las". Respondi a ele: "Obrigada, mas o valor sentimental ultrapassa o material e são insubstituíveis". Continuei orando e pedindo: "Por favor, Deus, ajuda-me a encontrá-las".

Mais tarde, encontrei minhas joias inestimáveis no bolso do roupão usado no início da semana e agradeci: "Obrigada, Jesus!". Enquanto nos regozijávamos, coloquei minhas alianças e recordei a parábola da mulher que perdera uma moeda (Lucas 15:8-10). Tal como a mulher que procurou a sua moeda de prata perdida, eu reconhecia o valor da minha perda. Nenhuma de nós estava errada por querer encontrar os nossos bens. Jesus simplesmente usou essa história para enfatizar o Seu desejo de salvar cada pessoa que Ele criou. O arrependimento de um pecador causa grande celebração no Céu.

Que dádiva se orássemos por uma pessoa tão apaixonadamente como oramos para encontrar nossos "tesouros" perdidos. Que privilégio é celebrar quando alguém se arrepende e entrega a sua vida a Cristo. Se já confiamos em Jesus, podemos ser gratas por experimentar a alegria de sermos amadas por Alguém que nunca desistiu de nós por acreditar que valia a pena nos encontrar. —*Xochitl Dixon*

Você se comprometerá a orar
pela salvação de alguém? De quem?

*Pai, obrigada pela certeza de que cada pessoa
que o Senhor criou é uma joia que Jesus pode salvar.*

31 de julho

Como encontrar paz

Colossenses 3:12-17

Permitam que a paz de Cristo governe o seu coração, pois [...] vocês são chamados a viver em paz.
—Colossenses 3:15

"O que você pensa a respeito da paz?", meu amigo me perguntou. "Paz?, não tenho certeza, mas por que a pergunta?". Ele me respondeu: "Bem, enquanto você sacudia seus pés durante o culto, achei-a inquieta por algo. Você já refletiu sobre a paz que Deus concede aos que o amam?".

Naquele dia, fiquei magoada com a pergunta dele, mas isso deu início a uma jornada interior. Busquei na Bíblia para ver como o povo de Deus aceitou o presente de tranquilidade, de paz, mesmo em meio aos sofrimentos. Ao ler a carta de Paulo aos colossenses, refleti a respeito da ordenança do apóstolo para deixar que a paz de Cristo governasse o coração deles (v.15).

Paulo estava escrevendo para uma igreja que jamais tinha visitado, mas da qual ouvira falar por meio do seu amigo Epafras. O apóstolo estava preocupado porque, ao se depararem com falsos ensinamentos, eles estavam perdendo a paz de Cristo. Mas, em vez de admoestá-los, Paulo os encorajou a confiar em Jesus, que lhes daria esperança e segurança (v.15).

Todas nós enfrentaremos momentos em que poderemos escolher aceitar ou rejeitar o domínio da paz de Cristo em nosso coração. Ao nos voltarmos a Jesus, pedindo-lhe que habite em nós, Ele gentilmente nos libertará da ansiedade e dos cuidados que pesam sobre nós. Ao buscarmos a Sua paz, confiamos que Ele nos alcançará com o Seu amor. —*Amy Boucher Pye*

O que pesa em sua mente e coração?
Você quer pedir a Jesus para lhe conceder paz?

Jesus, Tu dás a paz que excede todo o entendimento. Ajuda-me a aceitá-la em todas as áreas da minha vida.

1.º de agosto

Um dueto divino

João 15:1-11

*Quem permanece em mim,
e eu nele, produz muito fruto.*
—João 15:5

No recital de música infantil, observei o professor e o aluno sentarem-se diante do piano. Antes de começarem o dueto, o professor se inclinou e sussurrou algumas instruções de última hora. À medida que a música fluía, notei que o aluno tocava uma melodia simples, enquanto o acompanhamento do professor acrescentava profundidade e riqueza à música. Perto do final, o professor assentiu em aprovação.

Nossa vida com Jesus é muito mais um dueto do que uma performance solo. Às vezes, porém, esqueço-me de que Ele está "ao meu lado" e que por Seu poder e orientação eu posso "tocar". Tento executar as notas certas por conta própria, obedecer ao Mestre com minhas próprias forças, mas isso geralmente acaba parecendo falso e vazio. Tento lidar com problemas com a minha capacidade limitada, mas o resultado geralmente gera discórdias.

A presença do meu Mestre faz toda a diferença. Quando confio em Jesus para me ajudar, minha vida torna-se mais honrosa a Deus. Sirvo com alegria, amo livremente e surpreendo-me quando Deus abençoa os meus relacionamentos. É como Jesus disse aos Seus discípulos: "Quem permanece em mim, e eu nele, produz muito fruto. Pois, sem mim, vocês não podem fazer coisa alguma" (João 15:5).

Todos os dias formamos um dueto com nosso bom Mestre — é a Sua graça e poder que carregam a melodia de nossa vida espiritual. —*Jennifer Benson Schuldt*

Como a confiança em Deus pode transformá-la
em determinadas situações?

*Querido Deus, ajuda-me a lembrar
que estás comigo sempre.
Agradeço por Tua influência, ensino e proximidade.*

2 de agosto

A misericórdia de Deus em ação

1 Samuel 24:1-10

Que o Senhor julgue entre nós dois...
—1 Samuel 24:12

Enchi-me de raiva quando uma mulher me maltratou, culpou-me e fez intrigas sobre mim. Queria que todos soubessem o que ela havia feito e que ela sofresse como eu tinha sofrido por causa da sua atitude. Fiquei ressentida e senti uma terrível dor de cabeça. Ao orar para que a dor passasse, o Espírito Santo me convenceu. Como eu poderia planejar vingança enquanto implorava a Deus por alívio? Se eu acreditava que Ele cuidaria de mim, por que não confiaria nele para lidar com tal situação? Sabendo que as pessoas que estão sofrendo muitas vezes machucam outras pessoas, pedi a Deus que me ajudasse a perdoá-la e a me esforçar pela reconciliação.

O salmista Davi entendeu a dificuldade de confiar em Deus enquanto sofria um tratamento injusto. Embora Davi fizesse o possível para ser um servo amoroso, o rei Saul sucumbiu ao ciúme e queria matá-lo (1 Samuel 24:1-2). Davi sofreu enquanto Deus agia e o preparava para assumir o trono, mas ainda assim escolheu honrar a Deus em vez de se vingar (vv.3-7). Ele fez sua parte para se reconciliar com Saul e deixou os resultados nas mãos divinas (vv.8-22).

Quando parece que outras pessoas estão se safando de erros, lutamos com a injustiça. Mas com a misericórdia de Deus operando em nosso coração e no dos outros, podemos perdoar como Ele nos perdoou e receber as bênçãos que preparou para nós. —*Xochtil Dixon*

Quem você precisa perdoar e colocar nas poderosas
e misericordiosas mãos de Deus?

*Deus misericordioso, por favor,
ajuda-me a confiar em ti e permitir
que a Tua justiça prevaleça.*

3 de agosto
Despedida final

João 11:21-36

*O Senhor se importa profundamente
com a morte de seus fiéis.*
—Salmo 116:15

"A morte do seu pai é iminente", disse a enfermeira. "Morte iminente" refere-se à fase final do processo de morrer e era um novo termo para mim, algo que me parecia tão estranho quanto viajar por uma rua de mão única. No último dia de vida do meu pai, sem saber se ele ainda podia nos ouvir, minha irmã e eu nos sentamos ao lado da cama dele. Beijamos o topo de sua bela cabeça careca e sussurramos as promessas de Deus para ele. Cantamos o hino "Tu és fiel, Senhor" e recitamos o Salmo 23. Dissemos que o amávamos e agradecemos por ser o nosso pai. Sabíamos que sua alma desejava estar com Jesus e lhe dissemos que ele poderia partir. Falar essas palavras foi o primeiro passo doloroso para permitir a sua partida final. Minutos depois, nosso pai foi recebido com alegria em seu lar eterno.

Dizer adeus a quem amamos é doloroso. Até Jesus chorou quando o Seu bom amigo Lázaro morreu (João 11:35). Contudo por causa das promessas de Deus, temos esperança além da morte física. O Salmo 116:15 afirma que os servos fiéis de Deus, aqueles que a Ele pertencem lhe são preciosos.

Embora eles morram, viverão novamente. Jesus promete: "Eu sou a ressurreição e a vida. Quem crê em mim viverá, mesmo depois de morrer" (João 11:25-26). Que conforto nos traz saber que estaremos na presença de Deus para sempre.

—*Cindy Hess Kasper*

O que Jesus realizou por Sua morte na cruz?
Como o Seu sacrifício impacta e transforma as pessoas?

*Pai precioso, obrigada pela promessa
da vida eterna em Tua presença.*

4 de agosto

Cartas que ultrapassam o tempo

1 João 1:1-8

Aquele que é a vida nos foi revelado, e nós o vimos.
[…] Ele estava com o Pai e nos foi revelado.
—1 João 1:2

Mais de um milhão de jovens participam do Concurso Internacional de Cartas anualmente. Em 2018, o tema do concurso foi "Imagine-se sendo uma carta que viaja no tempo. Qual mensagem você deseja transmitir aos seus leitores?".

Na Bíblia, temos uma coleção de cartas que, graças à inspiração e orientação do Espírito Santo, ultrapassaram o seu o tempo e chegaram até nós. À medida que a igreja cristã crescia, os discípulos de Jesus escreviam para as igrejas locais na Europa e na Ásia Menor para ajudar as pessoas a entenderem sua nova vida em Cristo. Muitas dessas cartas estão registradas na Bíblia que hoje lemos.

O que os escritores dessas cartas desejavam transmitir aos seus leitores? João explica, em sua primeira epístola, que ele está proclamando "…aquele que existia desde o princípio, aquele que ouvimos e vimos com nossos próprios olhos e tocamos com nossas próprias mãos. Ele é a Palavra da vida". Ele também relata o seu encontro com o Cristo vivo (1 João 1:1). Encoraja os seus leitores a terem comunhão uns com os outros e com "o Pai e com seu Filho Jesus Cristo" (v.3). Quando tivermos comunhão, ele afirma que nossa alegria será completa (v.4).

Essas cartas da Bíblia nos levam a uma comunhão que ultrapassa o tempo — comunhão com o Deus eterno. —*Amy Peterson*

Se você escrevesse uma carta a uma amiga
contando como encontrou o Deus vivo, o que lhe diria?

Obrigada, Pai, pela comunhão que tenho contigo.

5 de agosto

Vocês ficarão limpos

Ezequiel 36:24-32

Então aspergirei sobre vocês água pura, e ficarão limpos.
—Ezequiel 36:25

Eu queria saber o que tinha dado errado e abri a nossa máquina lava-louças. Em vez de ver os pratos limpos, vi-os recobertos de pó de calcário. Fiquei na dúvida se a água calcária distribuída em nossa área estava causando estragos, ou se a máquina estava quebrada.

A limpeza de Deus, ao contrário da máquina de lavar louças defeituosa, lava todas as nossas impurezas. Lemos no livro de Ezequiel que Deus está chamando o Seu povo de volta para si à medida que o profeta compartilha a mensagem do amor e perdão de Deus. Os israelitas haviam pecado ao proclamar sua fidelidade a outros deuses e outras nações. O Senhor, no entanto, foi misericordioso em recebê-los de volta para si mesmo. Ele prometeu purificá-los "de sua impureza e sua adoração a ídolos" (v.25). Ao colocar Seu Espírito neles (v.27), Ele os levaria a um lugar de fecundidade, não de fome: "Darei colheitas fartas de suas árvores frutíferas e seus campos, e nunca mais as nações vizinhas zombarão de sua terra por causa da fome" (v.30).

Se porventura nos desviarmos, podemos voltar ao Senhor. Ele nos recebe de volta como o fez nos dias do profeta Ezequiel. Quando nos submetemos à Sua vontade e aos Seus caminhos, Ele nos transforma à medida que nos purifica de nossos pecados. Com Seu Espírito Santo habitando em nós, o Senhor nos ajuda a segui-lo dia a dia. —*Amy Boucher Pye*

Os campos que estavam vazios e desolados
à vista de todos voltarão a ser cultivados (Ezequiel 36:34).

Deus e Pai, purifica e transforma a minha vida para que todos saibam que Tu és o meu Senhor.

6 de agosto

Nomeadas por Deus

Rute 1:19-22

"Não me chamem de Noemi" […].
"Chamem-me de Mara, pois o Todo-poderoso
tornou minha vida muito amarga."
—Rute 1:20

Ligeira e *Batgirl* são alguns dos apelidos dados às conselheiras no acampamento que frequentamos anualmente. Eles surgem devido a algo embaraçoso, um hábito engraçado ou um hobby.

Porém, nós os encontramos até na Bíblia: Jesus chama os apóstolos Tiago e João de "filhos do trovão" (Marcos 3:17). É raro nas Escrituras que alguém *se* dê um apelido, mas aconteceu quando Noemi pediu que a chamassem de "Mara", que significa "amargura" (Rute 1:20), pois seu marido e os dois filhos tinham morrido. Noemi sentiu que Deus havia tornado sua vida amarga (v.21). Esse apelido não cumpriu o seu papel, pois essas perdas devastadoras não foram o fim da história de Noemi. Em meio à tristeza, Deus a abençoou com uma nora muito amorosa, Rute, que casou-se novamente e teve um filho, criando uma nova família para Noemi.

Embora às vezes tenhamos o ímpeto de nos darmos apelidos depreciativos, como "frustrada" ou "mal amada", com base nas dificuldades que experimentamos ou erros que cometemos, esses adjetivos inadequados não são o fim de nossa história. Podemos substituí-los pela maneira que o Senhor Deus chama cada uma de nós, "meu povo" e "[filhas] do Deus vivo"(Romanos 9:25-26), e descobrir como o Senhor faz para conceder a Sua provisão, mesmo nos nossos momentos mais desafiadores. —Lisa Samra

Você já teve um apelido? Gostou dele ou não?
Ser chamada de filha amada do Deus vivo
transforma a maneira como você se vê?

Pai celestial, obrigada por eu não ser definida
por minhas experiências e por ser chamada de filha amada.

7 de agosto

A esperança florescerá

Isaías 35:1-4

As regiões desabitadas e o deserto exultarão;
a terra desolada se alegrará e florescerá...
—Isaías 35:1

Depois de os lotes vazios terem sido limpos e belas flores e árvores terem sido plantadas isso melhorou a saúde mental dos vizinhos dessa área, especialmente daqueles que enfrentavam problemas com suas finanças. "Aumentam as evidências de que o espaço verde pode impactar a saúde mental e isso é importante para as pessoas que vivem em bairros mais pobres", disse a Dra. Eugenia South, professora universitária e coautora de um estudo sobre esse assunto.

A visão do profeta Isaías trouxe a nova e bela esperança de que Deus restauraria o povo oprimido de Israel e Judá. Em meio à desgraça e ao julgamento profetizados por Isaías, essa promessa se enraizou: "As regiões desabitadas e o deserto exultarão; a terra desolada se alegrará e florescerá [...]. Haverá muitas flores, cânticos e alegria...! (Isaías 35:1-2).

Não importa a nossa situação hoje, também podemos nos alegrar pelas maneiras como o nosso Pai celestial nos restaura com nova esperança, inclusive através da Sua criação. Quando estamos tristes, refletir sobre a Sua glória e esplendor nos fortalece. Isaías nos encoraja: "Fortaleçam os de mãos cansadas, apoiem os de joelhos fracos" (v.3). É Deus que nos concede a esperança, e o profeta Isaías ainda nos mostra que algumas poucas flores podem nos tornar mais repletas de esperança. *Patrícia Raybon*

De que maneira você reage quando se sente sem esperança?
Investir o seu tempo ao ar livre,
com a criação divina, renova a sua esperança em Deus?

Pai, obrigada pelo esplendor
da Tua criação que demonstra a Tua glória
e renova a minha esperança em ti.

8 de agosto

Grande o suficiente

Lucas 18:15-17

*Que os pequenos venham até mim e não os impeçam,
pois o reino de Deus pertence a esses.*
—Lucas 18:15

Meu neto correu para a montanha-russa e ficou de costas contra o sinal de altura para ver se ele era grande o suficiente para rodar nela. Ele gritou de alegria quando sua cabeça excedeu a marca. Muita coisa na vida exige ser "grande" o suficiente, não é? Deixar de usar cadeirinha no carro, adaptador e, depois, usar o cinto de segurança. Sentar-se no banco da frente. Tirar a carteira de motorista. Votar. Casar-se. Como o meu neto, podemos passar a nossa vida querendo sempre crescer.

Nos tempos do Novo Testamento, as crianças eram amadas, mas não muito valorizadas até que "atingissem a maioridade", contribuíssem para o lar e entrassem na sinagoga com privilégios de adultos. Jesus quebrou os padrões de Seus dias ao acolher os empobrecidos, os doentes e até os pequeninos. Mateus, Marcos e Lucas relatam sobre os pais que trouxeram seus filhos pequenos a Jesus, para que o Senhor pudesse lhes impor as mãos e orar por eles (Mateus 19:13; Marcos 10:16).

Os discípulos repreenderam os adultos pelo que consideraram inconveniente. Com isso, Jesus ficou "indignado" (Marcos 10:14) e abriu Seus braços para as crianças. Ele reconheceu o valor delas em Seu reino e desafiou todos a se tornarem como crianças, e a aceitar com sinceridade a necessidade que elas têm de conhecê-lo (Lucas 18:17). Esse reconhecimento nos torna "grandes" o suficiente para receber o Seu amor. —*Elisa Morgan*

O que o amor de Deus,
o amor do Pai celestial, significa para você?

*Querido Deus, ajuda-me a reconhecer
a minha necessidade por Tua presença hoje,
e a me aproximar de ti como uma criança.*

9 de agosto
Provadas pelo fogo
1 Pedro 1:6-9

Elas [provações] mostrarão que sua fé é autêntica.
—1 Pedro 1:7

Ouro de 24 quilates é quase 100% ouro com poucas impurezas, mas é difícil alcançar tal porcentagem. Os refinadores costumam usar um dos dois métodos para o processo de purificação. O processo de Miller é mais rápido e mais barato, mas o ouro é 99,95% puro. O processo de Wohlwill leva mais tempo e custa mais, mas o ouro é 99,99% puro.

Nos tempos bíblicos, os refinadores usavam o fogo para purificar o ouro. O fogo faz as impurezas subirem à superfície para facilitar a sua remoção. Em sua primeira carta aos cristãos em toda a Ásia Menor (norte da Turquia), o apóstolo Pedro usou o processo de refino de ouro como metáfora da maneira como as provações funcionam na vida de quem crê em Jesus. Naquela época, os romanos perseguiam os cristãos por sua fé em Jesus e Pedro sabia o que isso significava. Pedro explicou como a perseguição traz à tona a autenticidade da nossa fé (1 Pedro 1:7).

Talvez você sinta como se estivesse no fogo de um refinador, sentindo o calor dos contratempos, doenças ou outros desafios. Mas, frequentemente, as dificuldades são o processo pelo qual Deus purifica o ouro da nossa fé. Em nossa provação, podemos implorar a Deus que termine rapidamente o processo, mas Ele sabe o que é melhor para nós, mesmo quando a vida nos fere. Mantenha-se conectada ao Salvador, buscando o Seu conforto e paz. —Linda Washington

Quais desafios a levaram ao seu amadurecimento espiritual?
Como você reagiu?

Deus Pai, ajuda-me a ver como as minhas provações demonstram a Tua presença em minha vida.

10 de agosto

Rivais ou aliados?

1 Coríntios 1:10-17

Antes, tenham o mesmo parecer,
unidos em pensamento e propósito.
—1 Coríntios 1:10

A cidade de Texarkana fica na fronteira de dois estados norte-americanos. A cidade de 70 mil habitantes tem dois prefeitos, duas prefeituras e dois departamentos de polícia e bombeiros. A rivalidade esportiva entre as escolas secundárias atrai muitos e reflete a lealdade que cada time tem com a escola de seu próprio estado. As disputas sobre o sistema de água compartilhado também são desafios significativos, pois ele segue as leis de cada estado. No entanto, a cidade é conhecida por sua unidade, apesar da linha que a divide. Os moradores se reúnem anualmente para um jantar realizado na "Avenida linha do Estado" para compartilhar uma refeição em comemoração à sua unidade como comunidade.

Os cristãos não tinham traçado uma linha na via principal, mas estavam divididos. Brigavam porque eram leais àqueles que os ensinaram sobre Jesus: Paulo, Apolo ou Cefas (Pedro). Paulo chamou todos eles à união "... em pensamentos e propósitos" (1 Coríntios 1:10), lembrando-lhes de que Cristo fora crucificado por eles, não os seus líderes espirituais.

Hoje agimos assim, não é? Às vezes, opomo-nos até aos que creem no sacrifício de Jesus por nossos erros tornando-os rivais e não aliados. Como Cristo não está dividido, nós, como Sua representação terrena, Seu corpo, não devemos permitir que as diferenças nos dividam. Em vez disso, celebremos nossa unicidade nele. —*Kirsten Holmberg*

Como você pode promover a unidade?

Deus, ajuda-me a manter o foco em ti
e em Teu sacrifício pelo Teu povo.
Que eu seja um instrumento de unidade
em minha comunidade de fé.

11 de agosto
Colaborando com Deus

1 Coríntios 3:1-9

*Pois nós somos colaboradores de Deus,
e vocês são lavoura de Deus e edifício de Deus.*
—1 Coríntios 3:9

Na visita ao México em 1962, Bill Ashe ajudou a consertar bombas manuais de moinhos de vento num orfanato. Inspirado por um profundo desejo de servir a Deus, ajudou a fornecer água limpa às aldeias necessitadas. Quinze anos depois, Ashe fundou uma organização sem fins lucrativos e compartilhou: "Deus me despertou para 'aproveitar ao máximo o tempo' e, também para encontrar outras pessoas com o desejo de levar água potável aos necessitados da zona rural". Mais tarde, depois de aprender sobre a necessidade global por água potável por meio de milhares de pastores e evangelistas de mais de 100 países, Ashe convidou outros a se unirem aos esforços desse ministério.

Deus nos convida para nos unirmos a Ele e aos outros de várias maneiras. Quando os coríntios discutiram sobre quais professores eles preferiam, o apóstolo Paulo reafirmou seu papel como servo de Jesus e companheiro da equipe de Apolo, totalmente dependente de Deus para o crescimento espiritual (1 Coríntios 3:1-7). Ele nos lembra de que todo trabalho é recompensado por Deus (v.8). Reconhecendo o privilégio de trabalhar com outras pessoas enquanto o servia, Paulo nos encoraja a edificar um ao outro à medida que o Senhor nos transforma em amor (v.9).

Nosso poderoso Pai não precisa de nossa ajuda para realizar as Suas grandes obras, mas nos equipa e convida a sermos parceiras em Sua obra. —*Xochtil Dixon*

Que coisa difícil Deus a convidou
a fazer com a ajuda dele?

*Pai, obrigada por concederes
tudo o que preciso, enquanto continuas
realizando grandes coisas em mim.*

12 de agosto

Pontos brilhantes

Salmo 86:1-13

Ó Senhor, tu és tão bom, tão pronto a perdoar,
tão cheio de amor por todos que te buscam.
—Salmo 86:5

Quando meu marido e eu estávamos explorando um campo pequeno e acidentado, vi um girassol num local rochoso e seco, onde brotos de arbustos, urtigas, cactos espinhosos e outras plantas irregulares cresciam. Não era tão alto quanto um girassol no campo, mas era tão brilhante e eu me senti animada. Esse inesperado ponto brilhante no terreno acidentado me lembrou de como a vida, mesmo para o cristão, pode parecer árida e triste. As angústias podem parecer insuperáveis e, como os clamores do salmista Davi, nossas orações às vezes parecem não ser ouvidas: "Inclina-te, Senhor, e ouve minha oração" (Salmo 86:1). Como ele, ansiamos também por alegria (v.4).

Mas Davi continua declarando que servimos ao Deus fiel (v.11), "Deus de compaixão e misericórdia" (v.15), que está cheio de amor por todos que o buscam (v.5). Ele responde (v.7).

Às vezes, em lugares sombrios, Deus envia um girassol, uma palavra ou nota encorajadora de um amigo; um verso reconfortante ou passagem bíblica; um belo nascer do sol que nos ajuda a avançar com o passo mais leve, com esperança. Mesmo enquanto esperamos o dia em que experimentaremos a libertação de Deus de nossas dificuldades, podemos nos juntar ao salmista na proclamação: "Pois tu és grande e realizas maravilhas; só tu és Deus!" (v.10). —*Alyson Kieda*

De qual lugar difícil Deus a libertou?
Durante esse período, algum "girassol" a ajudou a perseverar?

Deus amoroso, obrigada por seres compassivo
e gracioso. Ajuda-me a lembrar
como foste fiel e respondeste minhas orações
no passado e o fará, no futuro.

13 de agosto
Proibido pescar

Salmo 130

*[Deus] ...e lançarás nossos pecados
nas profundezas do mar.*
—Miqueias 7:19

Corrie ten Boom, sobrevivente do Holocausto, reconhecia a importância do perdão. Em seu livro *Andarilha para o Senhor* (Ed. Vida, 1976), ela diz que sua imagem mental favorita era a dos pecados perdoados lançados nas profundezas do mar. "Quando confessamos os nossos pecados, Deus os lança no oceano mais profundo e eles desaparecem para sempre. Creio que Deus coloca a placa de *'Proibido pescar'*."

Ela destaca essa verdade que os cristãos às vezes não conseguem entender. Quando Deus perdoa as nossas transgressões, somos perdoadas completamente! Não precisamos continuar investigando as nossas transgressões, tendo sentimentos desagradáveis. Antes, podemos aceitar a Sua graça e perdão, seguindo-o em liberdade. Vemos a ideia de "é proibido pescar" no Salmo 130. O salmista proclama que, embora Deus seja justo, Ele perdoa o pecado dos que se arrependem: "Tu, porém, ofereces perdão" (v.4). Enquanto o salmista espera por Deus, confiando nele (v.5), ele declara com fé que Deus "resgatará Israel de todos os seus pecados" (v.8). Os que creem encontrarão "transbordante redenção" (v.7).

Envergonhadas e indignas, não podemos servir a Deus de coração. Somos restringidas pelo passado. Se o mal nos frustra, peçamos a Deus para nos ajudar a crer plenamente em Sua dádiva de perdão e nova vida. Ele lançou nossos pecados no oceano! —*Amy Boucher Pye*

Você crê que Deus não pode perdoá-la por algum pecado em sua vida?
O perdão de Deus traz libertação!

*Deus perdoador, Tu enviaste
o Teu Filho Jesus para me salvar
dos meus pecados e vergonha. Ajuda-me
a viver na liberdade de ser totalmente perdoada.*

14 de agosto

Recompensa maravilhosa

Salmo 119:17-24

Abre meus olhos, para que eu veja
as maravilhas de tua lei.
—Salmo 119:18

Dalila é professora e boa leitora, e isso lhe valeu a pena. Ela planejou uma viagem e ao revisar sua apólice de seguro de viagem, descobriu uma recompensa maravilhosa na página 7. Como parte do concurso "Vale a pena ler", a empresa estava doando 10.000 dólares para a primeira pessoa que lesse isso naquele contrato. Eles também doaram milhares de dólares para alfabetização infantil em escolas na área em que Dalila atuava. Ela diz: "Sempre fui aquela *nerd* que lê contratos. Quem mais se surpreendeu fui eu mesma!

O salmista queria que seus olhos se abrissem para ver as maravilhas da lei de Deus (Salmo 119:18). Ele deve ter entendido que Deus quer ser conhecido e, portanto, ansiava por uma proximidade mais profunda com o Senhor. Seu desejo era aprender mais sobre quem Deus é, o que Ele já havia dado e como segui-lo mais de perto (vv.24,98). E escreveu: "Como eu amo a tua lei; penso nela o dia todo!" (v.97).

Também temos o privilégio de reservar um tempo para refletir sobre Deus, Seu caráter e Suas provisões, para aprender a nos aproximarmos dele. Deus deseja nos instruir, guiar-nos e abrir o nosso coração para descobrir quem Ele é. Quando o procuramos, Ele nos recompensa com maior admiração sobre quem Ele é e o prazer de Sua presença! —*Anne Cetas*

Ao abrir sua Bíblia e ler, como o seu coração e sua mente
se abrem para Deus e Seus caminhos?
O que você gostaria de saber ou experimentar mais?

Senhor, como amo a Tua Palavra, Deus.
Ela é doce para o meu paladar,
mais doce que o mel à minha boca.

15 de agosto
Resgate os fracos
Salmo 82:3-4

Livrem o pobre e o necessitado,
libertem-nos das garras dos perversos.
—Salmo 82:4

Você escolheria férias na Suíça ou resgatar crianças do perigo em Praga? Nicholas Winton era apenas um homem comum e escolheu o último.

Em 1938, despontava no horizonte a guerra entre a Tchecoslováquia e a Alemanha. Depois de visitar os campos de refugiados em Praga, onde muitos judeus viviam em condições horríveis, Winton se sentiu obrigado a elaborar um plano para ajudar. Arrecadou dinheiro e levou centenas de crianças em segurança de Praga ao Reino Unido para serem cuidadas por famílias britânicas antes do início da Segunda Guerra Mundial.

Suas ações exemplificaram o Salmo 82: "defendam os direitos do oprimido e do desamparado" (v.3). Asafe, o autor desse salmo, queria estimular seu povo a defender a causa dos desamparados: "Livrem o pobre e o necessitado, libertem-nos das garras dos perversos" (v.4).

Como as crianças que Winton lutou incansavelmente para resgatar, o salmista falou por aqueles que não podiam falar por si mesmos, pelos pobres e viúvas que precisavam de justiça e proteção.

Hoje, vemos pessoas necessitadas por causa das guerras, tempestades e outras dificuldades. Embora não possamos resolver todos os problemas, em espírito de oração podemos descobrir o que podemos fazer para ajudar nas situações que Deus traz à nossa vida. —*Linda Washington*

Quais as necessidades imediatas
das pessoas que você pode ajudar a atender?
Como Deus a preparou para resgatar e cuidar dos outros?

Deus amoroso, abre os meus olhos
para as necessidades dos que me cercam.

16 de agosto

Deus, nosso Resgatador

Ezequiel 34:5-12

*Eu os resgatarei de todos os lugares
onde foram espalhados.*
—Ezequiel 34:12

Em mar aberto, uma socorrista posicionou seu caiaque para ajudar os competidores em pânico num triatlo. "Não segure no meio do barco!", ela lhes disse, sabendo que esse movimento viraria o caiaque. Ela orientava os nadadores cansados para a frente do caiaque. Lá eles seguravam um laço que permitia que o tripulante de segurança os resgatasse.

Quando a vida ou as pessoas ameaçam nos derrotar, como cristãs sabemos que temos um Salvador. "Pois assim diz o Senhor Soberano: Eu mesmo procurarei minhas ovelhas […] Encontrarei minhas ovelhas e as livrarei de todos os lugares para onde foram espalhadas" (Ezequiel 34:11,12). Essa foi a garantia do profeta Ezequiel ao povo de Deus quando eles estavam no exílio. Seus líderes os haviam negligenciado e explorado saqueando suas vidas e cuidando "de si mesmos deixaram o rebanho [de Deus] passar fome" (v.8). Como resultado, as pessoas andavam "sem rumo pelos montes e pelas colinas, por toda a face da terra, mas ninguém saiu para procurá-las" (v.6). Mas o Senhor declarou: "livrarei meu rebanho" (v.10), e Sua promessa ainda se mantém.

O que precisamos fazer? Apegarmo-nos ao Deus Todo-poderoso e às Suas promessas. "Eu mesmo procurarei minhas ovelhas e as encontrarei", diz Ele (v.11). Essa é uma promessa de salvação à qual vale a pena nos apegarmos firmemente.

—*Patrícia Raybon*

Como você reage em situação de pânico?
De qual problema você pode se livrar hoje ao buscar a Deus?

*Deus, Tu é o meu Resgatador,
quando a vida me deixa em pânico, encoraja-me a
me afastar das ondas e a sempre te buscar.*

17 de agosto

Caminhando com Jesus

Hebreus 12:1-3

*...uma vez que estamos rodeados de tão grande
multidão de testemunhas, livremo-nos de todo peso...*
—HEBREUS 12:1

A trilha *John Muir* tem 340 quilômetros no oeste dos Estados Unidos. Os caminhantes que a percorrem precisam essencialmente de alimentos leves, botas impermeáveis e um mapa. Essa trilha atravessa riachos, rodeia lagos e bosques, exige subidas e descidas de 1,5 km de elevação. É fundamental carregar a quantidade certa de suprimentos, uma vez que a travessia dura cerca de três semanas.

Se levar muito, você ficará sem força para carregar tudo; se levar pouco, não terá o suficiente para a viagem.

Como cristãs, finalizar bem a nossa jornada também requer cuidadosa consideração do que levamos conosco. O apóstolo Paulo nos exorta: "livremo-nos de todo peso que nos torna vagarosos e do pecado que nos atrapalha" (Hebreus 12:1). Ele compara nossa vida a uma "corrida que foi posta diante de nós", na qual não ficaremos "cansados nem desanimados" (vv.1,3). Sobrecarregar-nos com o pecado ou nos distrairmos por coisas que estão fora do propósito de Deus significa carregarmos um peso desnecessário.

Assim como há uma lista dos itens necessários para cruzar tal trilha, Deus em Sua Palavra nos dá instruções para seguirmos a Jesus.

Podemos reconhecer quais os hábitos, sonhos e desejos que valem a pena cultivar quando os examinamos à luz das Escrituras. Viajando "sem pesos extras", terminaremos bem a jornada. —*Karen Pimpo*

O que a impede de seguir a Jesus?
O que você precisa "deixar para trás" para o seguir?

*Jesus, durante o meu percurso aqui,
ajuda-me a seguir Tuas instruções, Tua sabedoria
e a terminar bem.*

18 de agosto
Levante-se novamente
Provérbios 24:15-18

Embora os justos caiam sete vezes,
eles se levantam novamente.
—PROVÉRBIOS 24:16

O corredor olímpico Ryan Hall é o recordista norte-americano na meia maratona. Ele completou a distância da prova de 21 quilômetros em um tempo notável de 59 minutos e 43 segundos, tornando-se recorde dos Estados Unidos nessa corrida. Ele a completou em menos de uma hora. Embora ele já tenha celebrado vitórias com recordes, Hall conhece a decepção de não ter conseguido terminar uma corrida.

Tendo provado tanto o sucesso quanto o fracasso, Hall crê que a sua fé em Jesus o sustenta. Um de seus versículos favoritos é este lembrete encorajador: "Ainda que o justo tropece sete vezes, voltará a se levantar" (Provérbios 24:16). Isso nos lembra de que os justos, aqueles que confiam e têm um relacionamento pessoal com Deus, ainda experimentarão dificuldades e sofrimentos. No entanto, à medida que o buscarem, mesmo em meio à dificuldade, Deus é fiel para dar-lhes a força para voltarem a se levantar.

Você já experimentou uma decepção ou fracasso devastador e sente que jamais se recuperará? As Escrituras nos encorajam a não confiarmos em nossa força, mas a continuarmos confiando em Deus e em Suas promessas. Quando confiamos no Senhor, o Espírito de Deus nos fortalece em cada uma das dificuldades que encontramos nesta vida, desde as lutas aparentemente cotidianas até as mais significativas (2 Coríntios 12:9). —*Lisa Samra*

Como Deus a fortaleceu após uma difícil decepção?
Isso a encoraja a enfrentar as lutas de hoje?

Pai, obrigada por Teu conforto
e fortalecimento para que eu
me levantasse novamente das minhas lutas.

19 de agosto

Primeiramente perdoe

Gênesis 33:1-11

Esaú correu ao encontro de Jacó e o abraçou...
—Gênesis 33:4

Nós nos considerávamos "irmãs em Cristo", mas minha amiga branca e eu começamos a agir como inimigas. Depois de discutir sobre as nossas opiniões tão diferentes sobre raças, decidi que não queria mais vê-la. Tempos depois, fomos contratadas para servir no mesmo departamento de um ministério. No início, sentimo-nos *incapazes* de reconectar nossa amizade e conversamos sobre isso. Deus nos curou e ajudou a nos perdoarmos e darmos o nosso melhor ao ministério.

Deus também curou a amarga divisão entre Esaú e seu irmão gêmeo, Jacó, e abençoou a vida deles. O estrategista Jacó roubou a bênção de Esaú. Mas 20 anos depois, Deus chamou Jacó para voltar à sua terra natal. Jacó, então, enviou muitos presentes para apaziguar seu irmão. "Esaú correu ao encontro de Jacó e o abraçou; pôs os braços em volta do pescoço do irmão e o beijou. E os dois choraram" (Gênesis 33:4).

Deus insiste para que resolvamos os nossos conflitos com outros antes de oferecermos nossos dons, talentos ou tesouros a Ele (Mateus 5:23-24). Em vez disso: "Vá, reconcilie-se com a pessoa e então volte e apresente sua oferta" (v.24). Jacó obedeceu a Deus reconciliou-se com Esaú, e mais tarde erigiu um altar ao Senhor (Gênesis 33:20). Que bela sequência: primeiro esforce-se por perdão e reconciliação. Depois, Ele nos recebe em Sua presença. —*Patricia Raybon*

Quais passos são necessários
para você se reconciliar com alguém?

*Pai, quando guardo ressentimento
contra outros, leva-me antes ao Teu altar
para clamar por Teu perdão.*

20 de agosto

Amor destemido

1 João 3:1,1-18

*Se amamos nossos irmãos, [...] passamos da morte para a vida.
Mas quem não ama continua morto.*
—1 João 3:14

Há imagens tão poderosas que nunca são esquecidas. Pensei nisso ao ver uma famosa fotografia da falecida Princesa Diana de Gales. À primeira vista, a cena capturada parece corriqueira. Sorrindo calorosamente, a princesa aperta a mão de um homem não identificado. No entanto, é a história por detrás dessa fotografia que a torna notável.

Em 19 de abril de 1987, quando a princesa visitou um hospital em Londres, o Reino Unido estava sob completo pânico pela epidemia de AIDS. Sem saber como a doença que, muitas vezes matava rapidamente se espalhava, muitos tratavam suas vítimas como párias sociais.

O momento em que Diana cumprimentou um paciente aidético com as mãos sem luvas e um sorriso genuíno foi surpreendente. Essa imagem de respeito e bondade moveria o mundo para tratar as vítimas da AIDS com misericórdia e compaixão semelhantes.

Tal imagem me lembra de algo que muitas vezes esqueço. Vale a pena oferecer o amor de Jesus livre e generosamente aos outros. João lembrou aos primeiros cristãos que deixar o amor esmorecer ou esconder-se diante do nosso medo é realmente viver "morto" (1 João 3:14).

E amar livremente e sem medo, na plenitude do poder e do amor do Espírito Santo significa que passamos da morte para a vida, significa experimentar a ressurreição em toda a sua perfeição (vv.14,16). —Monica La Rose

Quando você se sente mais propensa
a deixar o medo sufocar o seu amor pelos outros?

*Deus de amor, preenche-me
com Teu Espírito até o meu medo se dissolver
e Teu amor fluir através de mim.*

21 de agosto

Acessível a todos

Mateus 7:13-14

*Mas a porta para a vida é estreita, e o caminho é difícil,
e são poucos os que o encontram.*
—Mateus 7:14

Da ponte construída na ilha Eleutéria, os visitantes admiram o contraste gritante entre as águas de tom azul-escuro do Atlântico e as calmas águas turquesas do mar do Caribe. O tempo e as tempestades desfizeram a faixa original de terra antes marcada por um arco de pedra natural. Essa ponte de vidro é uma atração turística conhecida como "o lugar mais estreito do mundo".

A Bíblia nos ensina que o caminho que leva à vida eterna "é difícil, e são poucos os que o encontram" (Mateus 7:14). A porta é considerada estreita, pois Deus, o Filho, é a única ponte que pode reconciliar o homem pecador e Deus, o Pai, pelo poder do Espírito Santo (vv.13-14; João 10:7-9; 16:13). No entanto, as Escrituras afirmam que os cristãos de cada povo, nação e classe social poderão entrar no Céu e se curvar diante do Rei dos reis e adorar juntos em torno de Seu trono (Apocalipse 5:9). Essa incrível imagem entre o contraste e a unidade inclui a beleza da diversidade de Seus adoradores.

Embora o nosso pecado tenha nos separado de Deus, cada pessoa é convidada a entrar na eternidade no Céu trilhando o estreito caminho de reconciliação por meio do relacionamento pessoal com Cristo. Seu sacrifício na cruz, ressurreição e ascensão ao Céu é a boa-nova do evangelho, acessível a todos e que vale a pena compartilhar diariamente. —*Xochitl Dixon*

Como ser mais intencional em compartilhar
o evangelho com os que a cercam?

*Pai, capacita-me por Teu Espírito
a mostrar aos outros o caminho
que leva à vida eterna: Jesus.*

22 de agosto

Estendendo a graça aos outros

Atos 4:32-35

*…e sobre todos eles havia grande graça.
Entre eles não havia necessitados…*
—Atos 4:33-34

Nosso filho passou os seus primeiros anos em um abrigo para crianças antes de o adotarmos. Antes de deixarmos esse local para levá-lo para nosso lar, pedimos para buscar seus pertences. Infelizmente, ele não tinha nenhum. Trocamos as roupas que ele usava pelas novas que tínhamos trazido para ele e deixamos algumas roupas para as outras crianças. Mesmo triste pelo pouco que lhe pertencia, eu me alegrava, pois a partir daquele dia poderíamos ajudar a atender suas necessidades físicas e emocionais.

Anos depois, vimos uma pessoa pedindo doações para famílias necessitadas. Meu filho doou alegremente os seus bichinhos de pelúcia e algumas moedas. Devido ao seu passado, ele poderia ter (compreensivelmente) tido mais apego aos seus pertences. Gosto de pensar que a generosidade dele foi igual a reação demonstrada pela Igreja Primitiva: "sobre todos eles havia grande graça", que ninguém no meio deles era necessitado (Atos 4:33-34). As pessoas vendiam voluntariamente seus bens para suprir as necessidades uns dos outros.

Quando nos tornamos conscientes das necessidades dos outros, sejam elas materiais ou não, que a graça de Deus aja tão poderosamente em nós para reagirmos como eles: oferecendo voluntariamente daquilo que temos aos necessitados. Isso torna os cristãos canais da graça de Deus "unidos em coração e mente" (v.32).

—*Kirsten Holmberg*

O que você pode compartilhar
como sendo a manifestação da graça de Deus?

*Deus, ajuda-me a compartilhar
o que me deste e a confiar em ti
para suprir as minhas necessidades.*

23 de agosto

Deus conhece a sua história

Salmo 139:1-6,23-24

Examina-me, ó Deus, e conhece meu coração;
prova-me e vê meus pensamentos.
—Salmo 139:23

Enquanto eu voltava para casa, depois do almoço com a minha melhor amiga, agradeci a Deus em voz alta por ela. Uma amiga que me conhece e me ama, apesar de coisas que eu não amo em mim mesma. É uma das poucas que fazem parte de um pequeno círculo que me aceita como sou: minhas peculiaridades, hábitos e erros. Ainda assim, há partes da minha história que não compartilho com quem amo, momentos em que não fui heroica: fui crítica, cruel ou não demonstrei amor. Mas Deus conhece toda a minha história. Com Ele posso falar livremente, mesmo aquilo que eu relute em compartilhar.

As palavras do Salmo 139 descrevem a intimidade que desfrutamos com nosso Rei Soberano. Ele nos conhece por completo (v.1)! Ele sabe "tudo que faço" (v.3). O Senhor nos convida a ir até Ele com nossa confusão, nossos anseios e nossas lutas com a tentação. Quando estamos dispostas a nos entregarmos totalmente a Ele, Deus estende a Sua mão para restaurar e reescrever as partes da nossa história que nos deixam tristes por vagarmos longe dele.

Deus nos conhece melhor do que qualquer um jamais poderá, e *ainda* assim... Ele nos ama! Quando nos rendemos diariamente ao Senhor e procuramos conhecê-lo mais plenamente, Deus pode transformar a nossa história para a Sua glória. Ele é o autor que continua a escrevê-la. —*Cindy Hess Kasper*

Você está certa de que Deus sempre a amará incondicionalmente?
Como entregar-se a Ele dia após dia?

Precioso Pai, obrigada por Teu amor.
Ajuda-me a entregar-me integralmente a ti.

24 de agosto

Paz em meio ao caos

Salmo 121

Meu socorro vem do Senhor,
que fez os céus e a terra!
—Salmo 121:2

Joana despertou do sono com o estrondo que soava como fogos de artifício e viu que os vidros tinham se quebrado. Ela se levantou para ver o que estava acontecendo e desejou que não estivesse morando sozinha. As ruas estavam vazias e escuras e, a casa parecia estar bem até ela ver que o espelho estava despedaçado.

Os investigadores encontraram uma bala a apenas meia polegada distante dos canos do gás. Se tivesse atingido um cano, Joana provavelmente não teria sobrevivido. Mais tarde, eles descobriram que era uma bala perdida vinda de apartamentos próximos, Com tudo isso, Joana sentia medo de ficar em sua casa. Ela orou pedindo paz e, quando limpava o vidro, o coração dela se acalmou.

O Salmo 121 é um lembrete para olharmos para Deus em tempos de aflições. Aqui, vemos que podemos ter paz e calma porque o nosso "socorro vem do Senhor, que fez os céus e a terra!" (v.2). O Deus que criou o Universo nos protege e cuida de nós (v.3) mesmo enquanto dormimos, mas Ele mesmo nunca cochila nem dorme (v.4). O Senhor cuida de nós dia e noite (v.6), "agora e para sempre" (v.8).

Deus vê, não importa em que tipo de situações nos encontremos. E o Senhor está esperando que nos voltemos para Ele. Quando o fizermos, nem sempre as nossas circunstâncias mudarão, mas Deus prometeu a Sua paz em meio as provações. —*Julie Schwab*

Você já experimentou a paz de Deus
ao enfrentar uma situação preocupante?
Pode descrever essa ajuda divina?

Amoroso Deus, obrigada por Tua paz.
Senhor, acalma o meu coração
nas áreas caóticas da minha vida.

25 de agosto

Amparo nas tempestades

Salmo 107:1-3,23-32

[O Senhor] acalmou a tempestade e aquietou as ondas.
—Salmo 107:29

Durante a primeira viagem do missionário escocês Alexander Duff à Índia, em 1830, ele naufragou durante uma tempestade na costa da África do Sul. Duff e seus companheiros foram parar numa pequena e desolada ilha. Tempos depois, um dos tripulantes encontrou uma cópia da Bíblia que pertencia a Duff à beira da praia. Quando o livro secou, Duff leu o Salmo 107 para seus companheiros sobreviventes, e eles se sentiram encorajados. Finalmente, após um resgate e mais um naufrágio, o missionário aportou na Índia.

O Salmo 107 relata a maneira como Deus libertou os israelitas. Duff e seus companheiros, sem dúvida, identificaram-se e se confortaram com as palavras do salmista: "Acalmou a tempestade e aquietou as ondas. A calmaria os alegrou, e ele os levou ao porto em segurança" (vv.29-30). E, como os israelitas, eles também louvaram "o Senhor por sua bondade e pelas maravilhas que fez pela humanidade" (v.31).

Vemos um paralelo do Salmo 107:28-30 no Novo Testamento (Mateus 8:23-27; Marcos 4:35-41). Jesus e Seus discípulos estavam num barco, no mar, quando uma violenta tempestade começou. Seus discípulos gritaram amedrontados e Jesus — o Deus encarnado — acalmou o mar. Nós também podemos nos encorajar! Nosso poderoso Deus e Salvador ouve e responde os nossos clamores e nos conforta quando enfrentamos as tempestades. —*Alyson Kieda*

Quando você clamou a Deus
em uma "tempestade"? Qual foi o resultado?

*Obrigada, Deus, por não me deixares
só para enfrentar as tempestades.
Preciso tanto de ti!*

26 de agosto

A provisão de Deus

Gênesis 1:11-13,29-30

*...se Deus veste com tamanha beleza as flores [...]
não será muito mais generoso com vocês?*
—Mateus 6:28-30

Caminhávamos cada vez mais rumo ao interior da floresta, aventurando-nos aos poucos ainda mais longe da aldeia chinesa. Depois de andarmos por uma hora ou mais, ouvimos o bramido ensurdecedor da água. Acelerando os nossos passos, logo chegamos a uma clareira e fomos recebidas pela bela cortina da água branca em cascata sobre as rochas cinza. *Espetacular!*

Nossos guias, que moravam na aldeia da qual tínhamos saído uma hora antes, decidiram que deveríamos fazer um piquenique. Ótima ideia, mas onde estava a comida? Não tínhamos levado nada. Nossos guias desapareceram na floresta e voltaram com frutas, legumes e até alguns peixes. O *shuixiangcai* parecia estranho com suas pequenas flores roxas, mas tinha um sabor divino!

Lembrei-me de que a criação declara a provisão extravagante de Deus. Vemos Sua generosidade em "todos os tipos de plantas portadoras de sementes, e árvores com frutos que carregam sementes" (Gênesis 1:12). Deus nos criou e nos deu "todas as plantas com sementes em toda a terra e todas as árvores frutíferas, para que [nos] sirvam de alimento" (v.29).

Você confia em Deus para atender às suas necessidades? Dê um passeio ao redor da natureza! Que as palavras de Jesus a animem: "Não se preocupem, dizendo: 'O que vamos comer? O que devemos beber?' [...] seu Pai celestial já sabe do que vocês precisam [...] todas essas coisas" (Mateus 6:31-33). —*Poh Fang Chia*

Como Deus proveu por suas necessidades?

*Pai amoroso, Tu és generoso.
Ajuda-me a confiar em ti
para suprir as minhas necessidades.*

27 de agosto

O Médico Supremo

Números 21:4-9; 2 Reis 18:4-7

[Ezequias] Removeu os santuários [...].
Despedaçou a serpente de bronze que Moisés havia feito.
—2 Reis 18:4

O tratamento médico trouxe alívio para as severas alergias alimentares de um familiar. Fiquei tão animada que falava sobre isso o tempo todo. Falava sobre o processo em detalhes e enaltecia o médico que havia criado o programa. Finalmente, alguns amigos comentaram: "Cremos que Deus é quem deve receber o crédito pela cura". Isso me fez parar e pensar se eu havia desviado o meu olhar do Supremo Médico e transformado tal cura em um ídolo.

A nação de Israel caiu numa armadilha semelhante quando começou a queimar incenso a uma serpente de bronze que Deus havia usado para curá-los. Eles a adoravam até que Ezequias identificou isso como idolatria e "despedaçou a serpente de bronze que Moisés havia feito" (2 Reis 18:4).

Séculos antes, "o Senhor enviou serpentes venenosas que morderam o povo, e muitos morreram" (Números 21:6). Embora a rebelião espiritual de Israel tivesse causado o problema, o povo clamou por ajuda divina. Com misericórdia, Deus orientou Moisés: "Faça a réplica de uma serpente venenosa e coloque-a no alto de um poste" para que todos a vejam. Quem olhasse para essa réplica seria curado (vv.4-9).

Alguma dádiva de Deus se tornou objeto de louvor, em vez de ser a evidência de Sua misericórdia e graça? Apenas o nosso Santo Deus, a Fonte de toda dádiva (Tiago 1:17), é digno de toda a adoração. —*Jennifer Benson Schuldt*

Você já deu crédito a outras pessoas
por aquilo que Deus fez em sua vida?

Senhor Deus, Tu és o Todo-Poderoso
e aquele que ouve as minhas preces.
Obrigada por Teu cuidado e provisão.

28 de agosto
Um grande final
Apocalipse 22:12-21

…eu venho em breve e trago comigo a recompensa para retribuir a cada um de acordo com seus atos.
—Apocalipse 22:12

Meu marido e meu filho *zapearam* pelos canais de TV e descobriram que os seus filmes favoritos estavam passando. Eles apreciaram as cenas finais que puderam assistir, e essa busca se tornou uma diversão. Conseguiram espiar o fim de oito de seus filmes favoritos. Frustrada, perguntei o motivo de não escolherem um filme para assistir desde o início. Meu marido riu. "Quem não gosta de um grande final?".

Tive de admitir que também gosto de espiar os finais dos meus livros ou filmes favoritos. Até lendo a Bíblia já me concentrei nas minhas partes favoritas ou nas que parecem mais palatáveis e fáceis de entender. Mas o Espírito Santo usa todas as palavras de Deus, as quais são confiáveis e aplicáveis à vida para nos transformar e afirmar que Sua história terminará bem para os que creem em Jesus.

Cristo se declara "o Alfa e o Ômega, o Primeiro e o Último, o Princípio e o Fim" (Apocalipse 22:13). Ele proclama que o Seu povo herdará a vida eterna (v.14) e adverte aqueles que se atrevem a acrescentar ou retirar "algo ao que está escrito" na Bíblia (vv.18-19).

Talvez não entendamos tudo na Bíblia, mas sabemos que Jesus está retornando. O Senhor manterá a Sua palavra, destruirá o pecado, corrigirá todos os erros, fará tudo novo e reinará como nosso amado Rei para sempre. Esse é um grande final que nos conduz ao nosso novo começo! —*Xochtil Dixon*

Saber que Jesus está voltando
a ajuda a viver para Ele hoje?

Vem, Senhor Jesus! Vem!

29 de agosto
Compartilhando Jesus

Isaías 12

Deem graças ao Senhor! Louvem seu nome!
Contem aos povos o que ele fez, anunciem...
—Isaías 12:4

Logo após o evangelista Dwight Moody (1837-99) aceitar a fé em Cristo como Salvador, ele resolveu não deixar passar um dia sem compartilhar as boas-novas de Deus com ao menos uma pessoa. Em dias agitados, às vezes ele esquecia sua resolução até tarde. Certa noite, Moody estava na cama quando lembrou-se disso. Saiu e pensou: *Ninguém sairá nesta chuva torrencial.* Naquele instante, viu um homem andando pela rua. Moody correu e pediu para se abrigar debaixo do guarda-chuva desse homem. Quando teve chance, ele perguntou: "Você tem algum abrigo na hora da tempestade? Posso lhe falar sobre Jesus?".

Moody personificou a prontidão para compartilhar como Deus nos salva das consequências de nossos pecados. Ele obedeceu às instruções de Deus aos israelitas para proclamar Seu nome e contar "aos povos o que ele fez". Não só o povo de Deus foi chamado para dar graças e louvar Seu nome (Isaías 12:4), mas também para compartilhar como Ele tinha se tornado a salvação (v.2). Séculos depois, o nosso chamado permanece o mesmo: contar as maravilhas de Jesus que se tornou homem, morreu na cruz e ressuscitou.

Talvez tenhamos ouvido falar do amor de Deus quando alguém saiu de sua zona de conforto, como Moody o fez, para falar conosco sobre Jesus. E nós também, cada uma à sua maneira, podemos compartilhar com alguém sobre Jesus, o Salvador. —*Amy Boucher Pye*

Como Deus a capacita para compartilhar
sobre Seu Filho Jesus?

Jesus, obrigada por me libertares do pecado.
Ajuda-me a estar pronta
a compartilhar o Teu evangelho.

30 de agosto
Viver. Orar. Amar.

Romanos 12:9-21

*Não deixem que o mal os vença,
mas vençam o mal praticando o bem.*
—Romanos 12:21

Influenciado por seus pais que eram cristãos fiéis, o astro Jesse Owens vivia como um corajoso homem de fé. Durante os Jogos Olímpicos de 1936 em Berlim, Owens, um dos poucos afro-americanos da equipe dos EUA, recebeu quatro medalhas de ouro na presença de nazistas cheios de ódio e de seu líder. Na ocasião, Owens tornou-se amigo do atleta alemão Luz Long. Cercado pela propaganda nazista, o simples ato de Owens viver sua fé impactou a vida de Long. Mais tarde, ele escreveu a Owens: "Naquela hora em Berlim, quando falei com você pela primeira vez, e você estava ajoelhado, percebi que estava orando. Então, acho que posso acreditar em Deus".

Owens demonstrou como os cristãos podem responder às palavras do apóstolo Paulo de odiar "…tudo que é mau" e amar com "…amor fraternal" (Romanos 12:9-10). Embora ele pudesse ter respondido a maldade ao redor dele com ódio, Owens escolheu viver pela fé e demonstrar amor a um homem que mais tarde se tornaria seu amigo e eventualmente consideraria crer em Deus. Quando o povo de Deus se compromete a não parar de orar (v.12), Ele nos capacita a viver "…em harmonia uns com os outros" (v.16).

Quando dependemos da oração, comprometemo-nos a viver nossa fé e a amar todos os que são criados à imagem de Deus. Se clamarmos a Deus, Ele nos ajudará a derrubar as barreiras e a construir "pontes de paz". —*Xochitl Dixon*

Você pode construir pontes de paz?
A sua fidelidade na oração rendeu frutos?

*Pai, fortalece-nos para nos unirmos
em oração, totalmente comprometidas em
amar os outros e a viver em paz.*

31 de agosto

Coração do servo

Marcos 9:33-37

Quem quiser ser o primeiro,
que se torne o último e seja servo de todos.
—Marcos 9:35

Cozinhar, planejar eventos, ser nutricionista ou enfermeira. Essas são apenas algumas das responsabilidades desempenhadas pelas mães atuais. Em 2016, uma pesquisa estimou que as mães provavelmente trabalhavam entre 59 e 96 horas por semana realizando tarefas relacionadas aos filhos. Não é de admirar que elas estejam sempre exaustas! Ser mãe significa dar muito tempo e energia para cuidar dos filhos, que precisam de muita ajuda para aprender a transitar pelo mundo.

Quando os meus dias são longos e preciso de um lembrete de que cuidar dos outros é uma atividade digna, sinto enorme esperança ao ver Jesus valorizando os que o servem. Os discípulos estavam discutindo sobre qual deles seria o maior. Jesus calmamente sentou-se e lembrou-lhes de que: "Quem quiser ser o primeiro, que se torne o último e seja servo de todos" (9:35). Ele tomou uma criança em Seus braços para ilustrar a importância de servir aos outros, especialmente aos mais desamparados entre nós (vv.36,37).

A resposta de Cristo redefine a grandeza em Seu reino. Seu padrão é o coração disposto a cuidar dos outros. E Jesus prometeu que Sua presença estará com aqueles que escolherem o servir (v.37).

À medida que você tem oportunidades de servir em sua família ou comunidade, saiba que Jesus valoriza o tempo e o esforço que você dedica em serviço aos outros. —*Lisa Samra*

Agradeça hoje a alguém
que gentilmente a amou e lhe serviu.

Senhor Jesus, ajuda-nos a ter o coração disposto
a seguir o Teu exemplo de serviço.

1.º de setembro

A galeria dos sussurros

Salmo 18:1-6,16-19

Em minha aflição, clamei ao Senhor;
sim, pedi socorro a meu Deus.
—Salmo 18:6

Na cúpula da Catedral de São Paulo, em Londres, o visitante sobe 259 degraus para chegar à Galeria dos sussurros. Lá, pode-se sussurrar e ser ouvido por outro em qualquer lugar ao longo da passarela circular, mesmo pelo enorme abismo de quase 30 metros. Os engenheiros explicam isso como o resultado da forma esférica da cúpula e das ondas sonoras de baixa intensidade do sussurro.

Como desejamos ter a certeza de que Deus ouve os nossos sussurros agonizantes! Os salmos estão cheios de testemunhos de que Ele ouve nossos clamores, orações e sussurros. Davi escreve: "Em minha aflição, clamei ao Senhor; sim, pedi socorro a meu Deus" (Salmo 18:6). Uma e outra vez, ele e outros salmistas suplicam: "…ouve minha oração" (4:1), minha voz (5:3), meus gemidos (102:20). Às vezes, a expressão é mais um sussurro: Ouça-me (77:1), "consulto minha alma e procuro compreender minha situação" (77:6).

Como Davi no Salmo 18:6, os salmistas, em resposta a esses apelos, revelam que Deus está ouvindo: "Em minha aflição, clamei ao Senhor; sim, pedi socorro a meu Deus". Como o Templo ainda não havia sido construído, Davi poderia estar se referindo a Deus ouvindo-o em Sua habitação celestial.

De sua própria "galeria de sussurros" na cúpula dos Céus acima da Terra, Deus se inclina para ouvir os nossos mais profundos murmúrios, até nossos *sussurros*… e ouve. —*Elisa Morgan*

O que você quer sussurrar para Deus?
Como ter a certeza de que Ele a ouve?

Querido Deus, dá-me a coragem
para buscar-te hoje, confiando em ti
para me ouvires e responderes.

2 de setembro

Medos irracionais

Isaías 49:14-19

...eu não me esqueceria de vocês!
—Isaías 49:15

Não tem lógica, mas, quando meus pais morreram, por um período de três meses, eu temi que eles me esquecessem. É claro que eles não estavam mais entre nós, e isso me deixou com uma grande incerteza. Sendo jovem e solteira, eu me perguntava como navegaria na vida sem a presença deles. Sentindo-me realmente solteira e sozinha, busquei a Deus.

Certa manhã, contei-lhe sobre o meu medo irracional e a tristeza que isso me trazia (mesmo que o Senhor já soubesse). A passagem das Escrituras que li no devocional naquele dia foi Isaías 49: "Pode a mãe se esquecer do filho que ainda mama? […] Mesmo que isso fosse possível, eu não me esqueceria de vocês!" (v.15). Através de Isaías, Deus tranquilizou o Seu povo de que não os havia esquecido e mais tarde prometeu restaurá-los para si mesmo enviando o Seu Filho Jesus. Essas palavras também ministraram ao meu coração. É raro uma mãe ou um pai esquecerem-se do filho, mas é possível. Mas Deus? De jeito nenhum! O Senhor afirmou: "escrevi seu nome na palma de minhas mãos".

A resposta de Deus poderia ter-me causado mais medo. Mas a paz que Ele me concedeu por lembrar-me disso era exatamente o que eu precisava. Foi o começo da descoberta de que Deus está ainda mais próximo do que um pai ou outra pessoa e sabe como nos ajudar em todas as situações — até mesmo em nossos medos irracionais. —*Anne Cetas*

Quais medos você enfrenta?
Você pode procurar a ajuda de Deus para lidar com eles?

*Pai, minhas emoções e medos
podem ser esmagadores e controladores.
Obrigada por seres gentil
ao me ajudares em todos os momentos.*

3 de setembro

Deus entende

Salmo 147:1-11

Nosso Senhor é grande! Seu poder é absoluto!
É impossível medir seu entendimento.
—Salmo 147:5

Após se mudarem, Jean, de 7 anos, protestou por não querer participar de uma atividade externa em sua nova escola. Sua mãe o encorajou, assegurando-lhe de que ela entendia que a mudança era difícil. Certa manhã, a rabugice de Jean excedeu. Com compaixão, a mãe lhe perguntou: "O que o incomoda?". O garoto respondeu: "Não sei, mãe, sinto muitas coisas". O coração da mãe doía ao confortá-lo. Querendo ajudá-lo, ela compartilhou que a mudança também lhe era difícil. Garantiu ao filho que Deus ficaria perto, que Ele sabe tudo, mesmo quando não conseguimos entender ou expressar as frustrações. "Vamos marcar uma visita com os seus amigos antes do início das aulas?", disse ela, e fizeram planos, agradecidos por Deus entender mesmo quando os Seus filhos sentem "muitas coisas".

O escritor do Salmo 147 experimentou emoções fortes ao longo de sua jornada de fé e reconheceu os benefícios de louvar o onisciente Criador e Sustentador de todos, o Curador das feridas físicas e emocionais (vv.1-6). Louvou a Deus pelas maneiras que o Senhor provê e porque Ele "…se agrada dos que o temem, dos que põem a esperança em seu amor" (v.11).

Quando lutamos para entender as nossas emoções em constantes mudanças, não precisamos nos sentir sozinhas ou desanimadas. Podemos descansar no amor incondicional e na compreensão ilimitada de nosso Deus imutável.

—*Xochtil Dixon*

Quais emoções parecem mais difíceis de colocar
nas mãos poderosas e misericordiosas de Deus?

Soberano Deus, obrigada por me garantires
que entendes e te importas com
as minhas necessidades emocionais e físicas.

4 de setembro

Impresso em nosso coração

Provérbios 7:1-5

Amarre-as aos dedos como lembrança
e escreva-as no fundo do coração.
—Provérbios 7:3

Ao combinar a prensa com os tipos móveis em 1450, João Gutenberg inaugurou a era da comunicação em massa no Ocidente, espalhando o aprendizado para novos domínios sociais. A alfabetização se expandiu em todo o mundo, e as novas ideias produziram rápidas transformações sociais e religiosas. Gutemberg produziu a primeira versão impressa da Bíblia. Antes disso, elas eram copiadas à mão e demoravam até um ano para ficarem prontas.

Por séculos, a Bíblia impressa tem nos dado o privilégio do acesso direto às Escrituras. Embora também tenhamos as versões eletrônicas disponíveis, muitos de nós temos a Bíblia física em nossas mãos por causa da invenção de Gutemberg. O que antes era inacessível, dado o alto custo e tempo para copiar uma Bíblia, está largamente disponível hoje.

Ter acesso à verdade de Deus é um privilégio incrível. O autor de Provérbios indica que devemos tratar as instruções divinas nas Escrituras como algo a ser valorizado, como "a menina de seus olhos" (Provérbios 7:2) e escrever as Suas palavras de sabedoria "no fundo do coração" (v.3). Ao procurarmos entender a Bíblia e vivermos de acordo com sua sabedoria, nós, assim como os escribas, estamos levando a verdade de Deus de nossos "dedos" para o interior do nosso coração, para estarem conosco aonde quer que formos. —*Kirsten Holmberg*

As Escrituras guardadas em seu coração a beneficiam?
É possível internalizar ainda mais a sabedoria divina?

Deus, ajuda-me a conhecer
a Tua Palavra intimamente para que eu possa
viver da maneira que Tu desejas.

5 de setembro

Fazendo sua música

2 Coríntios 3:17,18

...o Espírito, nos transforma [...] à sua imagem gloriosa, deixando-nos cada vez mais parecidos com ele.
—2 Coríntios 3:18

Arianne Abela, regente de coral, passou a infância escondendo as suas mãos. Nascida com os dedos ausentes ou fundidos nas duas mãos, também não tinha a perna esquerda e faltavam-lhe os dedos do pé direito. Amante da música e cantora lírica, ela planejava estudar gestão política. Mas um dia sua professora de coral pediu-lhe que ela o regesse. A partir desse momento, Arianne descobriu a sua carreira, passando a reger coros de igrejas e hoje ela é a diretora dos corais em outra universidade. "Meus professores viram algo em mim", ela explica.

Sua história nos faz questionar: O que Deus, nosso santo Mestre, vê em nós, independentemente de nossos "limites"? Mais do que tudo, Ele se vê. "Deus criou os seres humanos à sua própria imagem, à imagem de Deus os criou; homem e mulher os criou" (Gênesis 1:27).

Como portadoras da Sua imagem, quando outros nos veem, devemos refleti-lo. Para Arianne, isso significa Jesus, não os seus limites físicos. E para nós também. "Portanto, todos nós, dos quais o véu foi removido, podemos ver e refletir a glória do Senhor, e o Senhor, que é o Espírito, nos transforma gradativamente à sua imagem..." (2 Coríntios 3:18).

Nós também podemos conduzir a nossa vida pelo poder transformador de Cristo (v.18), oferecendo a Ele um cântico de vida que honre a Deus. —*Patrícia Raybon*

Saber que você é "portadora da imagem" de Deus
a ajuda a se ver de maneira diferente?

*Obrigada, Deus, por me criares à Tua imagem.
Ajuda-me a refletir isso em todo o meu viver.*

6 de setembro

Dia de encorajamento

1 Tessalonicenses 5:12-28

Irmãos, pedimos que advirtam os indisciplinados.
Encorajem os desanimados.
—1 Tessalonicenses 5:14

Quando ocorrem desastres, os socorristas demonstram dedicação e coragem na linha de frente. No ataque ao *World Trade Center*, em Nova Iorque, 2001, entre os milhares de mortos, mais de 400 socorristas também perderam a vida. Em sua homenagem, o Senado dos EUA designou 12 de setembro como o Dia Nacional de Encorajamento.

Embora possa parecer algo singular que um governo tenha declarado um Dia Nacional de Encorajamento, o apóstolo Paulo certamente achou isso necessário para o crescimento da Igreja. Ele elogiou a jovem igreja em Tessalônica, uma cidade na Macedônia, por encorajar os desanimados, ajudar os fracos, ter paciência com todos (1 Tessalonicenses 5:14). Embora eles estivessem sofrendo perseguição, Paulo encorajou-os a se esforçarem "sempre [para] fazer o bem uns aos outros e a todos" (v.15). O apóstolo sabia que, como seres humanos, eles estariam propensos ao desespero, egoísmo e conflitos. Mas Paulo também reconhecia que eles não seriam capazes de encorajar um ao outro sem a ajuda e a força de Deus.

Todas nós precisamos ser encorajadas e precisamos fazer o mesmo com os que nos rodeiam. No entanto, não podemos fazer isso com as nossas próprias forças. É por isso que o encorajamento de Paulo de que "Aquele que os chama fará isso acontecer, pois ele é fiel" é tão reconfortante (v.24). Com a Sua ajuda, podemos encorajar uns aos outros todos os dias. —*Estera Pirosca Escobar*

Quem você pode encorajar ainda hoje?

Jesus, obrigada pelo encorajamento
que me concedes todos os dias.
Mostra-me quem eu preciso encorajar também.

7 de setembro

Compaixão no trabalho

Mateus 14:1-14

Quando Jesus saiu do barco, viu a grande multidão, teve compaixão dela e curou os enfermos.
—MATEUS 14:14

Helena é responsável por calcular a folha de pagamento de uma empresa de contabilidade. Isso pode parecer um trabalho simples, mas há vezes em que os empregadores enviam suas informações com atraso. Helena compensa isso trabalhando longas horas para que os funcionários possam receber seu salário em dia. Ela faz isso por consideração às famílias que dependem desses fundos para comprar mantimentos, remédios e pagar por sua moradia.

A atitude de Helena com o seu trabalho demonstra o amor de Jesus. Na Terra, o Senhor às vezes ministrava às pessoas quando isso era inconveniente para Ele. Por exemplo, Cristo queria um tempo sozinho depois de ouvir que João Batista havia sido morto, então Ele entrou em um barco em busca de um lugar isolado (Mateus 14:13). Talvez precisasse lamentar por Seu parente e orar em meio a Sua tristeza.

Havia apenas um problema. Multidões iam atrás dele com várias necessidades físicas. Teria sido muito mais fácil mandar as pessoas embora, mas "Quando Jesus saiu do barco, viu a grande multidão, teve compaixão dela e curou os enfermos" (v.14).

Embora fosse parte do chamado de Jesus ensinar às pessoas e curar suas doenças ao ministrar na Terra, Sua empatia afetou a maneira como cumpria as Suas responsabilidades. Que Deus nos ajude a reconhecer Sua compaixão em nossa vida e nos dê a força para transmiti-la aos outros! —*Jennifer Benson Schuldt*

Você demonstra o amor de Deus
quando assume as suas responsabilidades diárias?

Querido Jesus, obrigada por atenderes às minhas necessidades espirituais e físicas.

8 de setembro

Em foco

Atos 3:2-8,16

Pela fé no nome de Jesus,
este homem que vocês veem e conhecem foi curado.
—Atos 3:16

O autor Mark Twain sugeriu que tudo o que vemos na vida, e como vemos, pode influenciar os nossos passos seguintes, até mesmo o nosso destino. Como Twain disse: "Você não pode depender de seus olhos quando a sua imaginação está fora de foco".

Pedro também falou em visão quando respondeu a um mendigo coxo, um homem que ele e João encontraram na movimentada porta chamada Formosa à entrada do Templo (Atos 3:2). Quando ele lhes pediu dinheiro, Pedro e João olharam diretamente para esse homem. "Então Pedro disse: 'Olhe para nós!'" (v.4). Por que ele lhe disse isso? Como embaixador de Cristo, Pedro, provavelmente, queria que o mendigo parasse de olhar para as suas próprias limitações, sim, e que até parasse em concentrar-se em sua necessidade de dinheiro. Ao olhar para os apóstolos, o mendigo coxo provaria a veracidade da fé em Deus.

Como Pedro lhe disse: "Não tenho prata nem ouro, mas lhe dou o que tenho. Em nome de Jesus Cristo, o nazareno, levante-se e ande" (v.6). Então Pedro "o ajudou a levantar-se. No mesmo instante, os pés e os tornozelos do homem foram curados e fortalecidos" e ele louvou a Deus (v.7).

O que aconteceu? O mendigo coxo teve fé em Deus (v.16). Como o evangelista Charles Spurgeon insistiu: "Fique de olho nele!". Ao fazermos isso, não vemos obstáculos. Vemos Deus, Aquele que ilumina o nosso caminho. —*Patricia Raybon*

Em que você está focada, em vez de Deus?
Com sua fé redirecionada, como permitir que o Senhor
oriente os seus passos?

Pai celestial, quando os meus olhos
se desviarem de ti, concentra o meu olhar
em Teu poder ilimitado.

9 de setembro

Cessem os rumores

Êxodo 23:1-3

Não espalhe boatos falsos.
—Êxodo 23:1

Charles Simeon (1759–1836) foi nomeado ministro da Igreja da Santíssima Trindade, em Cambridge, Inglaterra, mas enfrentou anos de oposição. Como a maioria da congregação queria que o ministro associado fosse nomeado em vez de Simeon, eles espalharam rumores sobre ele e rejeitaram seu ministério chegando às vezes a impedi-lo de entrar na igreja. Mas Simeon desejava ser cheio do Espírito de Deus e procurou lidar com os boatos criando alguns princípios para viver. Um deles era "nunca acreditar em boatos, a menos que fossem verdadeiros e sempre acreditar que, se o outro lado fosse ouvido, um relato muito diferente seria dado sobre o mesmo assunto".

Nessa prática, Simeon seguiu as instruções de Deus para o Seu povo para interromper as fofocas e as conversas maliciosas que o Senhor sabia que acabariam com o amor deles um pelo outro. Um dos Dez Mandamentos de Deus reflete Seu desejo de que as pessoas vivam com honestidade: "Não dê falso testemunho contra o seu próximo" (Êxodo 20:16). Outra instrução em Êxodo reforça esse mandamento: "Não espalhe boatos falsos" (23:1).

Pense em como o mundo seria diferente se cada uma de nós nunca espalhasse boatos e relatos falsos e se os parássemos no momento em que os ouvíssemos. Que possamos confiar no Espírito Santo para nos ajudar a falar a verdade em amor à medida que usamos as nossas palavras para trazer glória a Deus. —*Amy Boucher Pye*

O que a ajudou ao enfrentar oposições?
Jesus, ajuda-me a falar a Tua verdade em amor.

Concede-me palavras portadoras de paz, graça e encorajamento.

10 de setembro

Memórias inspirativas

Deuteronômio 4:3-10

*Convoque o povo para que se apresente [...]
e eu os instruirei [...]. Eles aprenderão a me temer.*
—DEUTERONÔMIO 4:10

Quando meu filho já adulto enfrentou uma situação difícil, lembrei-o dos cuidados e provisões de Deus durante o desemprego de seu pai e das vezes em que Deus fortaleceu nossa família e nos deu paz enquanto minha mãe perdia a batalha contra a leucemia. Destacando a fidelidade de Deus, reafirmei que Ele era fiel em manter a Sua palavra. Guiei o meu filho pelas memórias que Deus pavimentou para nossa família, relembrando-o de como o Senhor, nos momentos de vales e montanhas, permaneceu confiável. Nas lutas ou celebrações, a presença, o amor e a graça de Deus foram suficientes.

Embora eu queira reivindicar como minha essa estratégia de fortalecimento da fé, Deus criou o hábito de compartilhar histórias para inspirar as futuras gerações a crerem nele. Os israelitas se lembravam de tudo o que viram Deus fazer no passado. O Senhor depositou pedras memoriais nas pistas divinamente pavimentadas. Os israelitas testemunharam Deus cumprir as Suas promessas, ouvir e responder suas orações enquanto o seguiam. Eles relembraram às gerações mais jovens as palavras sagradas sopradas e preservadas pelo único Deus verdadeiro.

As nossas convicções e a fé dos outros podem ser fortalecidas pela confirmação de Sua fidelidade ao contarmos sobre a majestade, a misericórdia e o amor profundo de nosso grande Deus. —*Xochtil Dixon*

> Compartilhe sobre a fidelidade e o amor divino
> através das linhas geracionais.

*Soberano Deus, obrigada por pavimentares
as caminhos de memória indutores de
louvor e por me capacitares a andar com a fé em ti,
que atravessa as gerações.*

11 de setembro

O perdão nunca é demais

Neemias 9:17,27-31

Mas tu és Deus de perdão, [...] cheio de amor.
—Neemias 9:17

"Se eu tocasse em uma Bíblia, ela pegaria fogo em minhas mãos", disse minha professora de inglês na faculdade. Meu coração se entristeceu.

O romance que líamos naquela manhã fazia referência a um versículo da Bíblia e, ao pegar minha Bíblia para procurá-lo, ela notou e comentou. Minha professora parecia pensar que ela era pecadora demais para ser perdoada. Ainda assim, não tive coragem de falar-lhe sobre o amor de Deus e que a Bíblia nos diz que podemos buscar o perdão divino sempre.

Há um exemplo de arrependimento e perdão em Neemias. Os israelitas haviam sido exilados por causa de seus pecados, mas agora tinham permissão para voltar a Jerusalém. Quando eles se estabeleceram, Esdras, o escriba, fez a leitura da lei para o povo (Neemias 7:73–8:3). Eles confessaram seus pecados, lembrando que, apesar dos seus pecados, Deus não os abandonou (9:17,19). O Senhor os ouviu quando clamaram; e com compaixão e misericórdia, Deus foi paciente com eles (vv.27-31).

Semelhantemente, Deus é paciente conosco e não nos abandonará se escolhermos confessar nosso pecado e nos voltarmos a Ele.

Gostaria de voltar no tempo e dizer a minha professora que, não importa o passado dela, Jesus a ama e quer que ela faça parte de Sua família. Jesus sente o mesmo por nós. Podemos nos aproximar dele e buscar o Seu perdão e Ele nos concederá! —*Julie Schwab*

Você conhece alguém que se sente muito pecador
para Jesus perdoá-lo? (Leia Marcos 2:17)

*Querido Pai, obrigada por perdoares
meus pecados e por Tua verdade de que ninguém
é pecador demais para ser perdoado.*

12 de setembro

Símbolos de amor

Cântico dos Cânticos 8:5-7

Coloque-me como selo sobre o seu coração,
como selo sobre seu braço.
—Cântico dos Cânticos 8:6

Fiquei espantado com as centenas de milhares de cadeados, muitos gravados com as iniciais de namorados, presos a todas as partes imagináveis da *Pont des Arts*, em Paris. A ponte de pedestres sobre o rio Sena foi inundada com esses símbolos de amor: a declaração de um casal do compromisso "para sempre". Em 2014, calculou-se que os cadeados de amor pesavam impressionantes 50 toneladas causando o colapso de uma parte da ponte e exigindo sua remoção.

A presença de tantos cadeados reflete o profundo desejo que temos como seres humanos pela garantia de que o amor seja seguro. Em Cântico dos Cânticos, há a descrição de um diálogo entre dois amantes. A mulher expressa seu desejo de amor seguro, pedindo ao amado que a colocasse "como selo sobre o seu coração, como selo sobre seu braço" (8:6). Seu desejo era ficar tão segura e protegida em seu amor quanto um selo impresso em seu coração ou um anel em seu dedo.

O anseio por um amor romântico duradouro expresso em Cântico dos Cânticos nos indica a verdade bíblica do Novo Testamento: somos marcados com o "selo" do Espírito Santo (Efésios 1:13). Embora o amor humano possa ser inconstante e cadeados possam ser removidos de uma ponte, o Espírito de Cristo que vive em nós é um selo permanente que demonstra o amor eterno e comprometido de Deus por cada uma de Suas filhas. —Lisa Samra

Você já vivenciou o amor seguro do Pai?
Você permite que o amor de Deus o guie?

Pai celestial, obrigada porque,
apesar de a segurança do amor humano
muitas vezes ser ilusória,
Teu amor por mim é forte, firme e eterno.

13 de setembro

Vagando

Lucas 15:1-7

*Alegrem-se comigo,
pois encontrei minha ovelha perdida!*
—Lucas 15:6

O humorista Michael Yaconelli mora perto de fazendas de gado e notou como as vacas estavam propensas a vagar enquanto pastavam. Uma delas vagava sempre procurando as lendárias "pastagens mais verdes". Perto do limite da propriedade, a vaca poderia encontrar um pouco de grama fresca sob uma frondosa árvore. Logo depois de uma parte quebrada da cerca havia uma saborosa folhagem. Nisso, a vaca foi muito além da cerca e alcançou a estrada. Lentamente, ela foi "mordiscando" pelo caminho até se perder. As vacas não estão sozinhas na distração. As ovelhas também vagam, e é provável que as pessoas também tenham grande tendência a se perderem.

Talvez essa seja uma das razões pelas quais Deus nos compara a ovelhas na Bíblia. Pode ser fácil vaguear e "mordiscar o nosso caminho" por meio de compromissos imprudentes e decisões tolas, sem jamais perceber a que distância estamos da verdade. Jesus contou aos fariseus a história de uma ovelha perdida que tinha tanto valor para o pastor a ponto de este ter deixado as outras ovelhas para trás enquanto procurava a que vagava. E quando a encontrou, o pastor comemorou (Lucas 15:1-7)! Tal é a felicidade de Deus sobre aqueles que se voltam para o Senhor.

Jesus disse: "Alegrem-se comigo, pois encontrei minha ovelha perdida!" (v.6). Deus nos enviou o Salvador para nos resgatar e nos levar para casa. —*Cindy Hess Kasper*

Você está "seguindo" na direção que agrada a Deus?

*Pai eterno, sinto-me perdida.
Já vaguei por muito longe!
Redireciona o meu coração e mostra-me
o caminho de volta para casa.*

14 de setembro

Enraizado no amor

Efésios 3:14-21

*…peço que […] vocês possam compreender
[…] a profundidade do amor de Cristo.*
—Efésios 3:18

"É só isso!", disse Mara. Ela tinha cortado um caule de seu pé de gerânio, mergulhado a ponta cortada em mel e a enfiara num pote com terra de composto. Mara estava me ensinando como replantar gerânios: como transformar uma planta saudável em muitas plantas, para que eu tivesse flores para compartilhar com alguém. O mel, disse ela, era para ajudar a jovem planta a estabelecer raízes. Observando o trabalho dela, perguntei-me que tipos de coisas nos ajudam a estabelecer raízes espirituais. O que nos ajuda a amadurecer, firmar a fé e florescer? O que nos impede de murchar ou não crescer?

Paulo, escrevendo aos efésios, diz que estamos aprofundados "em amor" (Efésios 3:17). Esse amor vem de Deus, que nos fortalece ao nos conceder o Espírito Santo. Cristo habita em nosso coração. E quando começamos a compreender "a largura, o comprimento, a altura e a profundidade do amor de Cristo" (v.18), podemos experimentar a presença de Deus ricamente quando somos "preenchidos com toda a plenitude de vida e poder que vêm de Deus" (v.19).

Crescer espiritualmente requer que nos firmemos no amor de Deus, que reflitamos sobre o fato de sermos amadas por Ele, que é "capaz de realizar infinitamente mais do que poderíamos pedir ou imaginar" (v.20). Que alicerce incrível para a nossa fé! —*Amy Peterson*

Como cultivar o hábito de meditar no amor de Deus?
Com quem devo compartilhar sobre a veracidade do amor divino hoje?

*Deus, obrigada por Teu amor por mim.
Ajuda-me a meditar na verdade desse amor.
Que ele cresça em meu coração trazendo
beleza à minha vida e ao mundo carente.*

15 de setembro

A grande história da Bíblia

Gênesis 11:26-32

...a Escritura é inspirada [...] para nos ensinar [...] fazer perceber o que não está em ordem...
—2 Timóteo 3:16

Quando Carlos abriu a caixa de vitrais, não viu os pedacinhos que tinha encomendado, mas janelas inteiras. Buscou a origem delas e soube que tinham sido retiradas de uma igreja para protegê-las das bombas da Segunda Guerra Mundial. Ele ficou surpreso com a qualidade do trabalho e como os "pedacinhos" formavam uma bela figura.

Honestamente, há ocasiões em que abro textos da Bíblia, capítulos com genealogias, e demoro para perceber como se encaixam no quadro geral das Escrituras. Esse é o caso de Gênesis 11 — um capítulo com uma lista repetitiva de nomes desconhecidos e suas famílias: Sem, Salá, Héber, Naor e Terá (vv.10-32). Por vezes, sou tentada a ir para uma parte que contenha algo conhecido e se encaixe mais facilmente na minha "janela" de compreensão da narrativa bíblica.

Já que "toda a Escritura é inspirada por Deus e é útil" (v.16), o Espírito Santo nos ajuda a entender como um pedacinho cabe no todo, abrindo os nossos olhos para ver, por exemplo, como Salá está ligado a Abrão (Gênesis 11:12-26), o ancestral de Davi e, principalmente, a Jesus (Mateus 1:2,6,16). O Senhor tem o prazer de nos surpreender com o tesouro de uma janela perfeitamente intacta, na qual os pedacinhos revelam a história da missão de Deus em toda a Bíblia. —Kirsten Holmberg

Você já considerou a leitura da Bíblia
como um pedacinho da história maior?
Como Deus lhe mostrou a bela
e intacta figura que a Bíblia revela?

*Pai, graças por seres o artista-mor
da Bíblia e da história.
Ajuda-me a ver Tua obra e a ti claramente.*

16 de setembro

Descansando em Deus

Deuteronômio 33:1-5,12

...Ele o protege continuamente e o faz descansar...
—Deuteronômio 33:12

Escrevi uma carta para nossos filhos quando cada um se tornou adolescente. Expliquei sobre a nossa identidade em Cristo, lembrando-lhes que quando eu era adolescente me sentia insegura, sem confiança. Tive que aprender que era uma filha amada de Deus. Escrevi: "Saber quem você é se resume a saber a Quem você pertence". Quando entendemos que Deus nos criou e nos comprometemos a segui-lo, podemos aceitar o que Ele nos fez ser. E também sabemos que Deus nos transforma para sermos mais semelhantes ao Senhor a cada dia.

Um dos textos bíblicos que nos ensinam sobre nossa identidade como filhos de Deus está em Deuteronômio 33:12: "amado pelo Senhor [e] vive em segurança ao seu lado. Ele o protege continuamente e o faz descansar sobre seus ombros". Pouco antes de morrer, Moisés proclamou essa bênção sobre a tribo de Benjamin, enquanto o povo de Deus se preparava para entrar na Terra Prometida. Deus queria que eles sempre se lembrassem de que eram amados e que descansassem em sua identidade como Seus filhos.

Conhecer nossa identidade como filhas de Deus é igualmente importante para todas — adolescentes, adultas e idosas. Quando compreendemos que Deus nos criou e cuida de nós, podemos encontrar nele a segurança, a esperança e o amor. —*Amy Boucher Pye*

Saber que você pode "descansar sobre Seus ombros"
aumenta o seu amor por Deus?
Isso a ajuda a entender melhor quem você é?

*Pai, tu me criaste e me manténs perto.
Deixa minha identidade como Tua filha
permear os meus pensamentos e ações.*

17 de setembro

Hotel Corona

2 Coríntios 5:14-20

*...o amor de Cristo nos impulsiona.
Porque cremos [...] agora o conhecemos de modo bem diferente.*
—2 Coríntios 5:14-16

Em 2020, o Dan Hotel, em Israel, ficou conhecido por um nome diferente: "Hotel Corona". O hotel foi dedicado aos pacientes em recuperação da COVID-19 e tornou-se conhecido como um local alegre e de união. Já que os moradores estavam infectados, estavam livres para cantar, dançar e rir juntos. Assim o fizeram! Em um país onde as tensões entre grupos políticos e religiosos são altas, a crise em comum criou um lugar onde as pessoas podiam se ver como seres humanos primeiramente, e até mesmo se tornarem amigas. É natural sermos atraídas àqueles que vemos como semelhantes a nós, que compartilham experiências e valores semelhantes aos nossos.

Mas, como o apóstolo Paulo enfatizava, o evangelho é um desafio às barreiras entre as pessoas que consideramos normais (2 Coríntios 5:15). Com as lentes do evangelho, vemos um quadro maior do que as nossas diferenças: um quebrantamento, um desejo e uma necessidade comuns de experimentar a cura no amor de Deus.

Se acreditamos que um "morreu por todos", então também não podemos mais nos contentar com suposições superficiais sobre os outros. Em vez disso, "o amor de Cristo nos impulsiona" (v.14) a compartilhar o Seu amor e missão com os que Deus ama, mais do que podemos imaginar — todas nós. —*Monica La Rose*

Quando você se sente mais propensa
a esquecer o "quadro geral" de sua humanidade?
O que a ajuda a se lembrar de que necessitamos do amor de Jesus?

*Pai, graças por poder ver o amor
e a alegria nas pessoas sem as avaliar
"do ponto de vista humano".*

18 de setembro

Da sabedoria à alegria

Provérbios 3:13-18

Ela [a sabedoria] os guiará por estradas agradáveis...
—PROVÉRBIOS 3:17

O telefone tocou, e logo o atendi. Carla era a mais idosa de nossa igreja, mulher vibrante e trabalhadora que tinha quase cem anos. Dando os retoques finais em seu último livro, ela me fez algumas perguntas sobre a escrita para poder cruzar a linha final. Mas, como sempre, eu estava lhe fazendo perguntas sobre a vida, o trabalho, o amor e a família. Suas lições de uma vida tão longa transbordavam sabedoria. Carla me disse: "Acalme-se". Eríamos sobre os momentos em que ela havia esquecido de se acalmar — suas histórias maravilhosas, todas temperadas com verdadeira alegria.

A Bíblia ensina que a sabedoria conduz à alegria: "Feliz é a pessoa que encontra sabedoria..." (Provérbios 3:13). Descobrimos que o caminho, da sabedoria à alegria, é uma virtude bíblica. "Pois a sabedoria entrará em seu coração, e o conhecimento o encherá de alegria" (2:10). "Deus concede sabedoria, conhecimento e alegria àqueles que lhe agradam" (Eclesiastes 2:26). Lemos em Provérbios 3:17 que a sabedoria "os guiará por estradas agradáveis".

Refletindo sobre os assuntos da vida, o autor C. S. Lewis declarou que "a alegria é negócio sério no Céu". A estrada lá, no entanto, é pavimentada com sabedoria. Minha amiga Carla, que viveu até os 107 anos, concordaria. Ela caminhou com sabedoria e alegria até o Rei. —*Patricia Raybon*

Que estradas você tem usado em busca da alegria?
De que maneira a sabedoria conduz à alegria?

*Pai, caso eu esteja numa estrada pedregosa,
traz-me de volta ao Teu caminho de sabedoria e alegria.*

19 de setembro

Um texto que vivifica

Salmo 1

Feliz é aquele que [...] tem prazer na lei do Senhor
e nela medita dia e noite.
—Salmo 1:1-2

Ao imortalizar a obra de seu avô, Peter Croft escreveu: "Meu desejo mais profundo é que, ao ler sua Bíblia, seja qual for a versão, a pessoa não apenas a compreenda, mas a vivencie como palavras vivas, tão relevantes, perigosas e emocionantes agora quanto há milhares de anos". O avô de Croft, J. B. Phillips, pastoreou jovens e escreveu uma paráfrase da Bíblia durante a Segunda Guerra Mundial, para torná-la viva aos seus alunos da igreja.

Como aqueles alunos, também enfrentamos barreiras para ler e praticar as Escrituras, não necessariamente, por causa de sua tradução. Podemos não ter tempo, disciplina ou as ferramentas certas para a compreensão. Mas o Salmo 1 diz que "Feliz é aquele que [...] tem prazer na lei do Senhor..." (vv.1-2). Meditar nas Escrituras diariamente nos permite prosperar em todas as circunstâncias, não importa as dificuldades que estejamos enfrentando.

Você vê a sua Bíblia como leitura relevante e com lições para a vida de hoje, ainda instigante em seu chamado a crer e seguir a Jesus, ainda emocionante na transmissão do conhecimento íntimo de Deus e do homem ao qual comunica? É como um rio (v.3) que traz diariamente o sustento que precisamos. Que nos comprometamos a encontrar tempo, adquirir as ferramentas certas e pedir a Deus para que a vivenciemos como a Sua Palavra viva. —*Karen Pimpo*

Você enfrenta barreiras ao ler a Bíblia?
Como você pode ouvir melhor a voz de Deus?

Deus, ajuda-me a vivenciar a Bíblia
como a Tua Palavra viva hoje.

20 de setembro
Instrumentos moldados por Deus

Isaías 64:5-9

…Nós somos o barro, e tu és o oleiro; somos todos formados por tua mão.
—Isaías 64:8

Tido como um dos maiores videogames já feitos, *A lenda de Zelda: a ocarina do tempo*, da Nintendo, vendeu mais de 7 milhões de cópias no mundo e popularizou a ocarina, um pequeno e antigo instrumento musical feito de argila. A ocarina não se parece com um instrumento musical. Mas, quando tocada, soprando-se em seu bocal e cobrindo vários orifícios ao redor de seu corpo disforme, produz um som muito sereno e firme.

O fabricante usou um pouco de argila, aplicou pressão e calor e transformou a ocarina em um belo instrumento musical. Vejo nisso um retrato de Deus e nós. Lemos em Isaías 64:6,8-9: "Estamos todos impuros […]. Apesar de tudo, ó Senhor, és nosso Pai. Nós somos o barro, e tu és o oleiro […]. Não te ires tanto conosco…". O profeta estava dizendo: Deus, tu estás no comando. Somos todos pecadores.

Molda-nos em belos instrumentos para ti. Isso é exatamente o que Deus faz! Em Sua misericórdia, Ele enviou Jesus para morrer por nosso pecado, e agora nos transforma enquanto caminhamos em sintonia com o Seu Espírito. Assim como o sopro do fabricante da ocarina flui no instrumento para produzir uma linda música, Deus age através de nós, Seus instrumentos, para cumprir Sua vontade: sermos mais e mais "à imagem de Jesus" (Romanos 8:29). —*Ruth Wan-Lau*

Saber que somos um vaso da misericórdia de Deus impacta o que você pensa, diz e faz?
De que modo você se submete à Sua transformação?

Pai, graças pela salvação e transformação à semelhança de Jesus. Desejo me submeter ao Teu Espírito.

21 de setembro

Mova sua cerca

Isaías 43:18-21

Pois estou prestes a realizar algo novo...
—Isaías 43:19

O padre do vilarejo não podia dormir. Durante a Segunda Guerra Mundial, ele disse a um grupo de soldados que não poderiam enterrar o companheiro deles no cemitério da igreja. Apenas os membros daquela igreja podiam ser sepultados ali. Então os soldados enterraram o companheiro do lado de fora.

Na manhã seguinte, os soldados não encontraram mais a sepultura. "O que aconteceu? O túmulo desapareceu", disse um soldado ao reverendo. O soldado estava confuso. Mas o pároco explicou: "Ainda está lá. Arrependi-me de ter dito 'não' e, ontem à noite mesmo, movi a cerca".

Deus também pode dar uma nova perspectiva para os desafios de nossa vida, se nós a buscarmos. Foi essa a mensagem do profeta Isaías ao povo de Israel. Em vez de olhar para trás, para o resgate no mar Vermelho, eles precisavam mudar de visão, ver Deus fazendo novos milagres, abrindo novos caminhos. "Esqueçam tudo isso", Deus os exortou. "Pois, estou prestes a realizar algo novo" (Isaías 43:18-19). Deus é a nossa fonte de esperança nas adversidades. "...Sim, farei rios na terra seca, para que meu povo escolhido se refresque..." (v.20).

Renovadas por uma nova visão, também podemos ver a nova direção de Deus em nossa vida. Que possamos olhar com novos olhos para enxergar os Seus novos caminhos. Em seguida, com coragem, pisemos em novos solos para segui-lo.
—Patrícia Raybon

A qual novo solo Deus a conduziu
e como você agirá estando nele?

Pai, dou graças por me dares uma nova perspectiva.
Renova a minha visão para vê-la e caminhar contigo.

22 de setembro

Um hóspede inesperado

Lucas 19:1-10

[Jesus] disse: "Zaqueu, desça depressa!
Hoje devo hospedar-me em sua casa".
—Lucas 19:5

Zaque era solitário. Caminhando pelas ruas, podia sentir os olhares hostis. Mas sua vida deu uma guinada. Clemente de Alexandria, um dos pais da igreja, diz que Zaque se tornou um líder cristão importante e pastor da igreja em Cesareia. Sim, estamos falando de Zaqueu, o principal coletor de impostos que subiu numa figueira-brava para ver Jesus passar (Lucas 19:1-10).

O que o fez subir na árvore? Os coletores de impostos eram vistos como traidores, pois tributavam muito seu próprio povo para servir ao Império Romano. Mesmo assim, Jesus tinha a fama de aceitá-los. Zaqueu pode ter questionado se Jesus o aceitaria também. Por ser de estatura baixa, ele não conseguia ver por cima da multidão (v.3). Talvez tenha subido na árvore para tentar ver Jesus.

E Jesus também estava buscando por Zaqueu. Quando Cristo chegou à árvore onde Zaqueu estava, olhou para cima e disse: "Zaqueu, desça depressa! Hoje devo hospedar-me em sua casa" (v.5). Jesus considerou absolutamente necessário hospedar-se na casa de Zaqueu. Imagine isso! O Salvador do mundo querendo investir Seu tempo com um rejeitado da sociedade.

Quer seja nosso coração, relacionamento ou vida que precise de conserto, podemos ter esperança. Jesus nunca nos rejeitará quando nos voltarmos a Ele. O Senhor pode restaurar o que foi perdido e quebrado e nos dar um novo significado e propósito. —*Poh Fang Chia*

O que Jesus pode restaurar em sua vida?
Que significado isso terá?

Jesus, graças por me procurares
quando eu estava perdida no pecado
e por redimires a minha vida confusa.

23 de setembro

Nenhum mal-entendido

Romanos 8:26-30

E sabemos que Deus faz todas as coisas cooperarem para o bem daqueles que o amam...
—Romanos 8:28

Alexa, Siri e outros assistentes virtuais nos dispositivos em nossa casa, nem sempre entendem o que dizemos. Uma criança de 6 anos falou com o dispositivo de sua família sobre biscoitos e uma casa de bonecas. Mais tarde, sua mãe recebeu um e-mail dizendo que um pedido de biscoitos e uma caríssima casa de boneca estavam a caminho. Até mesmo um papagaio, cujo dono nunca comprara nada online, de alguma forma, encomendou um pacote de caixas douradas de presente sem seu conhecimento. Uma pessoa pediu ao dispositivo para "ligar as luzes da sala" e ele, por causa dos sons similares, respondeu: "Não há sala de pudim".

Não existe qualquer mal-entendido da parte de Deus quando falamos com Ele. Deus nunca se confunde, pois o Senhor conhece o nosso coração melhor do que nós. O Espírito sonda o nosso coração e entende a vontade do Pai. O apóstolo Paulo disse às igrejas em Roma que Deus promete que realizará o Seu propósito de nos tornar maduros e mais semelhantes a Seu Filho (Romanos 8:28-29). Mesmo quando, por causa da "nossa fraqueza", não sabemos do que precisamos para crescer, o Espírito intercede por nós segundo a vontade de Deus (vv.26-27).

Preocupada em como se expressar a Deus? Não sabe o que ou como orar? Diga o que puder de coração. O Espírito entenderá e cumprirá o propósito de Deus.
—*Anne Cetas*

O que você poderia compartilhar com Deus agora mesmo?
Você se sente encorajada por saber que Ele conhece as suas adversidades?

Deus, obrigada por me conheceres. Eu te amo. Ajuda-me a expressar o que penso e a confiar em ti.

24 de setembro

Saltando de alegria

Malaquias 4:1-3

…E vocês sairão e saltarão de alegria, como bezerros soltos no pasto.
—Malaquias 4:2

O fazendeiro Jaime comoveu-se ao ler "…vocês que temem meu nome […] sairão e saltarão de alegria, como bezerros…" (Malaquias 4:2) e orou para receber a vida eterna. Recordando os saltos de seus próprios bezerros ao saírem das baias, ele entendeu a promessa de Deus sobre a verdadeira liberdade.

Sua filha me contou isso quando discutíamos as imagens em Malaquias 4. Nesse texto, o profeta fez uma distinção entre os fiéis que temiam o nome de Deus e aqueles que confiavam em si mesmos (vv.1-2).

O profeta encorajava os israelitas a seguirem a Deus quando muitos, incluindo os líderes religiosos, desprezavam a Deus e Seus padrões para uma vida fiel (1:12-14;3:5-9). Malaquias convocou o povo a viver fielmente por causa de um tempo futuro em que Deus faria a distinção final entre esses dois grupos. Nesse contexto, Malaquias usou a imagem de um bezerro saltitante para descrever a alegria indescritível que os fiéis terão "quando o sol da justiça [levantar-se], trazendo cura em suas asas" (4:2).

Jesus é o cumprimento dessa promessa, trazendo as boas-novas de que a verdadeira liberdade está ao alcance de todos (Lucas 4:16-21). E um dia, na criação renovada e restaurada de Deus, experimentaremos essa liberdade plenamente. Nesse dia, que prazer indescritível será saltar de alegria! —Lisa Samra

Você experimenta a liberdade em Jesus?
Que outras imagens a ajudam a visualizar a alegria?

Jesus, ajuda-me a viver com alegria enquanto me lembro da liberdade que só Tu concedes.

25 de setembro

Deus sabe o que sentimos

Salmo 42

Durante o dia [...] o S<small>ENHOR</small> me derrama seu amor, e à noite entoo seus cânticos e faço orações...
—S<small>ALMO</small> 42:8

Sentindo-se sobrecarregada, Silvia sofria com o vício de seu filho e disse: "Eu me sinto mal. Será que Deus pensa que não tenho fé porque não paro de chorar enquanto oro?". Eu lhe respondi: "Não sei o que Deus pensa, mas sei que o Senhor pode lidar com nossas emoções. Não é como se Ele não soubesse o que sentimos". Orei e choramos juntas ao clamar pela libertação do filho dela.

A Bíblia contém muitos exemplos de pessoas que lutam com Deus enquanto sofrem. O escritor do Salmo 42 expressa o anseio profundo de obter a paz da presença de Deus. O salmista reconhece sua tristeza pela dor que ele tem sentido. Seu caos interior diminui e revigora com os louvores, enquanto ele se lembra de que Deus é fiel. Encorajando sua "alma", ele escreve: "Espere em Deus! Ainda voltarei a louvá-lo, meu Salvador e meu Deus!" (v.11). O autor desse salmo fica confuso entre o que sabe ser verdadeiro sobre Deus e a inegável existência de suas intensas emoções.

Deus nos fez à Sua imagem e com emoções. Nosso pranto pelos outros revela o nosso profundo amor e compaixão, não necessariamente falta de fé. Podemos nos aproximar de Deus com feridas abertas ou cicatrizes antigas, pois o Senhor sabe o que sentimos. Cada oração, seja silenciosa, soluçada ou cheia de clamor, demonstra a nossa confiança em Sua promessa de que Ele nos ouve e cuida de nós. —*Xochtil Dixon*

Quais emoções você tentou ocultar de Deus?
Por que geralmente é difícil ser honesta a respeito de nossas emoções?

Pai imutável, graças por me garantires que sabes o que sinto e que preciso tratar das minhas emoções.

26 de setembro

Descanse bem

Mateus 11:25-30

*Venham a mim todos vocês que estão cansados
e sobrecarregados, e eu lhes darei descanso.*
—Mateus 11:28

Era 1h55 da manhã. Preocupada por causa de uma mensagem de texto, o sono não vinha. Saí do aconchego da minha cama e fui silenciosamente para o sofá. Pesquisei na internet o que fazer para dormir, apenas para descobrir o que não fazer: não tirar uma soneca, não beber cafeína ou fazer exercício no final do dia. Concordei. Lendo mais, fui aconselhada a também não usar "telas" à noite. Opa! Enviar mensagens de texto não tinha sido uma boa ideia. Quando se trata de descansar bem, existem listas do que não fazer.

No Antigo Testamento, Deus deu regras sobre o que não fazer no *Shabat* para priorizar o descanso. No Novo Testamento, Jesus ofereceu um novo modo. Em vez de regras pesadas, Jesus chamou os discípulos para ter um relacionamento com eles. "Venham a mim todos vocês [...] cansados e sobrecarregados [...] e eu lhes darei descanso" (Mateus 11:28).

No versículo anterior, Jesus destacou o Seu relacionamento de unidade com o Pai, Aquele que Ele nos revelou. O contínuo auxílio que Jesus recebeu do Pai também pode ser nosso.

Mesmo sendo sábias para evitar passatempos que possam interromper o nosso sono, descansar em Cristo tem mais a ver com relacionamento do que com regras. Desliguei minha tela e coloquei o meu coração aflito no travesseiro do convite de Jesus: "Venham a mim…". —*Elisa Morgan*

Ver o descanso como um relacionamento,
não como regra muda sua visão sobre ele? Em que área da vida
você precisa descansar em Jesus?

*Querido Jesus, graças pelo descanso
a que me chamas em um
relacionamento contínuo contigo.*

27 de setembro

Alegre aprendizado

Romanos 12:1-3

*...deixem que Deus os transforme por meio
de uma mudança em seu modo de pensar...*
—Romanos 12:2

Na Índia, há uma escola feita de dois vagões reformados e conectados. Os educadores locais se uniram à empresa ferroviária para comprar e reformá-los. Eram grandes caixas de metal, inúteis até que os operários colocassem escadas, ventiladores, luzes e mesas. Eles também pintaram as paredes e adicionaram murais coloridos. Hoje, 60 alunos vão às aulas por causa dessa incrível transformação.

Algo mais surpreendente ocorre ao seguirmos a ordem do apóstolo Paulo de sermos transformados pela mudança de nosso pensamento (Romanos 12:2). À medida que deixamos que o Espírito Santo nos desconecte do mundo e de seus caminhos, nossos pensamentos e atitudes começam a mudar. Tornamo-nos mais amorosas, mais esperançosas e cheias de paz interior (8:6).

Outra coisa acontece também. Embora o processo de transformação seja contínuo e tenha mais paradas e recomeços do que uma viagem de trem, ele nos ajuda a entender o que Deus deseja para nós.

Isso nos leva a conhecer a vontade de Deus (12:2). Aprender sobre a Sua vontade pode ou não envolver detalhes, mas sempre envolve alinhamento ao Seu caráter e Sua obra no mundo. Nali Kali, nome da escola na Índia, significa "alegre aprendizado". Como o poder transformador de Deus pode levá-la ao aprendizado alegre de Sua vontade? —*Jennifer Benson Schuldt*

Quais áreas de sua mente precisam mais
do poder transformador de Deus? Você se dispõe a agir
quando entende a Sua vontade?

*Pai, transforma-me e renova a minha mente.
Graças por tudo o que fazes por mim. Rendo-me a ti.*

28 de setembro

Tudo o que você precisa

Salmo 73:23-28

*...Deus continua sendo a força de meu coração;
ele é minha possessão para sempre.*
—Salmo 73:26

Sentada à mesa da sala de jantar, olhei para o alegre caos ao meu redor. Tias, tios, primos, sobrinhas e sobrinhos saboreavam a refeição juntos em nossa reunião de família. Eu também estava gostando de tudo. Mas um pensamento me veio ao coração: você é a única mulher aqui sem filhos, sem família para chamar de sua. Muitas mulheres solteiras como eu têm experiências iguais. Na minha cultura, uma cultura asiática na qual o casamento e filhos são muito valorizados, não ter uma família própria pode trazer a sensação de incompletude. Pode parecer que está faltando algo que defina quem você é e a torne completa.

É por isso que o fato de Deus ser a minha "possessão" é tão consolador para mim (Salmo 73:26). Quando as tribos de Israel receberam suas porções de terra, a tribo de Levi não recebeu nenhuma. Em vez disso, Deus prometeu que Ele mesmo seria a porção e herança deles (Deuteronômio 10:9).

Eles poderiam encontrar satisfação completa em Deus e confiar que Ele supriria todas as suas necessidades. Para algumas dentre nós, a sensação de carência pode não estar ligada à família. Talvez ansiemos por um emprego melhor ou melhor desempenho acadêmico. Apesar das circunstâncias, podemos receber a Deus como nossa porção. Ele nos torna completas. Nele, não temos falta de nada.

—*Karen Huang*

O que está faltando em sua vida que a tornaria completa?
Você poderia encontrar satisfação em Deus como sua porção?

*Pai, em Cristo sou completa.
Ajuda-me a dizer: "...como é bom
estar perto de Deus..."* (Salmo 73:28).

29 de setembro

Qualificada aos olhos de Deus

Gênesis 6:9-18

Noé era um homem justo, a única pessoa íntegra naquele tempo, e andava em comunhão com Deus.
—Gênesis 6:9

Fui contratada por uma consultoria em tecnologia embora eu não conseguisse escrever uma linha de código de computador e tivesse pouco conhecimento de negócios. Na entrevista inicial, aprendi que a empresa não valorizava a experiência anterior. As qualidades pessoais como a capacidade de resolver problemas criativamente, bom senso e trabalho em equipe eram mais importantes. Presumiam que os novos funcionários aprenderiam, desde que fossem o tipo de pessoa que procuravam.

Noé não tinha o currículo adequado para construir a arca, não era engenheiro naval nem carpinteiro. Era fazendeiro e sentia-se confortável com a camisa suja e o arado nas mãos. No entanto, pela maneira que Deus decidira lidar com o mal no mundo, Noé se destacou porque "andava em comunhão com Deus" (v.9). O Senhor valorizava a docilidade do seu coração, a força para resistir à corrupção ao seu redor e fazer o que era certo.

Quando surgirem as oportunidades de servirmos a Deus, talvez não nos sintamos qualificadas para o trabalho. Felizmente, Deus não está necessariamente preocupado com nosso conjunto de habilidades. Ele valoriza o nosso caráter, o amor a Ele e a nossa disposição de confiar nele. Quando essas qualidades estão sendo desenvolvidas em nós pelo Espírito, Deus pode nos usar de maneiras grandes ou pequenas para realizar Sua vontade entre nós. —*Jennifer Benson Schuldt*

Quais qualidades de caráter
Deus precisa desenvolver em você?

Senhor, dá-me um coração disposto a servir-te e enche-me com o Teu Espírito para que eu possa te honrar.

30 de setembro

Na videira

João 15:1-8

...um ramo não pode produzir fruto se não estiver na videira, vocês também [...] a menos que permaneçam em mim.
—João 15:4

Certa primavera, após um inverno particularmente sombrio durante o qual Emma tinha ajudado uma pessoa doente da sua família, ela se encorajava cada vez que passava por uma cerejeira perto de sua casa em Cambridge, Inglaterra. No topo das flores rosas cresceram flores brancas. Um jardineiro criativo tinha enxertado na árvore um ramo de flores brancas. Quando Emma passava pela árvore incomum, pensava nas palavras de Jesus sobre ser Ele a Videira e Seus seguidores os ramos (vv.1-8).

Chamando-se a si mesmo de Videira, Jesus se referia a uma imagem familiar aos israelitas no Antigo Testamento, pois para eles a videira simbolizava o povo de Deus (Salmo 80:8,9; Oseias 10:1). Jesus estendeu esse simbolismo a si mesmo, dizendo que Ele era a Videira e que os Seus seguidores foram enxertados nele como ramos. E na medida em que permanecessem nele, receberiam o Seu alimento e força e produziriam frutos (v.5).

Quando Emma ajudava o familiar doente, ela precisava lembrar-se de que estava ligada a Jesus. Ver as flores brancas entre as rosas foi uma indicação visual da verdade bíblica de que, enquanto permanecesse na Videira, ela se nutriria por meio de Jesus. Quando nós que cremos em Jesus abraçamos a ideia de estarmos tão ligados a Ele como um ramo está para uma videira, a nossa fé se fortalece e se enriquece. —Amy Boucher Pye

De que maneira você permanece e se fortalece em Jesus para o seu enriquecimento espiritual?

Jesus, obrigada por me ajudares a permanecer em ti e por me concederes a paz, a esperança e a força.

1.º de outubro

Todos precisam de um mentor

Tito 2:1-8

*Escrevo a Tito, meu verdadeiro filho
na fé que compartilhamos.*
—Tito 1:4

Ao entrar no escritório do meu novo supervisor, senti-me cautelosa e inexperiente. Meu antigo supervisor administrara nosso departamento com dureza e arrogância, muitas vezes deixando-me (e a outros) em lágrimas. Agora eu me questionava: Como seria o novo chefe? Logo após entrar no escritório dele, senti meus medos se dissiparem ao ser recebida calorosamente. Ele me pediu para compartilhar sobre minhas frustrações e me ouviu atentamente. Eu sabia por sua expressão e palavras gentis que ele realmente se importava. Ele cria em Jesus e se tornou meu mentor, incentivador e amigo.

O apóstolo Paulo foi o mentor espiritual de Tito, seu "verdadeiro filho na fé que [compartilhavam]" (Tito 1:4). Paulo ofereceu-lhe instruções e diretrizes úteis para seu papel na igreja. Ele não apenas ensinou, mas insistiu: "que suas palavras [refletissem] o ensino verdadeiro" (2:1), dessem "exemplo da prática de boas obras" e "sua mensagem [fosse] tão correta a ponto de ninguém a criticar" (vv.7,8). Como resultado, Tito se tornou seu parceiro, irmão e colega de trabalho (2 Coríntios 2:13; 8:23) e mentor de outros.

Muitas de nós já nos beneficiamos de um mentor, professor, treinador, avô, líder do grupo de jovens ou pastor que nos orientou com seu conhecimento, sabedoria, encorajamento e fé. Quem pode se beneficiar das lições espirituais que você aprendeu em sua jornada com Jesus? —*Alyson Kieda*

A quem você pode orientar?

*Pai, sou grata por todos que me orientaram
quando mais precisei. Guia-me a quem possa
precisar do meu encorajamento hoje.*

2 de outubro

Escolhendo a esperança

Miqueias 7:2-7

*Quanto a mim, busco o Senhor
e espero confiante que Deus me [...] ouvirá...*
—Miqueias 7:7

Sou uma das milhões de pessoas no mundo que sofrem de transtorno afetivo sazonal, um tipo de depressão comum em locais com pouca luz solar devido aos dias curtos de inverno. Fico ansiosa por qualquer evidência de que os dias mais longos e as temperaturas mais quentes se aproximam.

Os primeiros sinais da primavera, as flores abrindo seu caminho na neve, lembram-me de como a esperança em Deus pode romper as estações mais sombrias. O profeta Miqueias confessou isso enquanto aguentava um "inverno" de cortar o coração vendo os israelitas se afastarem de Deus. Ao avaliar a situação sombria, lamentou: "Os fiéis desapareceram; não resta uma só pessoa honesta na terra..." (7:2).

No entanto, mesmo que a situação parecesse terrível, o profeta se recusou a desistir da esperança, pois confiava que Deus estava agindo (v.7) mesmo em meio à devastação, e mesmo que ainda não pudesse ver as evidências.

Em nossos "invernos", às vezes aparentemente escuros e intermináveis, quando a primavera parece não chegar, enfrentamos a mesma luta desse profeta. Vamos nos desesperar ou esperar confiantes no Senhor (v.7)?

Nossa esperança em Deus nunca é desperdiçada (Romanos 5:5). Ele está trazendo um tempo sem "inverno": sem luto ou dor (Apocalipse 21:4). Até lá, descansemos no Senhor, confessando: "És minha única esperança" (Salmo 39:7). —*Lisa Samra*

Onde você encontra esperança
para os tempos sombrios?

*Pai celestial, nos momentos difíceis
é fácil desanimar. Ajuda-me a depositar
minha esperança no Senhor.*

3 de outubro

Orações à beira do mar

Salmo 148

*Louvem todos o nome do S<small>ENHOR</small>,
pois exaltado é seu nome...*
—S<small>ALMO</small> 148:13

Durante uma viagem para comemorar o nosso 25.º aniversário, meu marido e eu líamos nossa Bíblia na areia da praia. À medida que os vendedores passavam e anunciavam os preços de seus produtos, agradecíamos a cada um, mas não comprávamos nada. Um vendedor, Fernando, sorriu largamente com a minha rejeição e insistiu que considerássemos comprar presentes para os amigos. Depois que recusei a sugestão, Fernando empacotou seus produtos e começou a se afastar sorrindo. Então eu lhe disse: "Oro para que Deus abençoe o seu dia"!

Fernando virou-se para mim e disse: "Já abençoou! Jesus transformou a minha vida". Fernando se ajoelhou entre as nossas cadeiras. "Sinto a presença dele aqui". Em seguida, ele compartilhou como Deus o havia libertado do abuso de drogas e álcool há mais de 14 anos.

Minhas lágrimas correram quando ele recitou poemas inteiros do livro dos Salmos e orou por nós. Juntos, louvamos a Deus e nos regozijamos em Sua presença à beira do mar. O Salmo 148 é uma oração de louvor. O salmista incentiva toda a criação a louvar "o nome do S<small>ENHOR</small>, pois ele ordenou, e [tudo veio] a existir, [...] pois exaltado é seu nome; sua glória está acima da terra e dos céus!" (vv.5,13).

Embora Deus nos convide a apresentar nossas necessidades a Ele e confiar que o Senhor ouve e se importa conosco, o Senhor também se deleita em orações de grato louvor, onde quer que estejamos. Até mesmo na praia. —*Xochitl Dixon*

Pelo que você louvará a Deus hoje?

*Querido Deus, ajuda-me a louvar-te
a cada fôlego que me dás.*

4 de outubro

Forte e corajosa

Josué 1:1-9

...eu estarei com você, assim como estive com Moisés. Não o deixarei nem o abandonarei.
—Josué 1:5

Toda noite, ao fechar seus olhos, Calebe sentia a escuridão envolvê-lo. O silêncio de seu quarto era interrompido regularmente pelo rangido da casa de madeira na Costa Rica. No silêncio, os morcegos no sótão se agitavam. Sua mãe havia posto uma luz noturna em seu quarto, mas o menino ainda tinha medo do escuro. Uma noite, o pai de Calebe colocou um versículo bíblico no pé da cama dele. Dizia: "Seja forte e corajoso! Não tenha medo nem desanime, pois o Senhor, seu Deus, estará com você por onde você andar" (Josué 1:9). Calebe começou a ler essas palavras todas as noites e ele deixou essa promessa de Deus colada em sua cama até ir para a faculdade.

Em Josué 1, lemos sobre a transição da liderança para Josué depois que Moisés morreu. O mandamento para ser "forte e corajoso" foi repetido várias vezes a Josué e aos israelitas para enfatizar sua importância (vv.6-9). Certamente, eles sentiram apreensão ao enfrentarem um futuro incerto, mas Deus os tranquilizou dizendo: "assim como estive com Moisés. Não o deixarei nem o abandonarei" (v.5).

É natural termos receios, mas é prejudicial para a nossa saúde física e espiritual vivermos em estado de medo constante. Assim como Deus encorajou os Seus servos da antiguidade, também podemos ser fortes e corajosas por causa daquele que promete estar sempre conosco. —*Cindy Hess Kasper*

Meditar nas promessas de Deus a ajuda
a superar o medo e a ansiedade?

*Pai fiel, obrigada por estares sempre comigo.
Ajuda-me a lembrar das Tuas promessas
e a confiar em ti quando tiver medo.*

5 de outubro

Sobrevivendo à seca

Jeremias 17:5-8

Feliz é quem confia no Senhor. [...]
É como árvore plantada junto ao rio.
—Jeremias 17:7,8

Um bairro suburbano da Califórnia foi invadido por arbustos secos em abril de 2019. Os ventos fortes empurraram os cardos rolantes para o deserto adjacente de Mojave, onde a tal planta cresce. Na sua maturidade, essa erva daninha pode crescer até um metro e oitenta de altura, um tamanho formidável quando se libera de suas raízes para "rolar" com o vento e espalhar suas sementes.

Quando leio a descrição de Jeremias sobre a pessoa que "afasta seu coração do Senhor" imagino arbustos secos (Jeremias 17:5). Ele diz que aqueles que extraírem seu apoio da "força humana" serão como "arbusto solitário no deserto" e serão incapazes de ver a prosperidade quando vier (vv.5,6). Contrastam nitidamente daqueles que confiam em Deus, e não nas pessoas. Como as árvores, as suas raízes fortes e profundas extraem sua força do Senhor permitindo que permaneçam cheias de vida, mesmo em circunstâncias difíceis.

Os arbustos e as árvores têm raízes. No entanto, os primeiros não permanecem conectados à sua fonte de vida, isso os faz secar e morrer. As árvores permanecem conectadas às suas raízes e isso lhes permite florescer e prosperar, ancoradas em tempos de dificuldade. Ao nos apegarmos a Deus, orarmos a Ele e extrairmos força e encorajamento da sabedoria da Bíblia, também podemos experimentar o alimento que Ele fornece e nos concede vida e sustento. —*Kirsten Holmberg*

Como Deus o sustentou em tempos difíceis?

Deus que dás vida e és o meu Sustentador, agradeço-te por me concederes o que preciso para lidar com minhas lutas e dificuldades.

6 de outubro
Dia de lavar as roupas

Mateus 28:16-20

Portanto, vão e façam discípulos de todas as nações...
—MATEUS 28:19

Dirigindo por uma área de baixa renda perto de sua igreja, o pastor Chad Graham, começou a orar por seus "vizinhos". Ao passar por uma pequena lavanderia, ele parou e deu uma olhada em seu interior repleto de clientes. Um deles pediu-lhe uma moeda para poder acionar a secadora. Esse pequeno pedido inspirou o "Dia da Lavanderia" patrocinado semanalmente pela igreja de Graham. Os membros doam moedas e sabão para uso na lavanderia, oram com os clientes e apoiam o proprietário do estabelecimento.

Esse alcance evangelístico reflete a grande comissão de Jesus aos Seus discípulos. "Jesus se aproximou deles e disse: "Toda a autoridade no céu e na terra me foi dada. Portanto, vão e façam discípulos de todas as nações, batizando-os em nome do Pai, do Filho e do Espírito Santo" (Mateus 28:18-19).

A presença de Seu Espírito Santo possibilita a proclamação do evangelho em toda parte, incluindo numa lavanderia. Na verdade, não vamos sozinhas. Jesus prometeu: "estou sempre com vocês, até o fim dos tempos" (v.20).

Esse pastor pôde orar por um cliente que está lutando contra o câncer e ele relata: "Ao abrirmos os olhos, todos os clientes estavam orando e com as mãos estendidas em direção ao enfermo. Foi um dos momentos mais sagrados que experimentei como pastor". A lição? Proclamemos Cristo em todos os lugares.

Patricia Rayhon

Onde você pode proclamar Cristo em seu bairro ainda hoje? De que maneira?

Jesus, permita-me proclamar as Tuas boas-novas hoje, em toda parte.

7 de outubro

Cicatrizes douradas

2 Coríntios 12:1-10

*Portanto, se devo me orgulhar,
prefiro que seja das coisas que mostram como sou fraco.*
—2 Coríntios 12:30

Alguns estilistas inspirados pela técnica japonesa *Kintsugi* de reparar com ouro a porcelana quebrada fazem uma oficina na qual os participantes remendam roupas que destacam o conserto realizado, em vez de tentar torná-lo invisível. Eles trazem "uma roupa estimada, mas rasgada, e a remendam com ouro". As peças de vestuário são transformadas de maneira a destacar onde estavam rasgadas ou desgastadas e o reparo se torna decorativo, uma "cicatriz dourada".

Talvez seja isso que Paulo quis dizer ao escrever que "se orgulharia" das coisas que mostravam a sua fraqueza. Embora tivesse "recebido revelações tão maravilhosas", ele não se orgulhava delas (2 Coríntios 12:6). Paulo evitava tornar-se arrogante e confiante demais, diz ele, por ter-lhe sido dado um "espinho" em sua carne (v.7). Ninguém sabe exatamente a que ele se referia — talvez depressão, malária, perseguição ou outra coisa. Fosse o que fosse, ele implorou que Deus o livrasse disso, mas o Senhor lhe respondeu: "Minha graça é tudo de que você precisa. Meu poder opera melhor na fraqueza" (v.9).

Como as roupas podem se tornar belas ao serem refeitas pelos estilistas, os lugares fracos e destruídos em nossa vida podem se tornar espaços nos quais o poder e a glória de Deus podem brilhar. O Senhor nos mantém unidos transformando-nos e nos fortalecendo em nossas fraquezas. —*Amy Peterson*

Deus revelou o Seu poder
através de alguma fraqueza sua?

*Deus, que todas as minhas cicatrizes
se tornem valiosas quando Tu me curares e me reparares
de maneiras que tragam glória ao Teu nome.*

8 de outubro

Prosperando juntos

Colossenses 3:5-16

*Permitam que a paz de Cristo governe
o seu coração, pois, como membros do mesmo corpo,
vocês são chamados a viver em paz.*
—Colossenses 3:15

Meu marido, Alan, ficou embaixo do reflexo das luzes altas quando um membro da equipe adversária jogou uma bola ao alto. Com os olhos fixos nela, ele correu em direção ao canto mais escuro e bateu na cerca de arame. Naquela noite, dei-lhe uma bolsa de gelo e perguntei: "Está se sentindo bem?". "Eu me sentiria melhor se tivessem me avisado que eu estava muito perto da cerca", disse ele. As equipes funcionam melhor quando trabalham juntas. Tudo isso poderia ter sido evitado, se alguém do time o tivesse avisado da proximidade da cerca.

As Escrituras ensinam que os membros da igreja são designados para trabalharem juntos e cuidarem uns dos outros como equipe. Paulo nos diz que Deus se preocupa com a maneira que interagimos uns com os outros, porque as ações de uma pessoa podem impactar toda a comunidade (Colossenses 3:13-14). A igreja floresce quando, dedicados à unidade e à paz, nós usamos as oportunidades de servir uns aos outros (v.15).

Paulo instruiu: "Que a mensagem a respeito de Cristo, em toda a sua riqueza, preencha a vida de vocês. Ensinem e aconselhem […] com toda a sabedoria. Cantem a Deus salmos, hinos e cânticos espirituais" (v.16). Inspiramos e protegemos uns aos outros por meio de relacionamentos amorosos e honestos, obedecendo e louvando a Deus com corações agradecidos, prosperando juntos. —*Xochitl Dixon*

O que significa ter a mensagem de Cristo
preenchendo a sua vida?

*Deus Pai, obrigada por usares as Escrituras
para me instruir, Teu Espírito
para me guiar e Teu povo para me manter responsável
como membro do Corpo de Cristo.*

9 de outubro

Amem os estrangeiros

Levítico 19:33-37

…amem-nos como a si mesmos, Lembrem-se de que vocês eram estrangeiros quando moravam na terra do Egito.
—Levítico 19:34

Fui morar num novo país e uma experiência me fez sentir indesejável. Sentei-me num banco da pequena igreja onde meu marido pregaria naquele dia, e um senhor mais idoso me assustou ao dizer: "Saia desse lugar". A esposa dele se desculpou dizendo que eu me sentara no banco que eles sempre ocupavam. Depois soube que as igrejas alugavam bancos para arrecadar dinheiro e isso também assegurava que ninguém se sentasse no banco de outra pessoa. Aparentemente, parte dessa mentalidade continuou ao longo de décadas.

Mais tarde, refleti sobre como Deus instruiu os israelitas a receberem bem os estrangeiros, em contraste com as práticas culturais como as que encontrei. Ao estabelecer as leis que permitiriam o Seu povo florescer, Ele lhes lembrou de que recebessem bem os estrangeiros porque eles mesmos já o tinham sido (Levítico 19:34). Não apenas deveriam tratar os estranhos com bondade (v.3), mas também amá-los "como a si mesmos" (v.34). Deus os resgatara da opressão no Egito e deu-lhes um lar numa terra que produzia "leite e mel com fartura" (Êxodo 3:17). O Senhor esperava que o Seu povo amasse as outras pessoas que também moravam lá.

Ao encontrar estrangeiros em seu meio, peça a Deus que revele quaisquer práticas culturais que possam impedi-la de compartilhar o amor de Deus.

—Amy Boucher Pye

Por que é importante que recebamos pessoas em nossos lares e igrejas? O que é mais desafiador e gratificante nisso?

Deus Pai, recebeste-me de braços abertos, pois me amas dia após dia. Concede-me o Teu amor para compartilhar com os outros.

10 de outubro

Procura-se: sabedoria

1 Reis 3:5-12

*Dá a teu servo um coração compreensivo,
para que eu possa [...]
saber a diferença entre o certo e o errado.*
—1 Reis 3:9

Kevin, de 2 anos, desaparecera. No entanto, três minutos após sua mãe ligar para a polícia, eles o encontraram na feira do seu bairro a dois quarteirões da casa da família. Sua mãe havia prometido que ele iria lá mais tarde naquele dia com o avô. Mas Kevin dirigiu seu trator de brinquedo até o local e o estacionou perto do seu brinquedo favorito. Quando já estava em segurança, seu pai sabiamente removeu a bateria do brinquedo.

Kevin foi inteligente para chegar aonde queria, mas crianças de 2 anos ainda não adquiriram outra qualidade fundamental: a sabedoria. E, como adultos, às vezes também não a temos. Salomão, nomeado rei por seu pai Davi (1 Reis 2), admitiu que se sentia como criança. Deus lhe apareceu em sonho e disse: "Peça o que quiser, e eu lhe darei" (3:5). Ele respondeu: "sou como uma criança pequena que não sabe o que fazer. [...] Dá a teu servo um coração compreensivo, para que eu possa governar bem o teu povo e saber a diferença entre o certo e o errado" (vv.7-9). Deus concedeu a Salomão "conhecimento tão vasto quanto a areia na beira do mar" (4:29).

Onde podemos obter a sabedoria que precisamos? Salomão disse que o começo da sabedoria é o "temor" ou reverência a Deus (Provérbios 9:10). Assim, podemos começar pedindo a Ele que nos ensine sobre si mesmo e nos dê sabedoria além da nossa. —*Anne Cetas*

Em que áreas você precisa da sabedoria de Deus?
O que pode tornar o seu coração dócil?

*Deus, preciso sempre de sabedoria
e quero seguir os Teus caminhos. Por favor,
mostra-me por onde devo ir.*

11 de outubro

Uma reação crítica

Provérbios 15:1,2,31-33

…quem tem paciência acalma a discussão.
—Provérbios 15:18

As palavras difíceis ferem e meu amigo, um premiado autor, lutou para saber como responder às críticas que recebera. Seu novo livro tinha recebido críticas excelentes e um valioso prêmio. No entanto, um respeitado crítico o elogiou descrevendo seu livro como bem escrito e, ainda assim, o criticando severamente. Buscando apoio nos amigos, ele perguntou: "Como devo responder?". Um amigo aconselhou: "Deixa para lá". Compartilhei conselhos da redação de revistas sobre a escrita, incluindo dicas para ignorar tais críticas ou aprender com elas e continuar trabalhando e escrevendo.

Finalmente, decidi ver o que as Escrituras, que têm os melhores conselhos, têm a dizer sobre isso. Tiago nos aconselha: "estejam todos prontos para ouvir, mas não se apressem em falar nem em se irar" (1:19). Paulo nos orienta: "Vivam em harmonia uns com os outros" (Romanos 12:16).

Um capítulo inteiro de Provérbios, no entanto, oferece extensa sabedoria sobre como reagir a disputas. "A resposta gentil desvia o furor", diz Provérbios 15:1. "Quem tem paciência acalma a discussão" (v.18). Além disso, "quem dá ouvidos à repreensão adquire entendimento" (v.32). Considerando tal sabedoria, que Deus nos ajude a guardar a língua, como meu amigo o fez. Mais do que tudo, porém, a sabedoria nos instrui a ter "temor ao Senhor" porque "a humildade precede a honra" (v.33). —*Patricia Raybon*

Qual a sua reação ao ser criticada?

*Querido Deus, quando houver uma crítica
ou uma disputa me ferir,
guarda a minha língua em humilde honra a ti.*

12 de outubro

Você a verá novamente

1 Coríntios 15:3,4,12-22

*Assim como todos morremos em Adão,
todos que são de Cristo receberão nova vida.*
—1 Coríntios 15:22

O quarto estava escuro e silencioso quando me sentei ao lado da cama de Jaqueline. Antes da batalha de três anos contra o câncer, minha amiga era uma pessoa vibrante. Eu ainda podia imaginá-la rindo, seus olhos cheios de vida, o rosto iluminado por um sorriso. Agora ela estava calma e quieta, e eu a visitava numa unidade de cuidados especiais. Sem saber o que dizer, decidi ler alguns textos bíblicos. Abri minha Bíblia e comecei a ler em 1 Coríntios.

Após a visita e o momento emocionante que tive na reclusão do meu carro estacionado, surgiu-me um pensamento que diminuiu minhas lágrimas: você a verá novamente. Estava triste e tinha esquecido que a morte para "todos que são de Cristo" é apenas temporária para os que creem nele (1 Coríntios 15:21,22). Sabia que a veria novamente, porque nós duas cremos na morte e ressurreição de Jesus para o perdão de nossos pecados (vv.3,4). Quando Jesus voltou à vida após Sua crucificação, a morte perdeu seu poder supremo de separar os fiéis uns dos outros e de Deus. Depois que morrermos, viveremos novamente no Céu com Deus e com todos os nossos irmãos e irmãs espirituais, para sempre.

Porque Jesus está vivo hoje, os que creem nele têm esperança em tempos de perda e tristeza. A morte foi tragada na vitória da cruz (v.54). —*Jennifer Benson Schuldt*

Como Deus a consolou em tempos de tristeza?
Você pode ser instrumento nas mãos do Senhor
para confortar alguém que sofre?

*Querido Jesus, obrigada por morreres
pelo meu pecado. Creio que estás vivo hoje porque
Deus o ressuscitou dentre os mortos.*

13 de outubro

Removendo o que é intruso

Efésios 5:25-33

Maridos, ame cada um a sua esposa,
como Cristo amou a igreja. Ele entregou a vida por ela.
—Efésios 5:25

Quando meu marido se levantou da cama e foi à cozinha, vi a luz acender e apagar e me questionei o porquê. E me lembrei de que na manhã anterior eu tinha gritado ao ver uma "intrusa" no balcão da cozinha; uma criatura indesejável e com seis pernas. Meu marido conhecia minha paranoia e imediatamente a removeu. Hoje de manhã, ele acordou cedo para garantir que a nossa cozinha estivesse livre desses bichinhos para que eu pudesse entrar sem preocupação. Que homem!

Ele acordara pensando em mim e colocou a minha necessidade antes da dele. Para mim, sua ação ilustra o amor que Paulo descreve em Efésios 5:25: "Maridos, ame cada um a sua esposa, como Cristo amou a igreja. Ele entregou a vida por ela." Paulo continua: "os maridos devem amar cada um a sua esposa, como amam o próprio corpo, pois o homem que ama sua esposa na verdade ama a si mesmo" (v.28).

Essa comparação do amor de um marido com o amor de Cristo se demonstra em como Jesus coloca as nossas necessidades antes das Suas. Meu marido sabe que tenho medo dessas intrusas e, por isso, priorizou a minha preocupação.

Isso não se aplica apenas aos maridos. Após o exemplo de Jesus, cada uma de nós pode se sacrificar amorosamente para ajudar a remover o estresse, o medo, a vergonha ou a ansiedade, para que alguém possa se mover mais livremente no mundo. —*Elisa Morgan*

Que "intruso" Deus pede para você remover
a fim de ajudar outra pessoa?

Querido Deus, obrigada
pela dádiva do Teu Filho, que removeu o pecado
da minha vida e me reconciliou contigo!

14 de outubro

Como refletir a Cristo

Colossenses 1:25-27

*…pois Deus queria que eles soubessem
que as riquezas gloriosas
desse segredo […] Cristo está em vocês…*
—Colossenses 1:27

Teresa de Lisieux era uma criança alegre e despreocupada até sua mãe morrer quando ela tinha apenas 4 anos. Daí em diante, tornou-se tímida e agitava-se facilmente. Muitos anos depois, na véspera de Natal, tudo mudou. Após celebrar o nascimento de Jesus com a sua igreja, Deus a libertou do medo concedendo-lhe alegria. Ela atribuiu a mudança ao poder de Deus que deixou o Céu tornando-se homem, Jesus, e pelo fato de Ele habitar nela.

O que significa o fato de Cristo habitar em nós? É um mistério, disse Paulo à igreja de Colossos. É algo que Deus manteve "em segredo por séculos e gerações" (v.26), mas que revelou ao povo de Deus. Para eles, Deus revelou "as riquezas gloriosas desse segredo […] Cristo está em vocês, o que lhes dá a confiante esperança de participar de sua glória!" (v.27). Por Cristo habitar nos colossenses, eles experimentaram a alegria de uma nova vida. Já não eram escravizados ao antigo eu do pecado.

Se pedimos a Jesus para ser o nosso Salvador, também vivemos esse mistério de Sua morada em nós. Por meio de Seu Espírito, Ele nos liberta do medo, como o fez à menina Teresa e faz crescer em nós os frutos do Seu Espírito, como a alegria, a paz e o domínio próprio (Gálatas 5:22,23).

Sejamos gratas pelo maravilhoso mistério de Cristo habitando em nós.
—*Amy Boucher Pye*

De que maneira você vê Jesus refletido em sua vida?
E na vida dos seus queridos que também o seguem?

*Jesus, obrigada por te humilhares e
te tornares homem, e por habitares em mim.
Ajuda-me a entender melhor o Teu agir em mim.*

15 de outubro

Fé juvenil

Deuteronômio 5:28-33

*...se o coração deles fosse [...]
dispostos a me temer
e a obedecer [...] meus mandamentos...*
—Deuteronômio 5:29

A época da adolescência é uma das mais angustiantes da vida, para pais e filhos. Em minha busca para me diferenciar como pessoa, recusei os valores de minha mãe e me rebelei contra suas regras, imaginando que o objetivo dela era tornar-me infeliz. Embora já tenhamos concordado sobre essas questões, nosso relacionamento foi muito tenso. Mamãe, sem dúvida, lamentou por eu ter rejeitado suas instruções, sabendo que elas me livrariam de dores físicas e emocionais.

Deus tinha o mesmo coração para Israel. Ele comunicou Sua sabedoria por meio dos Dez Mandamentos (Deuteronômio 5:7-21). Embora possam ser vistos como uma lista de regras, a intenção de Deus é clara em Suas palavras a Moisés: "...Tudo iria bem com eles e seus descendentes para sempre!" (v.29). Moisés reconheceu o desejo de Deus, dizendo que a obediência aos decretos de Deus resultaria no prazer de Sua presença com eles na Terra Prometida (v.33).

Passamos por uma época de "adolescência" com Deus, sem crer que as Suas diretrizes para a nossa vida sejam para o nosso bem. Que cresçamos na compreensão de que Ele quer o melhor para nós e aprendamos a ouvir a sabedoria que Ele nos concede. Sua orientação visa à nossa maturidade espiritual à medida que nos assemelhamos a Jesus (Salmo 119:97-104; Efésios 4:15; 2 Pedro 3:18). —*Kirsten Holmberg*

A sabedoria de Deus o ajudou no seu relacionamento com Ele?
Em que área da vida você precisa buscar Sua sabedoria?

*Deus amoroso, ajuda-me a confiar
que Tu sabes o que é melhor para mim.*

16 de outubro

Onde quer que adoremos

João 4:7-24

...os verdadeiros adoradores [...]
em espírito e em verdade [...]
pessoas que o adorem desse modo.
—João 4:23

Uma enxaqueca me impediu de ir aos cultos em minha igreja... de novo. Lamentando a falta da adoração comunitária, assisti a um sermão online. No início, minhas queixas me prejudicaram. A má qualidade do som e do vídeo tirou minha atenção. Mas daí ouvi um hino conhecido. Chorei enquanto cantava estas palavras: "Sejas tu minha visão, ó Senhor da minha vida. Tu és tudo para mim. Tu és meu melhor pensamento, de dia ou de noite. Acordando ou dormindo, Tua presença é minha luz" (*Be Thou my vision*). Atentando para a dádiva da presença de Deus, eu o adorei ali, na minha sala de estar.

Embora a Bíblia diga que a adoração coletiva seja essencial (Hebreus 10:25), Deus não está preso a um edifício. Na conversa com a mulher samaritana, Jesus contrariou todas as expectativas sobre o Messias (João 4:9). Em vez de condenação, Ele falou a verdade e demonstrou amor àquela mulher ao lado do poço (v.10). Jesus revelou Seu conhecimento sobre Seus filhos (vv.17-18). Proclamando Sua divindade, Jesus declarou que o Espírito Santo despertou a verdadeira adoração do coração do Seu povo, não de um local físico (vv.23-24).

Quando atentamos para quem Deus é, o que Ele fez e Suas promessas, alegramo-nos em Sua presença constante e o adoramos com outros cristãos, em nossas salas de estar e em qualquer lugar! —*Xochitl Dixon*

Onde você gosta de adorar a Deus?
Você desfruta de Sua presença e alegria quando o adora?

Deus maravilhoso, ajuda-me
a adorar-te por quem Tu és, no que fazes
e em tudo o que prometeste fazer.

17 de outubro

Ajudando uns aos outros

1 Tessalonicenses 5:11-25

*...procurem sempre fazer o bem
uns aos outros e a todos.*
—1 Tessalonicenses 5:15

Jogando basquete com suas amigas, Amanda percebeu que a sua comunidade se beneficiaria de uma liga feminina. Então, iniciou uma organização, sem fins lucrativos, para promover o trabalho em equipe e impactar a próxima geração. As líderes do *Moças que Encestam* se esforçam para construir confiança e caráter nas mulheres e incentivá-las a se tornarem contribuintes significativas para suas comunidades locais. Uma das jogadoras do time original que agora orienta outras meninas disse: "Há tanto companheirismo entre nós. Isso é algo de que eu sentia falta. Apoiamos umas às outras de maneiras diferentes. Amo ver as meninas tendo sucesso e crescendo".

Deus quer que o Seu povo também ajude uns aos outros. O apóstolo Paulo exortou os tessalonicenses dizendo: "animem e edifiquem uns aos outros" (v.11). Deus nos colocou em Sua família para obtermos apoio. Precisamos umas das outras para continuar no caminho de Cristo. Às vezes, isso significa ouvir alguém em dificuldades, suprir uma necessidade específica ou dizer palavras de encorajamento. Podemos celebrar sucessos, orar por força na dificuldade ou desafiar umas às outras a crescer na fé. E em tudo, podemos "sempre fazer o bem uns aos outros" (v.15).

Podemos desfrutar de companheirismo ao nos unirmos a outros cristãos para confiar em Deus juntos! —Anne Cetas

Como você tem sido encorajada pelos outros?
Você está preparada para receber e dar apoio?

*Amo fazer parte da Tua família, Senhor.
Mostra-me como posso participar da vida de outras pessoas.*

18 de outubro

Não há nada de comum

Hebreus 11:1,32-40

*…obtiveram aprovação por causa de sua fé […]
nenhum deles recebeu tudo que havia sido prometido…*
—Hebreus 11:39

Quando Anita faleceu dormindo, em seu nonagésimo aniversário, a quietude de sua partida refletiu a quietude de sua vida. Viúva, ela se dedicava aos filhos e netos e a ser amiga das mulheres mais jovens da igreja. Anita não era notável em talento ou realização. Mas sua profunda fé em Deus inspirou quem a conheceu. "Quando não sei o que fazer a respeito de um problema", disse uma amiga minha, "não penso nas palavras de um pregador ou escritor famoso. Penso no que Anita diria".

Muitas de nós somos como Anita: pessoas comuns que vivem vidas comuns. Nossos nomes nunca estarão no noticiário e não teremos monumentos construídos em nossa homenagem. Mas uma vida vivida com fé em Jesus nunca é comum. Algumas pessoas listadas em Hebreus 11 não foram nomeadas (vv.35-38); elas trilharam o caminho da obscuridade e não receberam a recompensa prometida nesta vida (v.39). Mas, por terem obedecido a Deus, a fé que tiveram não foi em vão. Deus usou a vida delas de maneiras além de sua falta de notoriedade (v.40).

Quando você estiver desanimada com o estado aparentemente normal de sua vida, lembre-se de que viver pela fé em Deus tem impacto por toda a eternidade. Mesmo sendo pessoas comuns, a nossa fé pode ser extraordinária. —*Karen Huang*

Em que área da vida, Deus a chama para exercer sua fé nele? Como Ele pode ajudá-la a ser mais obediente e fiel em seus afazeres cotidianos?

*Deus, Tu és digno!
Por favor, ajuda-me a confiar em ti
e a obedecer-te sempre.*

19 de outubro
Necessidade de sabedoria

Êxodo 18:17-24

*Moisés aceitou o conselho do sogro
e seguiu todas as suas recomendações.*
—Êxodo 18:24

Beto cresceu sem pai e sentiu que perdeu muito da sabedoria que os pais transmitem aos filhos. Sem querer que outros carecessem de habilidades importantes para a vida, ele fez vários vídeos demonstrando desde como montar uma prateleira até como trocar um pneu. Com sua compaixão e estilo bondoso, Beto se tornou uma sensação no *YouTube*, com milhares de seguidores.

Muitos de nós anseiam por ter uma figura paterna para nos ensinar habilidades valiosas, bem como nos ajudar a enfrentar as dificuldades.

Moisés precisou de sabedoria depois que ele e os israelitas fugiram do Egito e se estabeleceram como nação. Seu sogro Jetro viu a pressão que existia sobre Moisés ao ter que resolver disputas entre o povo. Por isso, deu a Moisés um excelente conselho sobre como delegar responsabilidades na liderança (vv.17-23). Moisés "aceitou o conselho do sogro e seguiu as suas recomendações" (v.24).

Deus sabe que todos precisam de sabedoria. Alguns são abençoados com pais piedosos que dão conselhos sábios, mas outros não. Porém a sabedoria do Senhor está disponível a todos os que a pedem (Tiago 1:5). Deus também proveu sabedoria nas páginas da Bíblia, o que nos lembra de que, quando ouvimos humilde e sinceramente os sábios, seremos sábios como eles (Provérbios 19:20) e teremos sabedoria para compartilhar com os outros. —Lisa Samra

Você tem se beneficiado de conselhos sábios?
De quem você poderia se aproximar?

*Pai, ajuda-me a buscar e escutar os conselhos sábios
das pessoas que Tu colocas em minha vida.*

20 de outubro

À mesa do rei

2 Samuel 9:6-13

*Mefibosete passou a comer à mesa de Davi,
como se fosse um de seus filhos.*
—2 SAMUEL 9:11

"Ele viverá", disse o veterinário, "mas sua perna terá que ser amputada". O vira-latas perdido que minha amiga levara havia sido atropelado. Ele lhe perguntou: "Você é a dona?" Haveria uma pesada conta pela cirurgia, e o filhote precisaria de cuidados enquanto se recuperasse. "Agora sou", respondeu ela. Sua bondade deu àquele cão um futuro melhor em um lar amoroso.

Mefibosete se via como um "cão morto", indigno de ajuda (2 Samuel 9:8). Sendo aleijado de ambos os pés, devido a um acidente, ele dependia dos outros para protegê-lo e sustentá-lo (4:4). Além disso, após a morte de seu avô, o rei Saul, ele provavelmente temia que Davi, o novo rei, ordenasse a morte de todos os inimigos e rivais ao trono, como era a prática da época.

No entanto, por amor a seu amigo Jônatas, Davi garantiu que o filho dele, Mefibosete, estaria sempre seguro e seria cuidado como se fosse o seu próprio filho (9:7). Igualmente, nós, que éramos inimigas de Deus, marcados para a morte, fomos salvas por Jesus e recebemos um lugar com Ele no Céu para sempre. Isso é o que significa participar do banquete no reino de Deus que Lucas descreve em seu evangelho (Lucas 14:15).

Aqui estamos nós, os filhos e filhas de um rei! Que bondade generosa e imerecida recebemos! Aproximemo-nos de Deus em gratidão e alegria. —*Karen Kwek*

Você tende a esquecer que Deus a protege e cuida de você?
Como 2 Samuel 9:6-13 pode encorajá-la nesses momentos de dúvida?

*Jesus, graças pela salvação e um lugar à Tua mesa.
Faz-me lembrar que pertenço a ti e a louvar-te sempre.*

21 de outubro

O maior dos Mestres

Isaías 40:12-14

*Alguém lhe ensinou o que é certo
ou lhe mostrou o caminho da sabedoria?*
—Isaías 40:14

"Não entendo!" Minha filha largou o lápis na mesa. Ela estava fazendo um trabalho de matemática e eu tinha acabado de iniciar minha "função" como mãe/educadora domiciliar. Estávamos em apuros. Não conseguia me lembrar como fazer para transformar os números decimais em frações. Não podia lhe ensinar algo que eu mesma não sabia. Daí assistimos a uma aula online.

Como seres humanos, às vezes, lutaremos com coisas que não conhecemos. Mas não Deus. Ele sabe tudo. Ele é onisciente. Isaías escreveu: "Acaso o Senhor já precisou do conselho de alguém? Necessita que o instruam a respeito do que é bom? Alguém lhe ensinou o que é certo ou lhe mostrou o caminho da sabedoria? (Isaías 40:13-14). A resposta é não!

Temos inteligência porque Deus nos criou à Sua imagem. Porém, nossa inteligência é apenas uma amostra diante da dele. Nosso conhecimento é limitado, mas o de Deus é imensurável (Salmo 147:5). Nosso conhecimento está aumentando com a ajuda da tecnologia, mas ainda erramos. Jesus, contudo, sabe todas as coisas "de forma imediata, simultânea, exaustiva e verdadeira", como disse um teólogo.

Não importa o quanto os seres humanos avancem em conhecimento, nunca superaremos a onisciência de Cristo. Sempre precisaremos que Ele abençoe o nosso entendimento e nos ensine o que é bom e verdadeiro. —*Jennifer Benson Schuldt*

Você é grata pela onisciência de Deus?
Saber que Jesus sabe todas as coisas a encoraja?

*Jesus, louvo-te por seres onisciente.
Ensina-me o que aprender
e ajuda-me a te amar com entendimento.*

22 de outubro

Os planos de Deus para você

Salmo 37:3-7

*Busque no SENHOR a sua alegria,
e ele lhe dará os desejos de seu coração.*
—SALMO 37:4

Por seis anos, Agnes tentou ser a "perfeita esposa de pastor", espelhando-se em sua sogra (também esposa de pastor). Ela pensou que esse papel a proibiria de ser escritora e pintora e, ao enterrar sua criatividade, deprimiu-se e pensou em suicídio. Apenas a ajuda de um pastor vizinho a tirou da escuridão, ao orar com ela e incumbi-la de escrever por duas horas todas as manhãs. Isso a despertou para o que ela chamou de "ordens seladas", o chamado que Deus lhe havia dado. Ela escreveu: "Para que eu seja realmente eu mesma, meu eu completo, cada… fluxo de criatividade que Deus me deu precisou encontrar seu canal".

Mais tarde, ela mencionou uma das canções de Davi que expressava como ela havia encontrado seu chamado: "Busque no SENHOR a sua alegria, e ele lhe dará os desejos de seu coração" (Salmo 37:4). Quando ela entregou seu caminho a Deus, confiando nele para conduzi-la e ajudá-la (v.5), o Senhor abriu um caminho para ela não apenas escrever e pintar, mas ajudar outros a se comunicarem melhor com o Senhor.

Deus tem um conjunto de "ordens" para cada uma de nós, não apenas para sabermos que somos Suas filhas, mas para entendermos os modos singulares de servi-lo por meio de nossos dons e paixões. Ele nos guiará conforme confiarmos e nos alegrarmos nele. —*Amy Boucher Pye*

Como a tentativa de Agnes em agradar
aos outros repercute em você?
Para que Deus a chama e orienta a fazer?

*Pai, criaste-me à Tua imagem.
Ajuda-me a compreender o meu chamado
para te amar e servir-te melhor.*

23 de outubro

Viver bem

Eclesiastes 7:1-4

*…afinal, todos morrem,
e é bom que os vivos se lembrem disso.*
—Eclesiastes 7:2

Um estabelecimento na Coreia do Sul oferece funerais grátis para os vivos. Desde que iniciou em 2012, mais de 25 mil pessoas, de adolescentes a aposentados, participaram desses "funerais vivos", na esperança de melhorar a sua vida ao pensar na morte. Os seus oficiantes dizem que "as cerimônias têm o objetivo de dar ao participante um verdadeiro sentido da vida, inspirar gratidão e ajudar na prática do perdão e reconexão entre familiares e amigos".

Essas palavras ecoam a sabedoria dada pelo mestre escritor de Eclesiastes. "…todos morrem, e é bom que os vivos se lembrem disso" (Eclesiastes 7:2). A morte nos lembra que a vida é breve e que temos um certo tempo para viver e amar, liberando-nos para usufruirmos dos bons presentes de Deus, como dinheiro, relacionamentos e prazer. Ela nos liberta para desfrutá-los aqui e agora, enquanto ajuntamos "tesouros no céu, onde traças e ferrugem não destroem, e onde ladrões não arrombam nem furtam" (Mateus 6:20).

Ao nos lembrarmos de que a morte pode vir a qualquer hora, isso talvez nos obrigue a não adiar a visita a nossos pais, postergar nossa decisão de servir a Deus de um modo específico, ou negligenciar o tempo com nossos filhos por causa do trabalho. Com a ajuda de Deus, podemos aprender a viver com sabedoria.

—*Poh Fang Chia*

Ao refletir sobre a morte quais mudanças acontecerão em sua vida hoje?
Você está mais consciente da morte em meio à agitação da vida?

*Deus de amor, ajuda-me a lembrar
que a vida é breve e a viver bem hoje.*

24 de outubro

Tempo de falar

Eclesiastes 3:1-7

*Há um momento certo para tudo [...]
tempo de calar, e tempo de falar.*
—Eclesiastes 3:1,7

Uma mulher afro-americana fez parte de um grande ministério global por 30 longos anos. Mas, quando queria falar sobre injustiça racial, seus colegas de trabalho se calavam. Então, em 2020, enquanto as discussões sobre racismo cresciam pelo mundo, seus amigos de ministério "começaram a dialogar abertamente". Com uma mistura de sentimentos, ela agradeceu pelas discussões, mas se questionou por que seus colegas demoraram tanto para falar.

O silêncio pode ser uma virtude em certas situações. Como o rei Salomão escreveu: "Há um momento certo para tudo [...] para cada atividade debaixo do céu [...] tempo de calar, e tempo de falar" (Eclesiastes 3:1,7).

O silêncio diante do preconceito e da injustiça só causa danos. O pastor luterano Martin Niemoeller (preso na Alemanha nazista por falar abertamente) afirmou isso num poema que compôs depois da guerra: "Primeiro, eles vieram atrás dos comunistas, mas me calei porque não era comunista". Acrescentou: "Depois, vieram atrás" dos judeus, católicos e outros, "mas não falei nada". Por fim, "vieram atrás de mim e, àquela altura, não havia mais ninguém que falasse algo" (tradução livre).

É preciso coragem e amor para posicionar-se contra a injustiça. Com a ajuda de Deus, entretanto, reconhecemos que a hora de nos posicionarmos é agora.
—*Patricia Raybon*

Por que é tão importante que não silenciemos diante
da injustiça racial e outras formas de injustiças?

*Deus, livra-me das garras do inimigo para que
eu me posicione contra o pecado da injustiça racial.*

25 de outubro

Interiormente esfacelada

Salmo 32:1-5; Mateus 7:1-5

*Disse comigo: "Confessarei ao S*ENHOR *a minha rebeldia",*
e tu perdoaste toda a minha culpa.
—S<small>ALMO</small> 32:5

Mamãe pintou um mural na parede da nossa sala, que ficou lá por anos. Ele mostrava uma cena grega antiga de um templo em ruínas com colunas derrubadas, uma fonte destruída e uma estátua quebrada. Eu era adolescente e olhava para a arquitetura helenística, que outrora tinha sido muito bela, tentando imaginar o motivo de ter sido destruída. Fiquei curiosa, especialmente quando comecei a estudar sobre a tragédia de civilizações passadas grandes e prósperas que haviam se esfacelado.

A depravação pecaminosa e a destruição temerária que vemos hoje, ao nosso redor, podem ser preocupantes. É natural tentarmos explicar culpando as pessoas e nações que rejeitaram a Deus. Mas não deveríamos lançar nosso olhar para dentro de nós também?

A Bíblia nos adverte sobre a hipocrisia quando desafiamos outros para abandonar seus caminhos pecaminosos sem também olharmos mais profundamente para o nosso próprio interior (Mateus 7:1-5).

O Salmo 32 nos desafia a ver e confessar nosso pecado. É apenas quando reconhecemos e confessamos nosso próprio pecado que experimentamos a libertação da culpa e a alegria do verdadeiro arrependimento (vv.1-5). Ao nos alegrarmos em saber que Deus nos oferece perdão completo, podemos compartilhar essa esperança com outras pessoas que também estão lutando contra o pecado.

—*Cindy Hess Kasper*

Como identificar o pecado em sua vida?
Por que é essencial confessar seus pecados a Deus?

Deus, graças por Teu perdão.
Ajuda-me a olhar para dentro de mim,
antes de olhar o pecado alheio.

26 de outubro

Viver para servir

1 Pedro 4:8-11

Deus concedeu um dom a cada um, e vocês devem usá-lo […] fazendo bom uso da […] graça divina.
—1 Pedro 4:10

Após Chelsea, 10, receber um belo estojo de artes, ela descobriu que Deus usou a arte para ajudá-la quando se sentia triste. Ela descobriu que muitas crianças não tinham materiais de arte e quis ajudá-las. Pediu aos amigos para não levarem presentes para sua festa de aniversário, mas que doassem materiais de arte e enchessem caixas para crianças carentes.

Com a ajuda da família, ela fundou a *Chelsea's Charity* (Casa de Caridade da Chelsea) e começou a pedir doações para auxiliar mais crianças. Ela até deu dicas de arte para grupos que receberam seus estojos. Depois que um locutor local a entrevistou, pessoas de todo o país começaram a doar suprimentos. Enquanto essa instituição continua a enviar materiais de arte ao redor do mundo, Chelsea demonstra como Deus nos usa quando nos dispomos a viver para servir uns aos outros.

A compaixão e o desejo de Chelsea em compartilhar refletem o sentimento de um mordomo fiel. O apóstolo Pedro incentiva os cristãos a serem mordomos fiéis, a amar "uns aos outros sinceramente" e a repartir os recursos e talentos que Deus lhes deu (1 Pedro 4:8-11).

Nossos pequenos atos de amor podem inspirar outros a doarem. E Deus pode agregar mantenedores para servir conosco. Confiando nele, podemos servi-lo e dar-lhe a glória que Ele merece. —*Xochitl Dixon*

Você confia que Deus a ajudará a servir aos outros?
O que Deus requer de você que parece grande demais?

Pai, concede-me o que preciso para servir-te.
Que eu ame aos outros com minhas palavras e ações.

27 de outubro

Fale, confie, sinta

Romanos 8:14-21

*Pois vocês não receberam um espírito
que os torne, de novo, escravos medrosos...*
—Romanos 8:15

"Não fale, não confie, não sinta era a lei sob a qual vivíamos e ai daquele que a quebrasse", diz Frederick Buechner em seu livro de memórias *Telling Secrets* (Contando Segredos). Buechner descreve a experiência que ele chama de a "lei não escrita de famílias que por um motivo ou outro enlouqueceram". Em sua família, essa "lei" significava que ele não podia falar sobre nem lamentar o suicídio de seu pai. Isso deixava-o sem ter alguém a quem pudesse confiar sua dor.

Você se identifica? Muitos de nós aprendemos a viver com uma versão distorcida do amor, que exige desonestidade ou silêncio sobre o que nos feriu. Esse tipo de "amor" é um tipo de escravidão e depende do medo para ficar sob controle.

Não podemos esquecer que o convite de amor de Jesus é diferente do tipo de amor condicional que muitas vezes experimentamos — um tipo de amor que sempre temos medo de perder. Como Paulo explica, por meio do amor de Cristo entendemos finalmente o significado de não sermos "escravos medrosos" (Romanos 8:15) e entendemos o tipo de liberdade gloriosa (v.21) que é possível quando sabemos que somos profunda, verdadeira e incondicionalmente amadas. Somos livres para falar, para confiar e para sentir mais uma vez, para aprender o que significa viver sem medo. —*Monica La Rose*

Existem "regras" implícitas e não ditas
para sermos aceitas e amadas?
A sua vida seria diferente por não precisar seguir
tais regras para ser amada?

*Deus, às vezes somos desonestas
conosco ou com os outros.
Cura-nos para usufruirmos do Teu amor.*

28 de outubro

Deus nos ouve?

1 João 5:13-15

*...[Deus] nos ouve sempre que lhe pedimos
algo conforme sua vontade.*
—1 João 5:14

Servi na equipe de cuidados aos membros da igreja, e uma das minhas funções era orar pelos pedidos deixados nos bancos durante os cultos: pela saúde de uma tia; pelas finanças de um casal; pela salvação de um neto. Raramente ouvia as respostas a essas orações. A maioria era anônima, e eu não tinha como saber sobre as respostas de Deus. Confesso que às vezes me perguntava: Ele realmente ouviu? Alguma coisa aconteceu como resultado de minhas orações?

Durante a nossa vida, a maioria de nós questiona: "Deus me ouve?" Lembro-me de meus próprios pedidos por um filho que ficaram sem resposta por anos. E fiz pedidos para que meu pai encontrasse a fé, mas ele morreu sem qualquer confissão aparente.

Ao longo dos milênios, vemos inúmeros exemplos de Deus inclinando os Seus ouvidos: aos gemidos de Israel sob a escravidão (Êxodo 2:24); a Moisés no monte Sinai (Deuteronômio 9:19); a Josué em Gilgal (Josué 10:14); às orações de Ana por um filho (1 Samuel 1:10-17); a Davi clamando por livramento (2 Samuel 22:7).

A Bíblia é explícita: "[Deus] nos ouve sempre que pedimos algo conforme sua vontade" (1 João 5:14). A palavra "ouvir" significa "prestar atenção" e responder com base no que se ouviu. Ao nos dirigirmos a Deus, confiemos em Sua capacidade de ouvir, pois Ele ouve nossos clamores. —*Elisa Morgan*

Pense por instantes no que você pediu a Deus recentemente.
Como reconhecer que Deus a ouve?

*Pai, peço e confio em ti para me ouvires
porque a Bíblia afirma que Tu nos ouves.*

29 de outubro

Uma nova vocação

2 Timóteo 1:6-14

*Pois Deus nos salvou
e nos chamou para uma vida santa...*
—2 Timóteo 1:9

Carlos e sua gangue de adolescentes invadiam casas e carros, roubavam lojas e brigavam contra outras gangues. Ele foi preso e condenado e, na prisão, tornou-se o "mandachuva", que distribuía estoques ou facas rústicas durante os distúrbios.

Tempos depois, ele foi colocado numa solitária. Enquanto ele refletia sobre si mesmo, Carlos viu uma espécie de "filme" dos acontecimentos de sua vida, e de Jesus, sendo levado e pregado na cruz lhe dizendo: "Estou fazendo isso por você". Carlos começou a chorar e confessar seus pecados. Mais tarde, ele compartilhou sua experiência com um capelão, que lhe explicou mais sobre Jesus e lhe deu uma Bíblia. "Esse foi o início de minha jornada de fé", disse Carlos. Com o passar do tempo, ele foi liberado para a ala carcerária principal, onde foi maltratado por sua fé. Mas ele se sentia em paz, porque "havia encontrado uma nova vocação: contar a outros encarcerados sobre Jesus".

O apóstolo Paulo fala sobre o poder de Cristo para transformar vidas: Deus nos chama de uma vida de transgressões para seguir e servir a Jesus (1 Timóteo 1:9). Quando o recebemos pela fé, desejamos ser testemunhas vivas do amor de Cristo. O Espírito Santo nos capacita a fazer isso, mesmo quando sofremos, buscando compartilhar as boas-novas (v.8). Como Carlos, vivamos a nossa nova vocação.

—*Alyson Kieda*

O que acontece quando compartilhamos o evangelho?
Você já sofreu algo por isso?

*Deus, sou grata pela nova vocação
que me deste por meio de Jesus e
pelo Teu Espírito que vive em mim.*

30 de outubro
Ele acalma as tempestades

Mateus 14:23-33

Imediatamente, porém, Jesus lhes disse:
"Não tenham medo! Coragem, sou eu!".
—Mateus 14:27

João compartilhava furiosamente sobre os problemas que encontrava com sua equipe de trabalho: divisão, atitudes de julgamento e mal-entendidos. Depois de uma hora ouvindo pacientemente suas preocupações, sugeri: "Vamos perguntar a Jesus o que Ele quer que façamos nesta situação". Silenciamos por 5 minutos e algo incrível aconteceu. Sentimos que a paz de Deus nos envolvia como um manto suave. Acalmamos ao experimentar a Sua presença e orientação e nos sentimos confiantes para enfrentar as dificuldades.

Pedro, um dos discípulos de Jesus, precisava da presença reconfortante de Deus. Certa noite, ele e os outros discípulos navegavam pelo mar da Galileia, quando uma forte tempestade surgiu. De repente, eles viram Jesus "caminhando sobre as águas!" (v.25). Naturalmente, isso pegou os discípulos de surpresa. Jesus assegurou-lhes: "Não tenham medo! Coragem, sou eu" (v.27). Pedro impulsivamente perguntou a Jesus se poderia se juntar a Ele e, saindo do barco, "caminhou sobre as águas em direção a Jesus" (v.29). Mas Pedro desviou sua confiança, tomou consciência da perigosa e humanamente impossível circunstância em que estava e começou a afundar. Ele clamou: "Senhor, salva-me!". E Jesus amorosamente o resgatou (vv.30,31).

Como Pedro, podemos aprender que Jesus, o Filho de Deus, está conosco mesmo nas tempestades da vida! —*Estera Pirosca Escobar*

O que você pode fazer para mudar o seu foco
da tempestade Àquele que a acalma?

Jesus, obrigada por teres o poder e a autoridade
para acalmar as tempestades em nossa vida.

31 de outubro

Preencha com o seu nome

Isaías 40:25-31

*Ele as faz sair como um exército,
uma após a outra, e chama cada uma [estrelas] pelo nome.*
—Isaías 40:26

Em *God's Love Letters* (Cartas de amor enviadas por Deus, inédito), Glenys Nellist convida as crianças a interagirem com o Senhor de forma bem pessoal. Seus livros incluem uma nota de Deus com um espaço para criança inserir seu nome após cada história bíblica. Personalizar as verdades bíblicas ajuda os leitores a entender que a Bíblia não é apenas um livro de histórias. Eles aprendem que o Senhor quer ter um relacionamento pessoal e que fala com os Seus filhos amados por meio das Escrituras. Comprei o livro para o meu sobrinho e preenchi com o nome dele no começo de cada nota. Encantado ao reconhecer seu nome, ele disse: "Deus também me ama!". Que conforto conhecer o profundo e completo amor pessoal de nosso amoroso Criador.

Quando Deus falou aos israelitas através de Isaías, Ele chamou a atenção deles para os Céus afirmando que o Senhor o controla (v.26) e determina o valor individual das estrelas chamando cada uma delas com amor. O Senhor assegurou ao Seu povo que não esquecerá nem perderá uma estrela sequer ou um filho amado que Ele criou com propósito específico e amor eterno.

Ao celebrarmos as promessas individuais e proclamações de amor do nosso Deus Todo-Poderoso dentro das Escrituras, podemos preencher nossos nomes e confiar e declarar com a alegria de uma criança: "Deus também me ama"!

—*Xochtil Dixon*

Como você se sente ao saber que Deus a ama
e conhece as suas necessidades?

*Pai, obrigada por nos assegurares que conheces
os nossos nomes e todas as nossas necessidades.*

1.º de novembro

O restaurador das árvores

Salmo 1

*Ele é como a árvore plantada à margem do rio,
que dá seu fruto no tempo certo.*
—Salmo 1:3

Tony Rinaudo é um "restaurador de árvores" na Austrália. Ele é engenheiro agrônomo e missionário da Visão Mundial e há 30 anos compartilha sobre Jesus e combate o desmatamento no cinturão do Saara-Sahel na África. Ele percebeu que os "arbustos" atrofiados eram árvores dormentes e começou a podá-los e regá-los com cuidado. Seu trabalho inspirou milhares de agricultores a salvarem as suas fazendas já degradadas. Com isso, eles restauraram as florestas próximas e reverteram a erosão do solo. Os agricultores do Níger dobraram suas colheitas e sua renda, provendo alimentos para 2,5 milhões de pessoas a mais por ano.

Jesus, o Criador da agricultura, referiu-se a táticas agrícolas semelhantes quando disse: "Eu sou a videira verdadeira, e meu Pai é o lavrador. Todo ramo que, estando em mim, não dá fruto, ele corta. Todo ramo que dá fruto, ele poda, para que produza ainda mais" (João 15:1,2).

Sem o cuidado diário de Deus, nossa alma fica estéril e seca. Quando nos deleitamos com Sua lei e meditamos sobre ela dia e noite, somos "como a árvore plantada à margem do rio". Nossas folhas "nunca murcham" e tudo que fazemos prospera (Salmo 1:3). Podadas e plantadas nele, somos sempre frutíferas, renovadas e prósperas. —*Patricia Raybon*

Você reconhece que a sua alma é cuidada por Deus?
Você se nutre com a Sua Palavra?

*Ó Deus Jardineiro, entrego os meus lugares atrofiados
e áridos às Tuas podas e regas,
para que sejam vivificados por Teu amor.*

2 de novembro

Dando-lhe o nosso melhor

Malaquias 1:8-14

*Purificará os levitas e os refinará como ouro e prata,
para que voltem a oferecer sacrifícios aceitáveis ao Senhor.*
—Malaquias 3:3

O diretor de um abrigo havia convidado o nosso grupo de jovens para ajudar a separar as pilhas de calçados usados e doados para os moradores em situação de rua. Passamos a manhã alinhando-os em fileiras sobre o chão de concreto. No final do dia, jogamos fora mais da metade de sapatos que estavam muito danificados para serem usados por outras pessoas. Embora o abrigo não pudesse impedir que as pessoas doassem itens de baixa qualidade, eles se recusaram a distribuir os sapatos em más condições.

Os israelitas também foram exortados a ofertarem a Deus o seu melhor. Quando o Senhor falou por meio do profeta Malaquias, Ele repreendeu o povo por sacrificar animais cegos, coxos ou doentes, pois tinham animais fortes para oferecer (Malaquias 1:6-8). O Senhor lhe anunciou o Seu descontentamento (v.10), reafirmou o Seu valor e repreendeu os israelitas por manterem o melhor para si (v.14). Mas Deus também prometeu enviar o Messias, cujo amor e graça transformaria o coração deles e inflamaria o desejo de trazer ofertas que seriam agradáveis ao Senhor (3:1-4).

Às vezes, pode ser tentador entregar a Deus as nossas sobras. Nós o louvamos e esperamos que Ele nos dê tudo de si, mas oferecemos a Ele nossas migalhas. Quando consideramos tudo o que Deus fez, alegremo-nos celebrando a Sua dignidade e entregando a Ele o nosso melhor. —*Xochitl Dixon*

De que maneira você dará o seu melhor a Deus hoje?

Deus poderoso, por favor, ajuda-me a colocar-te em primeiro lugar e a ofertar sempre o meu melhor a ti.

3 de novembro

Respiração e brevidade

Salmo 139:7-16

...cada dia de minha vida estava registrado em teu livro, cada momento foi estabelecido...
—Salmo 139:16

Minha mãe, irmãs e eu estávamos ao lado da cama do meu pai enquanto a respiração dele se tornava mais fraca e menos frequente, até não existir mais. Papai tinha quase 89 anos, quando entrou silenciosamente à vida em que Deus o esperava. Sua partida nos deixou com um vazio imenso e apenas lembranças para dele nos recordarmos. No entanto, temos a esperança de que um dia estaremos reunidos.

Temos essa esperança porque acreditamos que papai está com Deus, que o conhece e o ama. Quando ele deu o primeiro suspiro, Deus estava lá soprando fôlego em seus pulmões (Isaías 42:5). No entanto, mesmo antes do primeiro ar e a cada respiração, Deus estava intimamente envolvido em cada detalhe da vida de papai, assim como o Pai celestial está na sua e na minha. Foi Deus quem maravilhosamente o projetou e o "teceu" no ventre (Salmo 139:13,14). E quando papai deu seu último suspiro, o Espírito de Deus estava lá, amparando-o com amor e levando-o para estar em Sua presença (vv.7-10).

Isso vale para todos os filhos de Deus. O Senhor conhece cada momento de nossa breve vida na Terra (vv.1-4). Somos preciosas para Ele. Com cada dia restante e em antecipação à vida no além, vamos nos juntar a "tudo que respira" para louvá-lo. "Louve ao Senhor" (150:6)! —*Alyson Kieda*

Saber que Deus está intimamente
envolvido em sua vida lhe traz esperança?
Como você pode usar o seu fôlego para louvá-lo?

Querido Senhor, obrigada por me criares e me dares o ar que respiro e a esperança. Na tristeza e nas perdas, ajuda-me a apegar-me a ti.

4 de novembro

Sempre gratas

Isaías 12:1-6

Deem graças ao Senhor! Louvem seu nome!
Contem aos povos o que ele fez...
—Isaías 12:4

No século 17, Martin Rinkart serviu como clérigo na Saxônia, Alemanha, por mais de 30 anos em tempos de guerra e praga. Certo ano, ele conduziu mais de 4.000 funerais, incluindo o de sua esposa, e às vezes a comida era tão pouca que passava fome. Rinkart poderia ter se desesperado, mas ele agradeceu continuamente e sua fé em Deus permaneceu firme. Demonstrou a sua gratidão nas palavras de um hino.

Rinkart seguiu o exemplo do profeta Isaías, que instruiu o povo de Deus a ser grato em todos os momentos, inclusive quando eles desapontaram a Deus (Isaías 12:1) ou quando os inimigos os oprimiram. Ainda assim, deveriam exaltar o nome de Deus, contando "aos povos o que ele fez" (v.4).

Podemos agradecer durante as celebrações das colheitas, como o Dia de Ação de Graças, e quando desfrutamos de um banquete abundante com amigos e familiares. Mas podemos expressar nossa gratidão a Deus em tempos difíceis, como quando sentimos a falta de alguém à nossa mesa, quando lutamos com as nossas finanças ou quando temos conflitos com alguém próximo a nós?

Como Rinkart, unamos o nosso coração e vozes enquanto louvamos e agradecemos ao "Deus eterno, a quem a Terra e o Céu adoram". Podemos dar graças ao "Senhor, pois ele tem feito maravilhas" (v.5). —*Amy Boucher Pye*

Em tempos difíceis, como você se volta para ações de graça e louvor?
Qual o papel que Deus exerce por meio de Seu Espírito Santo?

Deus, sou grata por Teu incrível mover
em minha vida. Reconheço o Teu amor contínuo,
mais do que posso expressar.

5 de novembro

A colheita mais doce

Isaías 5:1-7

…eu sou a videira; vocês são os ramos.
Quem permanece em mim, e eu nele, produz muito fruto…
—João 15:5

Compramos nossa casa e herdamos uma videira já crescida. Investimos um tempo considerável aprendendo como podar, regar e cuidar bem dela. Na primeira colheita, experimentei um bago dessa videira apenas para me decepcionar com o sabor azedo.

A frustração que senti ao cuidar dessa videira, apenas para ter uma colheita azeda, faz-me lembrar de Isaías. Em seu livro há uma alegoria do relacionamento de Deus com a nação de Israel. Deus é retratado como o agricultor que limpou os detritos da encosta, plantou boas videiras, construiu uma torre de vigia para proteção e criou uma prensa para desfrutar de Sua colheita (Isaías 5:1,2). Para desgosto do agricultor, a vinha, representando Israel, produziu uvas com gosto azedo: de egoísmo, injustiça e opressão (v.7). Em certo momento, Deus destruiu relutantemente a vinha, poupando um remanescente de videiras que um dia produziria uma boa colheita.

Jesus revisita essa ilustração da vinha, dizendo: "Eu sou a videira; vocês são os ramos. Quem permanece em mim, e eu nele, produz muito fruto" (João 15:5). Nessa imagem alegórica, Jesus retrata os que creem nele como ramos de videira conectados a Ele, a videira principal.

Portanto, se permanecemos conectadas a Jesus confiando por meio da oração no Seu Espírito, temos acesso direto ao alimento espiritual que produzirá o fruto mais doce de todos: o amor. —*Lisa Samra*

Permanecer conectada a Jesus
produz amor em sua vida?

Jesus, que a Tua vida flua através de mim
para que eu possa produzir
uma colheita ainda maior de amor.

6 de novembro

As pessoas esquecem

Deuteronômio 8:2,10-18

*Lembre-se de como o Senhor,
seu Deus, os guiou pelo deserto...*
—Deuteronômio 8:2

Uma mulher reclamou ao pastor que percebia muitas repetições em seus sermões. "Por que você faz isso?", ela lhe perguntou. E ouviu dele: "...porque as pessoas esquecem". Há muitas razões pelas quais esquecemos: a passagem do tempo, envelhecimento ou por estarmos muito ocupadas. Esquecemos senhas, nomes de pessoas e onde estacionamos o carro. Meu marido diz: "faço tanta coisa caber no meu cérebro que devo excluir algo antes de me lembrar de algo novo".

O pregador estava certo. As pessoas esquecem, por isso, precisamos de lembretes que nos ajudem a lembrar o que Deus fez por nós. Os israelitas tinham tendência semelhante. Mesmo com os muitos milagres que tinham visto, ainda precisavam de lembretes do cuidado divino. Deus os lembrou de que permitiu que experimentassem a fome no deserto, mas depois lhes proveu um superalimento incrível diariamente: o maná. Proveu-lhes roupas que nunca se desgastavam, conduziu-os através de um deserto de cobras e escorpiões e lhes proveu água saindo de uma rocha. Eles aprenderam a humildade ao perceberem como eram totalmente dependentes dos cuidados e provisões de Deus (Deuteronômio 8:2-4,15-18).

A fidelidade de Deus "dura [...] por todas as gerações" (Salmo 100:5). Se nos esquecemos, pensemos em como o Senhor respondeu nossas orações, e isso nos lembrará da Sua bondade e das Suas fiéis promessas. —*Cindy Hess Kasper*

Em que áreas você luta para confiar em Deus?

*Querido Pai, obrigada por sempre seres fiel.
Ajuda-me a confiar em ti no que eu enfrentar hoje*

7 de novembro
Quando Deus fala

Isaías 55:10-13

O mesmo acontece à minha palavra:
eu a envio, e ela sempre produz frutos.
—Isaías 55:11

Lily era tradutora da Bíblia e estava voltando para o seu país quando foi detida no aeroporto. Seu celular foi revistado, e, quando os funcionários encontraram uma cópia em áudio do Novo Testamento confiscaram o telefone dela e a interrogaram por duas horas. A certa altura, eles pediram que ela reproduzisse o aplicativo das Escrituras, que estava em Mateus 7: "Não julguem para não serem julgados, pois vocês serão julgados pelo modo como julgam os outros. O padrão de medida que adotarem será usado para medi-los" (vv.1,2). Ao ouvirem essas palavras em seu próprio idioma, um dos oficiais empalideceu.

Mais tarde, ela foi liberada e nenhuma outra ação foi tomada. Não sabemos o que aconteceu no coração do oficial, mas sabemos que a palavra que Deus envia sempre produz frutos (Isaías 55:11). Isaías profetizou palavras de esperança para o povo de Deus no exílio, assegurando-lhes que, assim como a chuva e a neve fazem a terra brotar e crescer, também a palavra que Deus envia sempre produz frutos e alcança Seus propósitos (vv.10,11).

Leiamos essa passagem para reforçar a nossa confiança em Deus ao enfrentarmos circunstâncias inflexíveis. Como Lily com os funcionários do aeroporto, podemos confiar que Deus está agindo, mesmo quando não visualizamos o resultado. —*Amy Boucher Pye*

Quando foi a última vez que você viu Deus agir?
Você já recebeu o amor de Deus por meio das palavras que Ele declarou?

Pai celestial, agradeço o que já me revelaste,
isso me traz esperança, paz e amor.
Ajuda-me a crescer em meu amor por ti.

8 de novembro
Dentro do fogo

Daniel 3:12-18

*Vejo quatro homens desamarrados
andando no meio do fogo sem se queimar!*
—Daniel 3:25

Um incêndio florestal em Andilla, na Espanha, devastou quase 200 km de floresta. Nessa devastação, quase 1.000 árvores ciprestes permaneceram em pé. A capacidade das árvores de reter a água lhes permitiu suportar o fogo com segurança. Durante o reinado do rei Nabucodonosor na Babilônia, um pequeno grupo de amigos sobreviveu às chamas da ira do rei. Sadraque, Mesaque e Abede-Nego se recusaram a adorar uma estátua que Nabucodonosor havia criado e lhe disseram: "Se formos lançados na fornalha ardente, o Deus a quem servimos pode nos salvar" (Daniel 3:17).

Enfurecido, o monarca aumentou o calor da fornalha sete vezes mais do que o normal (v.19). Os soldados que executaram as ordens do rei e jogaram os amigos no fogo foram queimados, mas os espectadores assistiram aos três amigos andando entre as chamas "sem se queimar".

Outra pessoa também estava na fornalha — um quarto homem que parecia "um filho de deuses" (v.25). Muitos estudiosos acreditam que essa era a aparência pré-encarnada de Jesus.

Jesus está conosco quando enfrentamos aflições. Se somos instadas a ceder à pressão, não precisamos temer. Talvez não saibamos como ou quando Deus nos ajudará, mas sabemos que Ele está conosco. O Senhor nos fortalecerá para permanecermos fiéis a Ele através de todo "fogo" que suportamos. —*Jennifer Benson Schuldt*

O conforto sobrenatural da presença de Deus
a encoraja ao enfrentar provações?

*Querido Deus, enche-me com o Teu Espírito
para que eu possa perseverar quando for pressionada a ceder.*

9 de novembro

Sem obstáculos impossíveis

Hebreus 11:1-6,13-16

A fé mostra a realidade daquilo que esperamos;
ela nos dá convicção de coisas que não vemos.
—Hebreus 11:1

Liderei uma visita de estudos a uma pista de obstáculos. Instruímos os alunos a usarem equipamentos de segurança e fazerem a escalada. Os primeiros incentivaram os seguintes a confiarem nos cintos e não olhar para baixo. Uma das alunas olhou para a parede alta enquanto os afivelávamos. "Não consigo fazer isso", disse ela. Assegurando-a sobre a força de seus equipamentos profissionais, nós a encorajamos e a aplaudimos quando ela venceu os obstáculos.

Ao enfrentarmos problemas quase impossíveis de vencer, os medos e inseguranças podem causar dúvidas. A garantia do imutável poder, bondade e fidelidade de Deus cria em nós uma couraça de confiança. Essa confiança alimentou a coragem dos santos do Antigo Testamento, que demonstraram que a fé supera a nossa necessidade de conhecermos todos os detalhes do plano de Deus (Hebreus 11:1-13,39).

Convictas, buscamos a Deus, muitas vezes sentindo-nos sós quando confiamos nele. Sabendo que as provações são temporárias, podemos ajustar a maneira como abordamos os nossos desafios vendo as circunstâncias sob a perspectiva eterna (vv.13-16).

Focar nas dificuldades pode nos impedir de crer que Deus nos susterá. Mas, sabendo que Ele está conosco, podemos vencer nossas incertezas pela fé, pois confiamos em Deus para nos ajudar a superar os obstáculos que pareciam impossíveis. —*Xochtil Dixon*

Como você se sente ao realizar algo
que achava impossível conseguir?

Pai, obrigada por seres o autor e
aperfeiçoador de nossa fé. Ao enfrentarmos obstáculos
dependemos da Tua força e não da nossa.

10 de novembro

Sapatos emprestados

Gálatas 5:13-26

*...usem-na [a liberdade]
para servir uns aos outros em amor.*
—Gálatas 5:13

No caos de abandonar sua casa durante os incêndios florestais na Califórnia em 2018, Gabriel, estudante do Ensino Médio, faltou à corrida de qualificação para a qual treinara. Isso significava que ele não teria a chance de competir no encontro estadual, o qual seria o evento culminante de sua carreira de 4 anos. À luz das circunstâncias, o Conselho de Atletismo do estado deu-lhe outra chance: ele teria que fazer sua pré-qualificação sozinho, na pista de uma escola rival, com tênis comuns, porque seus tênis de corrida estavam nos escombros de sua casa. Quando Gabriel apareceu para "a corrida", ele surpreendeu-se com os seus concorrentes, que lhe deram o par de tênis adequado para garantir que ele mantivesse o ritmo necessário para entrar no evento estadual.

Seus oponentes não tinham a obrigação de ajudá-lo. Poderiam ter cedido aos seus desejos naturais de cuidar apenas de si mesmos (Gálatas 5:13); isso aumentaria as chances de eles ganharem. No entanto, Paulo nos exorta a demonstrar o fruto do Espírito em nossa vida, "servir uns aos outros em amor" e manifestar "amabilidade" e "bondade" (vv.13,22).

Quando confiamos no Espírito para nos ajudar a não agir de acordo com os nossos instintos naturais, somos mais capazes de amar as pessoas ao nosso redor.

—*Kirsten Holmberg*

Como você demonstra o "fruto do Espírito"
na maneira como trata os outros?
Como você pode amar melhor o seu "próximo"?

*Querido Deus, meu desejo natural é cuidar de mim.
Ajuda-me a servir aos outros por amor a ti.*

11 de novembro

Quem dera pudéssemos...

Salmo 28

O Senhor é a força do seu povo.
—Salmo 28:8

O cedro chorão do Alasca balançava de um lado ao outro nos fortes ventos da tempestade. Regina amava a árvore que fornecia abrigo contra o sol do verão e também dava privacidade à sua família. Agora o vento feroz arrancava as raízes dessa bela árvore. Rapidamente, Regina e seu filho de 15 anos correram para tentar ajudar a árvore. Com as mãos e o corpo firmemente contra ela, tentaram impedir que caísse, mas eles não eram fortes o suficiente para isso.

Deus era a força do rei Davi quando este clamou por Ele em outro tipo de tempestade (Salmo 28:8). Alguns comentaristas dizem que ele escreveu isso durante uma época em que seu mundo desmoronava. Seu próprio filho tinha se rebelado contra ele e tentara tomar-lhe o trono (2 Samuel 15). Davi se sentia tão vulnerável e fraco que temia que Deus permanecesse calado e que ele morreria e lhe disse: "A ti eu clamo, ó Senhor, minha rocha; não feches teus ouvidos para mim" (Salmo 28:1,2). Deus concedeu força para Davi continuar, apesar de o relacionamento dele com o seu filho nunca ter sido restaurado.

Como gostaríamos de impedir que coisas ruins acontecessem! Quem dera pudéssemos. No entanto, em nossa fraqueza, Deus promete que podemos sempre chamá-lo para ser nossa Rocha (vv.1,2). Quando não temos forças, Ele é nosso pastor e nos ampara sempre (vv.8,9). —*Anne Cetas*

Você já se sentiu incapaz de resolver uma situação
e sentiu o amparo de Deus?

*Pai Eterno, parece que sempre há algo
para o qual preciso da força extra do Senhor.
Ajuda-me a lembrar-me de que sem ti nada sou.*

12 de novembro

Atitudes corajosas

João 10:7-18

Eu sou o bom pastor. Conheço minhas ovelhas,
e elas me conhecem, [...] e eu sacrifico minha vida pelas ovelhas.
—João 10:14,15

John Harper não tinha ideia do que estava prestes a acontecer quando ele e sua filha de 6 anos embarcaram no navio *Titanic*. Mas de uma coisa sabia: ele amava Jesus e ansiava muito para que outros o conhecessem também. Assim que o navio atingiu uma geleira e a água começou a entrar, Harper, um viúvo, colocou sua filhinha em um barco salva-vidas e foi ajudar a salvar o maior número possível de pessoas. Ao distribuir coletes salva-vidas, ele gritava: "Deixe as mulheres, crianças e os não salvos nos botes salva-vidas". Até seu último suspiro, Harper compartilhou sobre Jesus com quem estava ao seu redor e entregou voluntariamente a sua vida para que outros pudessem sobreviver.

Houve Alguém que deu a Sua vida gratuitamente há 2000 anos para que você e eu possamos viver não apenas esta vida, mas a vida eterna. Jesus não acordou num belo dia e decidiu que pagaria a pena de morte pelo pecado da humanidade. Essa foi a missão de Sua vida.

Quando Jesus conversava com os líderes religiosos judeus Ele reconheceu repetidamente que entregava a Sua vida (João 10:11,15,17,18). Jesus não disse apenas palavras, mas as viveu, na verdade sofrendo uma morte horrível na cruz. Ele veio para que os fariseus, John Harper e nós tenhamos "...vida, uma vida plena, que satisfaz" (v.10). —*Estera Pirosca Escobar*

Como posso demonstrar o amor de Jesus
por alguém através de minhas ações hoje?

Jesus, obrigada por doares Tua vida
para que eu possa viver.
Ajuda-me a demonstrar o Teu amor pelos outros,
não importa o quanto isso me custar.

13 de novembro

Evitar o conflito

Efésios 4:26-32

Acalmem a ira antes que o sol se ponha.
—Efésios 4:26

Em homenagem póstuma ao cientista holandês, Albert Einstein não mencionou as disputas científicas entre ele e seu colega ganhador do Prêmio Nobel. Lembrou Hendrik A. Lorentz como um físico amado, conhecido pela amabilidade, tratamento justo aos outros e bondade inabalável. E disse: "Todos o seguiam alegremente, pois achavam que ele jamais pretendeu dominar, mas ser sempre útil. Mesmo antes do fim da Primeira Guerra Mundial dedicou-se a reconciliação e inspirou os cientistas a deixarem seus preconceitos políticos de lado e a trabalharem juntos.

Trabalhar pela reconciliação deve ser o objetivo de todos na igreja também. Alguns conflitos são inevitáveis, mesmo assim devemos fazer a nossa parte para alcançar resoluções pacíficas. Paulo escreveu: "Acalmem a ira antes que o sol se ponha" (Efésios 4:26). Para crescer juntos, ele aconselhou: "Evitem o linguajar sujo e insultante. Que todas as suas palavras sejam boas e úteis, a fim de dar ânimo àqueles que as ouvirem" (v.29).

E ainda: "Livrem-se de toda amargura, raiva, ira, das palavras ásperas e da calúnia, e de todo tipo de maldade. […] sejam bondosos e tenham compaixão uns dos outros, perdoando-se como Deus os perdoou em Cristo" (vv.31,32). A resolução do conflito, sempre que possível, ajuda a construir a igreja de Deus e dessa maneira honramos o Senhor. —*Patricia Raybon*

Para honrar a Deus e o Corpo de Cristo — a Igreja, qual conflito você deve relevar?

Amado Deus, quando eu enfrentar conflitos, ajuda-me a entregar a minha ira a ti.

14 de novembro

Todo aquele

Romanos 10:5-15

*Pois "todo aquele que invocar
o nome do Senhor será salvo".*
—Romanos 10:13

O país de El Salvador honrou Jesus colocando uma escultura dele no centro de sua capital. Embora o monumento esteja no meio de uma rotatória movimentada, a altura dele facilita a visualização do Seu nome — O Divino Salvador do Mundo — e as palavras expressam reverência a Ele.

Esse nome reafirma o que a Bíblia diz sobre Jesus (1 João 4:14). Ele oferece salvação a todos, cruza as fronteiras culturais e aceita qualquer pessoa sincera que queira conhecê-lo, independentemente da idade, educação, etnia, pecado cometido ou status social.

O apóstolo Paulo viajou pelo mundo antigo falando às pessoas sobre a vida, a morte e a ressurreição de Jesus. Compartilhou essas boas-novas com autoridades políticas e religiosas, soldados, judeus, gentios, homens, mulheres e crianças. Paulo explicou que uma pessoa poderia começar um relacionamento com Cristo declarando que "Jesus é o Senhor" e crendo que Deus realmente o havia ressuscitado dentre os mortos. Ele disse: "Quem confiar nele jamais será envergonhado [...]. Pois "todo aquele que invocar o nome do Senhor será salvo" (Romanos 10:9,11,13).

Jesus não é uma imagem distante a ser honrada; precisamos ter uma conexão pessoa a pessoa com Ele por meio da fé. Que possamos ver o valor da salvação que Ele oferece e fortalecer o nosso relacionamento espiritual com o Senhor.
—*Jennifer Benson Schuldt*

Será que seguimos a abordagem de Paulo
para compartilhar as boas-novas sobre Jesus?

*Jesus, obrigado por ofereceres a vida eterna
a quem quer te conhecer. Ajuda-me a
representar-te bem nesse mundo em que vivemos.*

15 de novembro

Toque o sino

Salmo 47

Celebrem a Deus em alta voz!
—Salmo 47:1

Depois de 30 rodadas de tratamentos de radiação, Diana estava finalmente livre do câncer. Como parte da tradição do hospital, ela estava ansiosa para tocar o sino "livres do câncer" que marcava o fim de seu tratamento e celebrava o seu atestado de saúde. Diana estava tão animada e entusiasmada ao tocar o sino que a corda dele se soltou! Seguiram-se alegres gargalhadas.

A história de Diana traz um sorriso à minha face e me dá uma ideia do que o salmista pode ter imaginado quando convidou os israelitas para celebrar a obra de Deus na vida deles. O escritor os encorajou a bater palmas, celebrar a Deus em alta voz e cantar louvores porque Deus havia derrotado seus inimigos e escolhido os israelitas como Seu povo amado (Salmo 47:1,6).

Deus nem sempre nos concede vitória sobre as nossas lutas atuais, sejam elas relacionadas à saúde, finanças ou relacionamentos. Ele é digno de nossa adoração e louvor até mesmo em tais circunstâncias, porque podemos confiar que o Senhor ainda está "sentado em seu santo trono" (v.8). É motivo de muita celebração quando Deus nos traz a cura, pelo menos da forma que a reconhecemos nesta vida terrena. Podemos não ter um sino físico para tocar, mas podemos celebrar com alegria Sua bondade para conosco com o mesmo tipo de exuberância que Diana demonstrou. —*Kirsten Holmberg*

Você tem sido grata a Deus?
O que Ele fez recentemente que seja digno de celebração?

*Graças, Senhor, por Tuas dádivas.
Canto louvores e bato palmas
a ti, por Tua obra em minha vida.*

16 de novembro

Dias chuvosos

Provérbios 11:23-26

O generoso prospera; quem revigora outros será revigorado.
—Provérbios 11:25

Quando pequenas empresas foram fechadas para conter a disseminação da COVID-19, os empresários se preocuparam com seus funcionários, pagamentos de aluguéis e como simplesmente sobreviver à crise. Em resposta a isso, o pastor de uma igreja local iniciou uma campanha para a doação de dinheiro aos empresários em dificuldades. "Não podemos desfrutar do recurso para dias chuvosos quando outra pessoa está enfrentando esse mesmo dia de chuvas", disse o pastor, ao encorajar outras igrejas a se unirem ao esforço.

Um fundo de reserva para os dias chuvosos é o dinheiro guardado para quando a renda normal é reduzida por um tempo enquanto as operações regulares continuam. Embora seja natural olharmos para nós mesmos primeiro, a Bíblia nos encoraja a olharmos além de nossas próprias necessidades, a encontrar maneiras de servir aos outros e praticar a generosidade: "Quem dá com generosidade se torna mais rico […] o generoso prospera; quem revigora outros será revigorado" (Provérbios 11:24-25).

O sol está brilhando mais sobre você hoje? Olhe ao redor e veja se há chuva torrencial sobre alguém. As bênçãos que Deus lhe deu são multiplicadas quando você as compartilha liberalmente. Ser generosa e altruísta é uma bela maneira de levar esperança aos outros e lembrar os que sofrem de que Deus os ama.

—Cindy Hess Kasper

Quando alguém foi generoso com você?
Como você poderia fazer o mesmo por alguém hoje?

Deus, ajuda-me a ser generosa com os necessitados e mostra-me como posso compartilhar o Teu amor com eles.

17 de novembro

Para expressar a tristeza

Lucas 23:44-46

*Então Jesus clamou em alta voz:
"Pai, em tuas mãos entrego meu espírito..."*
—Lucas 23:46

Quando Hugo e Débora enfrentaram a morte de seu único filho, eles não sabiam como seriam chamados após essa experiência. Não existe uma palavra específica para descrever pais que perderam um filho. Uma esposa sem marido é viúva. O marido sem esposa é viúvo. Uma criança sem pais é órfã. Pais cujo filho morreu é um vazio indefinido de dor. Aborto espontâneo. Morte infantil repentina. Suicídio. Enfermidade. Acidente. A morte tira um filho deste mundo e, em seguida, rouba dos pais sobreviventes sua identidade.

No entanto, o nosso Deus entende essa dor devastadora, pois Seu único Filho, Jesus, clamou por Ele enquanto morria na cruz: "Pai, em tuas mãos entrego meu espírito" (Lucas 23:46). Deus era Pai antes do nascimento terreno de Jesus e permaneceu Pai quando Jesus deu o Seu último suspiro. Deus continuou como Pai quando o corpo imóvel de Seu Filho foi colocado numa sepultura. Deus vive hoje como Pai de um Filho ressurreto, o que traz a todos os pais a esperança de que um filho possa viver novamente.

Como você chama um Pai celestial que sacrifica o Seu Filho por toda a humanidade? Pai. Quando não há palavras no dicionário da tristeza para descrever a dor da perda, Deus é o nosso Pai e nos chama de Seus filhos (1 João 3:1). —*Elisa Morgan*

Como você se sente ao saber que Deus permanece sendo o seu Pai
e a chama de filha? Como isso a conforta?

*Pai celestial, graças por seres meu Pai
e afirmares que por crer
no sacrifício de Jesus sou filha de Deus.*

18 de novembro

Cante louvores a Deus

1 Crônicas 15:29–16:11

Deem graças ao Senhor e proclamem seu nome, anunciem entre os povos o que ele tem feito.
—1 Crônicas 16:8

O calor úmido do verão dominou durante toda a semana da conferência de discipulado, mas no último dia fomos agraciadas com uma onda de ar mais fresco. Agradecidas pela pausa no calor e por tudo que Deus havia feito, centenas de vozes se uniram para adorá-lo. Muitas se sentiram à vontade para cantar de todo o coração diante de Deus, oferecendo-lhe todo o seu ser. Ao pensar naquele dia, décadas depois, lembro-me da maravilhosa alegria de louvar a Deus.

O rei Davi sabia adorar a Deus de todo o coração. Ele celebrou dançando e pulando quando a arca da aliança, que significava a presença de Deus, foi trazida para Jerusalém (1 Crônicas 15:29). Embora a sua esposa Mical tivesse observado sua despreocupação e o tivesse desprezado em seu coração (v.29), Davi não permitiu que as críticas dela o impedissem de adorar ao único Deus verdadeiro. Mesmo parecendo indigno, o rei queria agradecer a Deus por tê-lo escolhido como líder da nação (2 Samuel 6:21-22).

Davi "encarregou Asafe e seus parentes levitas de louvarem [...] ao Senhor: Deem graças ao Senhor e proclamem seu nome, anunciem [...] o que ele tem feito [...] cantem louvores a ele, falem a todos de suas maravilhas" (1 Crônicas 16:7-9). Que também nos entreguemos plenamente ao culto a Deus, derramando-lhe os nossos louvores e adoração. —*Amy Boucher Pye*

Quando você se sentiu livre para adorar a Deus plenamente?
O que a levou a essa sensação de liberdade?

Deus, proclamamos Teu nome acima de todos os outros. Tu mereces ser louvado! Nós te adoramos!

19 de novembro

Você não está só

1 Reis 19:8-11, 15-18

*...preservarei sete mil de Israel
que nunca se prostraram diante de Baal...*
—1 Reis 19:18

"Que bom vê-lo!" "Você também!" "Que bom que você está aqui!" As saudações foram calorosas. Membros de um ministério se reuniram online antes do encontro noturno. Como oradora, e de outra localidade, fiquei em silêncio enquanto as pessoas se reuniam para a videochamada. Por ser introvertida e sem conhecer ninguém, senti-me uma intrusa. De repente, uma tela se abriu, e lá estava o meu pastor. Em seguida, outra tela se abriu. Um velho amigo da igreja também estava participando. Ao vê-los, não me senti mais só. Pareceu-me que Deus havia enviado apoio.

Elias também não estava só, apesar de se sentir "o único [profeta] que restou" depois de fugir da ira de Jezabel e Acabe (1 Reis 19:10). Viajando pelo deserto por quarenta dias e quarenta noites, Elias se escondeu em uma caverna no monte Horebe. Mas Deus o chamou de volta ao serviço, dizendo: "Volte pelo caminho por onde veio [...] Quando chegar lá, unja Hazael para ser rei da Síria [...] unja também Jeú [...] para ser rei de Israel, e unja Eliseu [...] para substituir você como meu profeta" (vv.15-16).

Deus então afirmou: "preservarei sete mil de Israel que nunca se prostraram diante de Baal nem o beijaram!" (v.18). Como Elias, também aprendemos que não servimos a Deus sozinhos. Conforme Deus enviar ajuda, serviremos juntos.

—*Patricia Raybon*

Que apoio Deus lhe tem dado para servi-lo?
Quem você poderia convidar para se unir ao seu ministério?

*Deus, quando me sentir só ao te servir,
lembra-me de que há outros
que estão comigo servindo com alegria.*

20 de novembro

Nada pode nos separar

Romanos 8:31-39

*O que nos separará do amor de Cristo?
[...] aflições [...] perseguições [...] fome, [...] morte?*
—Romanos 8:35

Ao responder o chamado de Deus para iniciar uma missão numa pequena ilha na Indonésia, o pastor e sua família foram morar num barraco que costumava abrigar animais. Sua filha Lis se lembra da família celebrando o Natal sentada no chão e louvando a Deus enquanto a chuva escorria pelo forro de palha. Então, seu pai a lembrou: "Lis, só porque somos pobres não significa que Deus não nos ame".

Alguns podem considerar uma vida abençoada por Deus a que seja cheia de riquezas, saúde e longevidade. Em tempos de dificuldade, duvidam do amor de Deus. Mas, em Romanos 8:31-39, Paulo diz que nada pode nos separar do amor de Jesus, incluindo problemas, dificuldades, perseguição e fome (v.35). Esse é o fundamento para uma vida verdadeiramente abençoada: Deus mostrou Seu amor por nós enviando o Seu Filho Jesus para morrer por nossos pecados (v.32). Cristo ressuscitou e agora está sentado "à direita" do Pai, intercedendo por nós (v.34).

Em tempos de sofrimento, podemos nos apegar à verdade consoladora de que nossa vida está firmada no que Cristo fez por nós. Nada, "nem morte nem vida [...] nada, em toda a criação" (vv.38-39), pode nos separar de Seu amor. Quaisquer que sejam as nossas circunstâncias e dificuldades, que nos lembremos de que Deus está conosco e que nada pode nos separar dele. —*Yohana Ang*

Você crê que nada pode nos separar do amor de Deus?
Essa verdade muda a sua reação aos desafios da vida?

Pai, abre os meus olhos para que eu conheça mais do Teu amor e perceba que ele é suficiente para mim.

21 de novembro

Deixe-me ficar!

Salmo 27:1-6

*A única coisa que peço ao SENHOR [...]
é morar na casa do SENHOR todos os dias de minha vida...*
—SALMO 27:4

Enquanto caminhavam em direção ao carro, João escapou dos braços de sua mãe e correu de volta para a igreja. Ele não queria ir embora! Sua mãe correu atrás dele para convencê-lo amorosamente de ir. Quando a mãe finalmente o pegou de volta em seus braços, ele soluçou e estendeu a mão por cima do ombro dela em direção à igreja enquanto se afastavam.

João pode apenas ter gostado de brincar com os amigos na igreja, mas seu entusiasmo é uma imagem do desejo de Davi de adorar a Deus. Embora pudesse ter pedido a Deus para deter seus inimigos para seu próprio conforto e segurança, Davi queria que a paz prevalecesse para que pudesse "contemplar a beleza do SENHOR e meditar em seu templo" (Salmo 27:4). O desejo de seu coração era estar com Deus, onde quer que Ele estivesse, e desfrutar de Sua presença. O maior rei e herói militar de Israel pretendia usar o tempo de paz para louvar "o SENHOR com música" (v.6).

Podemos adorar a Deus livremente em qualquer lugar, pois Ele habita em nós por meio da fé na pessoa do Espírito Santo (1 Coríntios 3:16; Efésios 3:17). Que possamos ansiar por passar nossos dias em Sua presença e por nos reunirmos coletivamente para adorá-lo com outros cristãos. Em Deus, não nas paredes de um edifício, encontramos nossa segurança e nossa maior alegria. —*Kirsten Holmberg*

Quando você sentiu um desejo imenso de adorar a Deus?
O que a impede de fazê-lo com mais frequência?

*Pai, Tu és o meu deleite e a minha alegria.
Anseio por te adorar sem distração ou interrupção.*

22 de novembro

Nossa verdadeira identidade

Lucas 5:1-11

Jesus respondeu a Simão: "Não tenha medo!
De agora em diante, você será pescador de gente".
—LUCAS 5:10

Primeiro, ele escolheu equipamentos de pesca. Na pequena loja de pesca de sua cidade, encheu um carrinho de compras com anzóis, iscas, flutuadores, linhas e pesos. Em seguida, adicionou iscas vivas, uma nova vara e molinete. "Já pescou antes?", perguntou o dono da loja. O homem disse que não. "Melhor adicionar isso", disse o proprietário. Era um estojo de primeiros socorros. Ele concordou, pagou e partiu para um dia em que nada pescou, exceto pedaços de anzol nos dedos.

Esse não era o problema de Simão Pedro. O pescador experiente surpreendeu-se numa madrugada quando Jesus lhe disse para empurrar seu barco para águas profundas e "lançar as redes para pescar" (Lucas 5:4). Apesar de uma longa noite sem pescar nada, Simão e sua equipe largaram as redes e pegaram muitos peixes: "as redes ficaram tão cheias […] que começaram a se rasgar". Na verdade, seus dois barcos começaram a afundar (v.6).

Vendo isso, Simão Pedro "caiu de joelhos", suplicando: "…Senhor, afaste-se de mim […] sou homem pecador!" (v.8). Jesus, no entanto, conhecia a verdadeira identidade dele. Ele disse a Seu discípulo: "De agora em diante, você será pescador de gente". Ouvindo isso, Simão deixou tudo e o seguiu (vv.10-11). Quando seguimos a Cristo, Ele nos ajuda a aprender quem somos e para que somos chamadas.

—*Patricia Raybon*

Qual é a sua identidade ou papel na vida?
Quando você segue a Cristo, como sua identidade muda?

Pai, para conhecer a minha verdadeira identidade,
lembra-me de seguir-te para descobrir em ti quem sou.

23 de novembro

Deus cura nosso quebrantamento

Efésios 2:1-10

Vocês são salvos pela graça, por meio da fé...
—Efésios 2:8

Carlos e sua esposa, Jane, procuraram pela loja de artesanato um quadro para sua casa. Ele pensou ter encontrado a obra certa e a chamou para ver. No lado direito do vaso de cerâmica, estava a palavra graça. Mas o lado esquerdo continha duas rachaduras. "Puxa, está quebrado!", Jane disse enquanto procurava por um intacto na prateleira. Mas então Carlos argumentou: "Não. Essa é a questão. Estamos quebrados e então a graça chega, ponto final". Eles decidiram comprar aquele com rachaduras. Quando chegaram ao caixa, o balconista exclamou: "Ó, não, está quebrado!" "Sim, nós também", Jane sussurrou.

O que significa estar "quebrado"? Alguém definiu assim: uma percepção crescente de que não importa o quanto tentemos, nossa capacidade de fazer a vida dar certo só piora em vez de melhor. É um reconhecimento de que necessitamos de Deus e de Sua intervenção.

O apóstolo Paulo fala sobre o quebrantamento em termos de estarmos "mortos por causa de [nossa] desobediência e de [nossos] muitos pecados" (Efésios 2:1). A resposta à nossa necessidade de perdão e transformação está nos versículos 4 e 5: "Mas Deus é tão rico em misericórdia e nos amou tanto que [...] nos deu vida [...]. É pela graça que [somos] salvos!" Deus deseja curar o nosso quebrantamento com a Sua graça quando admitimos: "Estou quebrantada". —*Anne Cetas*

Você pediu a Deus para curar
o seu quebrantamento com a Sua graça?
Qual a sua necessidade hoje?

Pai, graças por Tua misericórdia!
Que eu me glorie em ti e
na Tua graciosa salvação por meio da fé.

24 de novembro

Quando você não consegue prosseguir

Lamentações 3:21-23

*As misericórdias do Senhor são a causa de
não sermos consumidos [...] grande é a tua fidelidade.*
—Lamentações 3:22-23 (ARC)

Em 2006, meu pai foi diagnosticado com uma doença neurológica que lhe tirou a memória, a fala e o controle sobre seus movimentos. Ficou acamado em 2011 e continua sob os cuidados de minha mãe em casa. O início de sua doença foi sombrio. Eu estava com medo: não sabia nada sobre como cuidar de uma pessoa doente e estava preocupada com as finanças e a saúde da minha mãe.

As palavras de Lamentações 3:22 me ajudaram a me levantar de manhã, quando a luz era tão cinza quanto o meu coração: "As misericórdias do Senhor são a causa de não sermos consumidos". A palavra hebraica para "consumidos" significa "ser totalmente consumido" ou "chegar ao fim".

O grande amor de Deus nos permite prosseguir e nos fortalece para enfrentarmos o dia. As provações podem parecer insuportáveis, mas não seremos destruídas por elas porque o amor de Deus é muito maior! Lembro-me de muitas vezes quando Deus mostrou Seus caminhos fiéis e amorosos para minha família. Vi Sua provisão na bondade de parentes e amigos, no sábio conselho dos médicos, na provisão financeira e no lembrete em nosso coração de que, um dia, meu pai estará são novamente, no Céu.

Se você estiver enfrentando um momento difícil, vá em frente! Você não será consumida pelo que enfrenta. Confie no amor fiel de Deus e Sua provisão.

—Karen Huang

Quando você enfrenta dificuldades, onde você renova as suas forças?
O que faz para se lembrar de confiar no grande amor de Deus?

*Pai, ajuda-me a confiar em ti.
Abre os meus olhos para que eu possa
ver Teu amor e fidelidade.*

25 de novembro

O anjo labrador

Salmo 143

Faze-me ouvir do teu amor a cada manhã...
—Salmo 143:8

Em 2019, Cap Dashwood e seu labrador realizaram algo notável: chegaram ao cume de uma montanha, todos os dias, por 365 dias consecutivos. Dashwood tem uma história comovente para contar. Ele saiu de casa aos 16, por causa de sua "vida familiar ruim". Mas essas feridas do passado o levaram a encontrar cura em outro lugar. Ele explica: "Às vezes, quando te decepcionam, você se volta para outra coisa. Você sabe?" Para ele, escalar as montanhas e o amor incondicional de seu labrador têm sido uma grande parte dessa "outra coisa".

Para nós que amamos nossos companheiros animais, uma grande parte do motivo pelo qual os amamos é o tipo raro de amor doce e incondicional que eles nos dão. Mas gosto de pensar que esse amor espontâneo destaca uma realidade muito maior e mais profunda do que as falhas dos outros: o amor inabalável e ilimitado de Deus que sustenta o Universo.

No Salmo 143 é apenas a fé do rei Davi no amor infalível e inabalável de Deus (v.12) que o amarra à esperança quando ele se sente só. A vida inteira de caminhada com Deus lhe dá força suficiente para confiar que a manhã trará a palavra do Seu amor infalível (v.8). Essa esperança é suficiente para confiarmos novamente e deixar que Deus nos guie por caminhos ainda desconhecidos (v.8). —*Monica La Rose*

Que sinais do amor infalível e infindável de Deus você vê no mundo?
O amor de Deus, por meio de pessoas
ou mesmo de animais, renova sua esperança e coragem?

Deus, graças por renovares o Teu amor e alegria.
Ajuda-me a ser um canal de esperança para os outros.

26 de novembro

Compartilhando esperança

2 Timóteo 3:10-17

*Guardei tua palavra em meu coração,
para não pecar contra ti.*
—Salmo 119:11

Após entender sua identidade como filha de Deus, Ema incluía as Escrituras em nossas conversas. Eu mal podia saber quando ela usava suas palavras e quando citava as palavras de Deus. Ao elogiá-la por ser como uma Bíblia ambulante, ela franziu a testa. Ema não recitava versículos bíblicos intencionalmente. Por ler a Bíblia diariamente, a sabedoria nela contida tinha se tornado parte de seu vocabulário. Ela se alegrava com a presença de Deus e aproveitava as oportunidades para compartilhar Sua verdade. Mas Ema não é a primeira jovem usada por Deus para inspirar outros a ler, memorizar e aplicar as Escrituras.

Ao encorajar Timóteo à liderança, o apóstolo Paulo demonstrou confiança nele (1 Timóteo 4:11-16). Paulo reconhecia que Timóteo estava firmado nas Escrituras desde a infância (2 Timóteo 3:15). Como Paulo, Timóteo enfrentou os céticos. Contudo, ambos acreditavam que a Escritura era "inspirada por Deus" e reconheciam que ela era útil para ensinar, repreender, corrigir e treinar na justiça, para que o servo de Deus fosse capacitado para toda boa obra (vv.16-17).

Quando guardamos a sabedoria de Deus no coração, Sua verdade e amor estão presentes em nossa conversa. Podemos ser como Bíblias ambulantes compartilhando a esperança eterna de Deus aonde quer que formos. —*Xochtil Dixon*

Como você guarda as Escrituras?
Você percebe a sabedoria de Deus
ajudando-a a compartilhar a Sua verdade?

*Pai, que o meu coração
seja cheio com a Tua sabedoria para que
eu a compartilhe com os outros.*

27 de novembro

Guerreiro corajoso

Juízes 6:11-16

…O Senhor está com você, guerreiro corajoso!
—Juízes 6:12

Diet Eman era uma jovem holandesa comum, tímida e apaixonada, que trabalhava e aproveitava o tempo com a família e amigos, quando os alemães invadiram seu país em 1940. Ela escreveu mais tarde: "Quando há perigo à sua porta, você quer agir como um avestruz enterrando a cabeça na areia". Contudo, Diet foi chamada por Deus para resistir aos alemães, escondendo judeus e outras pessoas perseguidas. Essa jovem discreta se tornou uma guerreira de Deus.

Há muitas histórias bíblicas como essa, nas quais Deus usa pessoas aparentemente improváveis para servi-lo. Quando o anjo do Senhor se aproximou de Gideão, disse: "O Senhor está com você, guerreiro corajoso" (Juízes 6:12). Porém, Gideão era tudo, menos corajoso. Ele estava secretamente debulhando trigo longe dos olhos dos midianitas, que controlavam Israel (vv.1-6,11). Ele era do clã mais fraco de Israel (Manassés) e o "menos importante" de sua família (v.15). Não se sentia à altura do chamado de Deus e até pediu vários sinais. Mesmo assim, Deus o usou para derrotar os midianitas (cap. 7).

Deus considerou Gideão "corajoso". Assim como Deus estava com Gideão e o capacitou, Ele está conosco, Seus "filhos amados" (Efésios 5:1), dando-nos o necessário para viver e servi-lo de pequenas e grandes maneiras. —*Alyson Kieda*

Quais pessoas na Bíblia foram usadas por Deus, apesar de serem fracas?
Como Deus nos tira da zona de conforto para servi-lo?

Deus, graças por me veres como filha Tua,
capaz de fazer grandes e pequenas coisas para ti.

28 de novembro

Confie em Deus nas adversidades

Daniel 3:13-18, 25-27

*…ainda que ele não nos livre […]
jamais serviremos seus deuses
ou adoraremos a estátua de ouro.*
—Daniel 3:18

Criada em uma tribo não cristã nas Filipinas, Ester recebeu a salvação por meio de Jesus depois que a sua tia orou enquanto ela estava muito doente. Hoje, Ester lidera estudos bíblicos em sua comunidade, apesar das ameaças de violência e até de morte. Ela serve com alegria, dizendo: "Não posso parar de falar sobre Jesus, pois experimentei o poder, o amor, a bondade e a fidelidade de Deus em minha vida".

Servir a Deus em face de oposição é uma realidade para muitos hoje, assim como foi para Sadraque, Mesaque e Abede-Nego, três jovens israelitas que viveram em cativeiro na Babilônia. O livro de Daniel ensina que eles se recusaram a orar para uma grande imagem de ouro do rei Nabucodonosor, mesmo quando foram ameaçados de morte. Eles disseram que Deus seria capaz de protegê-los. Escolheram servi-lo "ainda que" Ele não os livrasse (Daniel 3:18). Quando foram lançados no fogo, Deus se juntou a eles no sofrimento (v.25). Para a surpresa de todos, eles sobreviveram sem nenhum fio de cabelo chamuscado (v.27).

Se enfrentarmos sofrimento ou perseguição por causa de um ato de fé, exemplos antigos e modernos nos lembram de que o Espírito de Deus estará presente conosco para nos fortalecer e sustentar quando escolhermos obedecer-lhe, "ainda que" as coisas sejam diferentes do que esperamos. —*Lisa Samra*

Em que situação você escolheu seguir a Deus "ainda que"?
Como Ele se faz presente em sua vida?

*Deus, graças por me amares tanto.
Ajuda-me a seguir-te com alegria,
mesmo diante da oposição.*

29 de novembro

A porta da reconciliação

2 Coríntios 5:14-21

E tudo isso vem de Deus, aquele que nos trouxe de volta para si por meio de Cristo...
—2 Coríntios 5:18

Na catedral de St. Patrick, em Dublin, Irlanda, há uma porta que conta que em 1492 as famílias Butler e FitzGerald iniciaram uma briga pelo controle da região. A luta se intensificou, e os Butler se refugiaram na catedral. Quando os FitzGerald chegaram para pedir trégua, os Butler tiveram medo de abrir a porta. Então os FitzGerald abriram um buraco nela e seu líder ofereceu sua mão em paz. As famílias se reconciliaram e os adversários se tornaram amigos.

O apóstolo Paulo escreveu apaixonadamente em sua carta à igreja em Corinto que Deus também tem uma porta de reconciliação. Por iniciativa divina e por Seu infinito amor, Deus trocou o relacionamento interrompido com os humanos por um relacionamento restaurado através da morte de Cristo na cruz. Estávamos longe de Deus, mas, em Sua misericórdia, Ele nos aproximou de si mesmo. O Senhor nos oferece a restauração consigo mesmo "não levando mais em conta os pecados das pessoas" (v.19). A justiça se cumpriu quando "Deus fez de Cristo, aquele que nunca pecou, a oferta por nosso pecado, para que por meio dele fôssemos declarados justos diante de Deus" (v.21).

Quando aceitamos a mão de Deus em oferta de paz, recebemos a importante tarefa de levar essa mensagem a outras pessoas. Representamos o incrível e amoroso Deus que oferece perdão completo e restauração a todos que creem.

—Estera Piroşca Escobar

O que a oferta de reconciliação de Deus significa para você?

Deus, sou grata pelo sacrifício de Teu amado Filho, Jesus. Ele é o caminho que me conduz a ti.

30 de novembro

Um agradecimento sincero

Salmo 9:1-2,7-10

*Eu te louvarei, Senhor, de todo o meu coração;
anunciarei as maravilhas que fizeste.*
—Salmo 9:1

Preparando o nosso filho Xavier para a primeira entrevista de emprego, Alan, meu marido, entregou-lhe um pacote de cartões de agradecimento para que os enviasse após se encontrar com possíveis empregadores. Alan então fingiu ser um entrevistador experiente. Após o ensaio, Xavier colocou várias cópias de seu currículo numa pasta e sorriu quando o pai o lembrou dos cartões. "Eu sei que um bilhete de sincero agradecimento me destacará dos demais candidatos", disse ele. Quando o gerente o contratou e recebeu um desses cartões de gratidão agradeceu-lhe pelo primeiro cartão de reconhecimento escrito à mão que recebera em anos.

O agradecimento causa impacto duradouro. As orações sinceras e a adoração cheia de gratidão foram preservadas no livro de Salmos. Embora haja 150 salmos, estes dois versos refletem agradecimento: "Eu te louvarei, Senhor, de todo o meu coração; anunciarei as maravilhas que fizeste. Por causa de ti, me alegrarei e celebrarei; cantarei louvores ao teu nome, ó Altíssimo" (vv.1-2).

Jamais conseguiremos expressar totalmente a nossa gratidão por todas as maravilhosas ações de Deus. Podemos começar agradecendo-o com sinceridade em nossas orações e nutrindo um estilo de vida de adoração, louvando a Deus e reconhecendo tudo o que Ele fez e tudo o que Ele promete que fará. —*Xochtil Dixon*

O que você quer agradecer a Deus?
Agradecer o que Ele fez em sua vida a ajuda
a cultivar o espírito de gratidão em todas as circunstâncias?

*Deus, Tu és generoso e amoroso.
Ajuda-nos a reconhecer
as Tuas maravilhosas maneiras de agir.*

1.º de dezembro

Estar presente

Efésios 2:12-18

*…sentaram-se no chão com ele
durante sete dias e sete noites.*
—Jó 2:13

Quando Jane, funcionária do parque temático, viu Rafael chorando no chão, ela correu para ajudá-lo. Rafael era jovem e autista e estava chorando porque o brinquedo que ele esperara o dia inteiro para se divertir havia quebrado. Em vez de apressá-lo ou simplesmente insistir para que ele se sentisse melhor, Jane sentou-se com ele no chão, validando os sentimentos dele e dando-lhe tempo para chorar.

A atitude dela é um belo exemplo de como podemos acompanhar os que estão aflitos ou sofrendo. A Bíblia fala da dor incapacitante de Jó após a perda de sua casa, seus rebanhos (sua renda), sua saúde e a morte simultânea de seus dez filhos. Quando os amigos de Jó souberam de sua dor, "cada um saiu de onde vivia e os três foram juntos consolá-lo e animá-lo" (Jó 2:11). Enlutado, Jó sentou-se no chão. Ao chegarem, seus amigos se sentaram com ele — por sete dias — sem dizer nada, porque reconheceram a profundidade de seu sofrimento.

Em sua humanidade, os amigos de Jó mais tarde lhe ofereceram conselhos insensíveis. Nos primeiros sete dias, porém, eles lhe deram o terno presente da presença, sem palavras. Podemos não entender a dor de alguém, mas não precisamos entender para o confortar. Simplesmente podemos estar com essa pessoa.

—Kirsten Holmberg

Quem esteve "com você" em tempos difíceis?
Quem precisa da sua presença hoje?

*Deus, agradeço-te por estares sempre comigo
nos bons e nos maus momentos.
Ajuda-me a oferecer o presente da presença
aos que colocas em meu caminho.*

2 de dezembro

O privilégio da oração

1 Crônicas 29:11-19

*Dá a meu filho Salomão o desejo sincero de obedecer
a todos os teus mandamentos, preceitos e decretos.*
—1 Crônicas 29:19

Uma canção do artista country Chris Stapleton, "Papai não ora mais", inspirou-se nas orações de seu pai por ele. As palavras comoventes revelam o porquê de as orações terminarem: não desilusão ou cansaço, mas a morte do pai. O cantor imagina que em vez de falar com Jesus em oração, agora seu pai anda e conversa com Jesus face a face.

A lembrança dessas orações por ele traz à memória a oração de um outro pai por seu filho. Ao aproximar-se o fim da sua vida, Davi fez os preparativos para que seu filho Salomão fosse o próximo rei de Israel. Depois de reunir a nação para ungir Salomão, Davi os liderou em oração, como havia feito muitas vezes antes. Relembrando a fidelidade de Deus a Israel, Davi orou para que eles permanecessem leais ao Senhor. Na sequência, incluiu uma oração pessoal especificamente por seu filho, pedindo a Deus: "Dá a meu filho Salomão o desejo sincero de obedecer a todos os teus mandamentos, preceitos e decretos" (1 Crônicas 29:19).

Nós também temos o privilégio de orar pelas pessoas que Deus colocou em nossa vida. Nossa fidelidade pode causar um impacto indelével que permanecerá mesmo após nós partirmos. Assim como Deus continuou a responder as orações de Davi por Salomão e Israel depois que o rei se foi, da mesma forma o impacto de nossas orações perdurará após partirmos. —Lisa Samra

As orações de alguém impactaram a sua vida?
Você encoraja outros com as suas orações?

*Pai celestial, trago os meus entes queridos diante de ti
e peço que Tu realizes os Teus planos na vida deles.*

3 de dezembro

Amor inabalável

1 João 3:16-18

…não nos limitemos a dizer que amamos uns aos outros; demonstremos a verdade por meio de nossas ações.
—1 João 3:18

Heidi e Jeferson voltaram de um trabalho no exterior onde o clima era muito quente e se estabeleceram perto de sua família no estado onde moro — bem no início do inverno. Esta seria a primeira vez que alguns de seus dez filhos veriam a neve.

Mas o nosso inverno exige muitos agasalhos, casacos, luvas e botas. Para eles seria um gasto exorbitante vestir toda a família preparando-os meses congelantes à frente. No entanto, Deus os proveu. Primeiro, um vizinho trouxe calçados, outro as calças de neve, depois gorros e luvas. Uma senhora pediu em sua igreja que coletassem roupas quentes em todos os doze tamanhos para cada membro da família. Quando a neve chegou, a família tinha exatamente o que precisava.

Uma das maneiras que servimos a Deus é servindo aos necessitados. 1 João 3:16-18 nos incentiva a ajudar os outros a partir da abundância de nossos próprios bens. Servir nos ajuda a ser mais parecidas com Jesus quando começamos a amar e a ver as pessoas como Ele as vê.

Deus frequentemente usa os Seus filhos e filhas para suprir as necessidades e responder as orações. E ao servirmos aos outros, nosso próprio coração se fortalece ao encorajarmos aqueles a quem servimos. Como resultado, nossa própria fé crescerá à medida que Deus nos equipar para servi-lo de novas maneiras (v.18).
—Cindy Hess Kasper

Como você pode demonstrar o amor de Deus de maneira prática?
Servir a Deus a ajuda a crescer em sua fé?

*Pai, enche o meu coração com o desejo de ajudar quando vejo uma necessidade.
Ajuda-me a doar com alegria e servir-te com gratidão.*

4 de dezembro

O bazar de Natal

1 Timóteo 6:6-10,17-19

No entanto, a devoção acompanhada de contentamento é, em si mesma, grande riqueza.
—1 Timóteo 6:6

Uma mãe sentiu que estava gastando demais com os presentes de Natal da família e, certo ano, decidiu tentar algo diferente. Por alguns meses antes do dia do feriado, ela vasculhou os bazares com itens usados e baratos. Comprou mais do que o habitual, mas por muito menos dinheiro. Na véspera de Natal, seus filhos abriram entusiasmados os muitos presentes. No dia seguinte, eles receberam mais presentes! A mãe se sentira culpada por não lhes dar presentes novos e guardara alguns deles para a manhã de Natal. Quando as crianças recomeçaram a desembalar mais presentes, rapidamente reclamaram: "Estamos cansados de desembalar presentes! Você nos deu demais!". Com certeza essa não é uma resposta típica das crianças numa manhã de Natal!

Deus já nos abençoou com muito, mas parece que estamos sempre procurando mais: uma casa maior, um carro melhor, uma conta bancária maior ou [preencha esse espaço]. Paulo incentivou Timóteo a lembrar as pessoas em sua congregação de que "não trouxemos nada conosco quando viemos ao mundo, e nada levaremos quando o deixarmos. Portanto, se temos alimento e roupa, estejamos contentes" (1 Timóteo 6:7,8).

Deus nos concedeu o fôlego de vida — além de suprir as nossas necessidades. Quão restaurador pode ser quando desfrutamos e nos contentamos com os Seus dons a ponto de lhe dizermos: "Tu nos deste muito! Não precisamos de mais". "…A devoção acompanhada de contentamento é, em si mesma, grande riqueza" (v.6). —*Anne Cetas*

Qual o motivo de sua gratidão a Deus hoje?
De que maneira você pode aprender sobre o contentamento?

Pai, Tu nos abençoaste com tanto.
Ensina-nos todos os dias a sermos gratos.

5 de dezembro
Na mesma equipe

1 Tessalonicenses 5:1-11,16-18

…animem e edifiquem uns aos outros.
—1 Tessalonicenses 5:11

Quando o *quarterback* (zagueiro) do Philadelphia Eagles, Carson Wentz, voltou ao campo depois de se recuperar de uma lesão grave, o *quarterback* reserva da equipe da Liga de Futebol Americano (NFL), Nick Foles, voltou graciosamente ao banco. Apesar de competirem pela mesma posição, os dois homens decidiram apoiar-se mutuamente e permaneceram confiantes em seus papéis. Um repórter observou que os dois atletas têm um "relacionamento único enraizado na fé que têm em Cristo" demonstrado por suas contínuas orações um pelo outro. Enquanto os outros os observavam, eles honraram a Deus lembrando-se de que estavam no mesmo time — não apenas como zagueiros da equipe *Eagles* e que, como crentes em Jesus, eles o representavam.

O apóstolo Paulo exorta os cristãos para que vivam como "filhos da luz" aguardando o retorno de Jesus (1 Tessalonicenses 5:5,6). Com nossa esperança segura na salvação que Cristo proporcionou, podemos evitar qualquer tentação de competir por ciúmes, inseguranças, medos ou inveja. Em vez disso, podemos nos animar e edificar umas às outras, como temos feito (v.11). Podemos respeitar os líderes espirituais que honram a Deus e viver "em paz" ao servirmos juntas para alcançar nosso objetivo comum — contar aos outros sobre o evangelho e incentivá-los a viverem por Jesus (vv.12-15).

Ao servirmos na mesma equipe, podemos atender ao mandamento de Paulo: "Estejam sempre alegres. Nunca deixem de orar. Sejam [gratas] em todas as circunstâncias, pois essa é a vontade de Deus para vocês em Cristo Jesus" (vv.16-18).

—*Xochitl Dixon*

Quem a encorajou enquanto servia na mesma equipe?
Como você pode encorajar alguém que serve ao seu lado?

Jesus, por favor, concede-me oportunidades para encorajar alguém que serve ao meu lado.

6 de dezembro

Névoa da manhã

Isaías 44:9-11,21-23

*Afastei seus pecados para longe,
como uma nuvem...*
—Isaías 44:22

Certa manhã, visitei um lago perto da minha casa e sentei-me em um barco virado, refletindo e observando o vento suave perseguir a névoa sobre a superfície da água. Os filetes de nevoeiro circulavam e giravam. Mini "tornados" se levantavam e se desfaziam. Logo, a luz do Sol cortou as nuvens e fez a névoa desaparecer.

Isso me confortou, pois liguei essa cena a um versículo que tinha acabado de ler: "Afastei seus pecados para longe, como uma nuvem" (Isaías 44:22). Fui ali na esperança de me distrair de uma série de pensamentos pecaminosos que me preocupavam há dias. Embora eu os estivesse confessando, comecei a questionar se Deus me perdoaria se eu os repetisse.

Naquela manhã, soube que a resposta dele seria "sim". Por meio de Isaías, Deus mostrara graça aos israelitas quanto a contínua adoração aos ídolos. Embora o Senhor tenha lhes dito que parassem de buscar deuses falsos, Deus também os convidou a voltarem-se para o Senhor, dizendo: "...Eu, o Senhor, o formei e não me esquecerei de você (v.21). Não compreendo o perdão totalmente assim, mas entendo que a graça de Deus é a única que pode dissolver completamente o nosso pecado e nos curar dele. Sou grata por Sua graça ser infinita e divina como Ele é e por ela estar disponível sempre que dela precisarmos. —*Jennifer Benson Schuldt*

É possível abusar da graça de Deus?
O que você pode fazer para se libertar dos hábitos pecaminosos
e experimentar o perdão do Senhor?

*Querido Deus, obrigada por Tua
graciosa presença em minha vida. Peço Tua ajuda para
sentir a liberdade advinda do Teu perdão.*

7 de dezembro

Quem é você?

Salmo 8

*Quem são os simples mortais,
para que penses neles?*
—Salmo 8:4

O nome dele é Dnyan e ele se considera um estudante do mundo. Ele afirma que o mundo "é uma escola muito grande" ao tentar lembrar-se de todas as cidades e vilas pelas quais já passou. Dnyan começou uma viagem de 4 anos em sua bicicleta em 2016 para conhecer e aprender com as pessoas. Quando existe uma barreira linguística, ele percebe que, às vezes, as pessoas podem se entender apenas olhando uma para a outra.

Dnyan depende de um aplicativo de tradução em seu celular para se comunicar. Esse viajante não mede a sua jornada pelos quilômetros que percorre ou pelos pontos turísticos que visita. Ele a mede pelas pessoas que deixaram uma marca no seu coração: "Talvez eu não conheça seu idioma, mas gostaria de descobrir quem você é".

É um mundo muito grande, mas Deus sabe tudo sobre ele e os seus habitantes — total e completamente. O salmista Davi maravilhou-se com Deus quando considerou todas as obras de Suas mãos: a criação dos céus, da lua e das estrelas (Salmo 8:3). Ele até se questionou: "Quem são os seres humanos, para que com eles te importes?" (v.4).

Deus o conhece mais profundamente do que qualquer outra pessoa possa conhecer e se importa com você. Só podemos responder: "Ó Senhor, nosso Senhor, teu nome majestoso enche a terra!" (vv.1,9). *Anne Cetas*

Como você se sente sabendo que Deus sabe tudo sobre você e a ama?
De que maneira acreditar nessa verdade impacta sua maneira de viver?

*Querido Deus, como é incrível reconhecer
que sabes tudo sobre toda a Tua criação. Pai, eu te amo
e te agradeço por me conheceres individualmente.*

8 de dezembro

Linguagem amável

2 Timóteo 2:22-26

O servo do Senhor não deve viver brigando,
mas ser amável com todos, apto a ensinar e paciente.
—2 Timóteo 2:24

Discuti no *Facebook* e isso não foi certo. Tive uma atitude errada. O que me fez pensar que eu precisava "corrigir" um estranho sobre um assunto polêmico que dividia opiniões? Usamos palavras acaloradas, ferimos sentimentos e perdemos a oportunidade de testemunhar por Jesus. Esse é o resultado da "raiva na internet", as palavras duras lançadas diariamente pela blogosfera. Um especialista em ética explicou que as pessoas concluem erroneamente que "assuntos públicos são discutidos com raiva".

O sábio conselho de Paulo a Timóteo continha o alerta. "Digo mais uma vez: não se envolva em discussões tolas e ignorantes que só servem para gerar brigas. O servo do Senhor não deve viver brigando, mas ser amável com todos, apto a ensinar e paciente" (2 Timóteo 2:23,24).

Quando Paulo estava aprisionado em Roma ele escreveu a Timóteo para prepará-lo a ensinar a verdade de Deus. Esse conselho é muito oportuno para nós ainda hoje, especialmente quando falamos de nossa fé: "Instrua com mansidão aqueles que se opõem, na esperança de que Deus os leve ao arrependimento e, assim, conheçam a verdade" (v.25).

Ser gentil com os outros faz parte desse desafio, e não apenas para os pastores, mas para todos que amam a Deus e procuram contar aos outros sobre Ele. Falemos a Sua verdade em amor. A cada palavra, o Espírito Santo nos ajudará.

—*Patrícia Raybon*

Quando você é liderada pelo Espírito Santo,
você muda o tom de seus comentários?

Deus, nosso Pai, ao falar com outros
sobre a Tua verdade, ou outros assuntos,
enche o meu coração e boca com o Teu amor.

9 de dezembro

Busque a presença de Deus

Salmo 23

O Senhor é meu pastor, e nada me faltará.
—Salmo 23:1

Com voz grave o capitão anunciou mais um atraso. Desconfortável no assento da janela a bordo de um avião que já estava parado há duas horas, irritei-me com a frustração. Depois de uma longa semana de trabalho, eu ansiava pelo conforto e pelo descanso em casa. Quanto tempo mais? Enquanto olhava pela janela coberta de chuva, notei um triângulo solitário de grama verde crescendo na fenda de cimento onde as pistas se encontravam. Uma visão tão estranha no meio de todo aquele concreto.

Como pastor experiente, Davi conhecia bem a necessidade de prover os pastos verdes para o descanso de suas ovelhas. No Salmo 23, ele escreveu uma lição importante que o fortaleceria nos dias exaustivos de sua liderança como rei de Israel. "O Senhor é meu pastor, e nada me faltará. Ele me faz repousar em verdes pastos […]. Renova minhas forças…" (vv.1-3).

Na selva de concreto de uma pista de aeroporto, atrasada e sentindo falta do conforto e descanso, Deus, meu bom Pastor, direcionou o meu olhar para um espaço de verde. No relacionamento com Ele, posso descobrir a Sua provisão contínua de descanso onde quer que eu esteja — se eu a perceber e aceitá-la.

Essa lição permaneceu comigo ao longo dos anos: "procure o verde". Ele existe e está presente. Com Deus em nossa vida, não nos falta nada. Ele nos faz repousar em verdes pastos. Ele renova nossas forças. —*Elisa Morgan*

Onde você pode procurar o descanso hoje?
De que maneiras Deus proporcionou um momento de refrigério quando você pensou que isso era impossível?

Amado Deus, obrigada por seres o meu Pastor e por me fazeres repousar em verdes pastos para renovar minhas forças.

10 de dezembro

Deliciando-se com o Bom Livro

2 Timóteo 3:14-17

Toda a Escritura é inspirada por Deus…
—2 Timóteo 3:16

A Islândia é uma nação de leitores e esse país publica e lê mais livros por pessoa do que qualquer outro. Na véspera de Natal, eles se presenteiam com livros e depois os leem noite adentro.

Essa tradição remonta à Segunda Guerra Mundial, quando as importações eram restritas, mas o papel era barato. Os editores inundaram o mercado com novos títulos. Hoje, um catálogo dos lançamentos de livros do país é enviado a todos os lares em meados de novembro. Essa tradição é conhecida como a "Inundação de Livros de Natal".

Somos gratas por Deus ter abençoado tantos com a capacidade de criar boas histórias e educar, inspirar ou motivar os outros por meio de suas palavras. Não há nada como um bom livro! A Bíblia foi composta por muitos autores que escreveram em poesia e prosa — algumas ótimas histórias, outras não tanto — mas todas inspiradas. Como Paulo lembrou a Timóteo: "Toda a Escritura é inspirada por Deus e útil para nos ensinar o que é verdadeiro e para nos fazer perceber o que não está em ordem em nossa vida. Ela nos corrige quando erramos e nos ensina a fazer o que é certo. Deus a usa para preparar e capacitar seu povo para toda boa obra" (2 Timóteo 3:16-17). A leitura da Bíblia nos convence, inspira, ajuda-nos a viver para Ele e nos guia à verdade (2:15). Não esqueçamos de encontrar tempo para nos envolvermos com o maior dos livros: a Bíblia. —*Alyson Kieda*

O que o ajuda a investir seu tempo nas Escrituras?

Deus, obrigada por inspirares a criatividade nos autores de "muitos livros". Sou especialmente grata pelo Teu Livro.

11 de dezembro
Sem brilho, apenas glória

Isaías 53:1-9

*Teu amor é melhor que a própria vida;
com meus lábios te louvarei.*
—SALMO 63:3

Olhando os enfeites de Natal feitos à mão que o meu filho criou ao longo dos anos e as bugigangas que a avó sempre lhe enviava, não conseguia entender por que não estava contente com as nossas decorações. Eu sempre valorizara a criatividade e as memórias que os ornamentos natalinos representavam. Então, por que o fascínio das vitrines enfeitadas nas lojas me fez desejar uma árvore com lâmpadas perfeitamente combinadas, bolas brilhantes e fitas de cetim?

Ao me afastar de nossa humilde decoração, vislumbrei um enfeite em forma de coração com a escrita "Jesus, meu Salvador". Como pude esquecer que a minha família e a minha esperança em Cristo são as razões pelas quais amo celebrar o Natal? Nossa árvore não se parecia com as árvores das vitrines, mas o amor envolvido na decoração a tornava linda.

Como nossa modesta árvore, o Messias não atendeu às expectativas do mundo (Isaías 53:2). Ele "foi desprezado e rejeitado" (v.3). No entanto, numa incrível demonstração de amor, Ele ainda escolheu ser "esmagado por causa de nossos pecados" (v.5). Ele sofreu castigo, para que pudéssemos desfrutar da paz (v.5). Nada é mais gratificante do que isso.

Grata por nosso perfeito Salvador e pelas decorações imperfeitas, parei de desejar o brilho e louvei a Deus por Seu amor glorioso. Os adornos brilhantes jamais corresponderiam à beleza de Sua dádiva sacrificial — Jesus. —*Xochitl Dixon*

O que o sacrifício de Jesus na cruz significa para você?

Amoroso Deus, por favor, ajuda-nos a ver o Teu belo amor refletido pela magnitude do Teu sacrifício.

12 de dezembro

Presença virtual

Colossenses 2:1-5

...embora eu esteja longe, meu coração está com vocês.
—COLOSSENSES 2:5

Na medida em que a pandemia do coronavírus avançava, os especialistas reforçavam sobre a importância do distanciamento físico para retardar a propagação. Muitos países pediram a seus cidadãos que se colocassem em quarentena. Muitos que puderam trabalhar remotamente o fizeram e tantos outros sofreram perdas financeiras. Fizemos cultos e reuniões em pequenos grupos usando as plataformas digitais, praticamos novas formas de união, apesar de estarmos fisicamente distanciados.

Não é só a internet que nos ajuda a preservar o senso de conexão. Nós nos conectamos como membros do Corpo de Cristo através do Espírito. Paulo mencionou isso em sua carta aos colossenses. Embora o apóstolo não tivesse fundado pessoalmente a igreja deles, importava-se muito com eles e sua fé. Embora não pudesse estar no mesmo local, lembrou-lhes de que ele estava presente de "coração" (Colossenses 2:5).

Nem sempre, podemos estar com os que amamos, mas a tecnologia nos ajuda a preencher essa lacuna. No entanto, qualquer forma de conexão virtual é quase nula em comparação com a "unidade" que podemos experimentar como membros do Corpo de Cristo (1 Coríntios 12:27).

Entretanto, podemos, como Paulo, alegrarmo-nos com a firmeza da nossa fé e, através da oração, encorajar uns aos outros a entender "o segredo de Deus, que é o próprio Cristo" (Colossenses 2:2). —*Kirsten Holmberg*

Como você vivencia a conexão
com outros membros do Corpo de Cristo?

*Jesus, obrigada pela conexão
que me concedes com outros que pertencem a ti
através do Espírito Santo.*

13 de dezembro

Reconstruindo as ruínas

Jeremias 33:6-11

Então esta cidade me trará louvor, glória e honra.
—Jeremias 33:9

Aos 17 anos, Dowayne teve que deixar a casa de sua família em Manenberg, na Cidade do Cabo, África do Sul, por causa de seu roubo e dependência de heroína. No entanto, Ele não foi tão longe. O jovem construiu um barraco de metal corrugado no quintal de sua mãe, o qual logo ficou conhecido como "o Cassino", um lugar para usar drogas. Porém, aos 19 anos, Dowayne creu na fé salvadora em Jesus. Sua jornada para sair das drogas foi longa e cansativa, mas ele ficou limpo com a ajuda de Deus e o apoio de amigos que creem em Jesus. Passados 10 anos, ele e outros transformaram aquela cabana numa igreja doméstica. O que antes era um lugar sombrio e agourento hoje é um lugar de adoração e oração.

No capítulo 33 do livro de Jeremias, eles reconhecem como Deus pode trazer cura e restauração para pessoas e lugares, como o fez com Dowayne e o antigo cassino. O profeta Jeremias falou ao povo de Deus que estava em cativeiro, dizendo que, embora a cidade não fosse poupada, Deus curaria Seu povo e os "reconstruiria", purificando-os de seus pecados (Jeremias 33:7,8).

E a cidade lhe traria louvor, glória e honra (v.9).

Quando somos tentadas a nos desesperar com o pecado que causa desgosto e quebrantamento, continuemos orando para que Deus traga cura e esperança, assim como Ele fez no quintal em Manenberg. —*Amy Boucher Pye*

De que maneira Deus trouxe restauração em sua vida
e na de outras pessoas?
Como você pode orar por cura divina neste dia?

*Deus, obrigada por gerares nova vida
no que parecia estar morto.
Continua a agir em mim, para que eu possa
compartilhar sobre o Teu amor salvador.*

14 de dezembro

Realidades invisíveis

Efésios 6:10-20

...não lutamos contra inimigos de carne e sangue, mas [...] contra espíritos malignos nas esferas celestiais.
—Efésios 6:12

Em 1876, os homens que procuravam carvão em Indiana, EUA, pensaram ter encontrado os portões do inferno. O historiador John Barlow Martin relata que a quase 200 metros sob a superfície havia "fumaças exaladas em meio a barulhos impressionantes". Temendo terem "atingido o teto da caverna do diabo", os mineiros fecharam o poço e voltaram às suas casas.

Os mineiros, é claro, estavam enganados e anos depois perfurariam novamente e se tornariam ricos com o gás natural. Mesmo que eles estivessem enganados, sinto-me com um pouco de inveja deles. Esses mineiros viviam com uma percepção do mundo espiritual que muitas vezes falta na minha própria vida. Para mim é fácil viver como se o sobrenatural e o natural raramente se cruzassem e esquecer que "não lutamos contra inimigos de carne e sangue, mas [...] contra espíritos malignos nas esferas celestiais" (Efésios 6:12).

Quando vemos o mal vencendo no mundo, não devemos desistir nem tentar combatê-lo com as próprias forças. Em vez disso, devemos resistir ao mal vestindo "toda a armadura de Deus" (vv.13-18). Estudar as Escrituras, reunir-se regularmente com outros cristãos para encorajamento e fazer escolhas com o bem dos outros em mente pode ajudar-nos a resistir "as estratégias do diabo" (v.11). Equipadas pelo Espírito Santo, podemos permanecer firmes diante de qualquer coisa (v.13). —*Amy Peterson*

Como cultivar a percepção da realidade do mundo espiritual?

Deus, ajuda-me a lembrar de sempre andar e servir pela fé e sob o Teu poder.

15 de dezembro

Jamais esquecido

Isaías 49:8-16

*Mesmo que isso fosse possível,
eu não me esqueceria de vocês!*
—Isaías 49:15

Meus filhos me encorajaram a provar que eu ainda dominava as noções básicas do piano. Sentei-me e toquei uma escala em Dó maior. Tendo tocado pouco piano por duas décadas, surpreendi-me com minhas lembranças! Encorajei-me e toquei as sete escalas, na sequência. Surpreendi-me! Anos de prática tinham gravado as notas e a técnica tão profundamente na "memória" dos meus dedos que eles sabiam instantaneamente o que fazer.

Há coisas que jamais podem ser esquecidas. O amor de Deus por Seus filhos está gravado mais profundamente do que qualquer das nossas "memórias". Na verdade, Deus não pode esquecê-las. Era isso que os israelitas precisavam ouvir quando o exílio os fez sentirem-se abandonados por Deus (Isaías 49:14). A resposta divina enviada por meio de Isaías foi inequívoca: "não me esqueceria de vocês!" (v.15). A promessa de Deus de cuidar de Seu povo era mais incontestável do que o amor de uma mãe por seu filho. Para assegurar-lhes do Seu amor imutável, o Senhor lhes deu uma imagem do Seu compromisso: "escrevi seu nome na palma de minhas mãos" (v.16). Essa linda demonstração do cuidado constante de Deus por Seus filhos; seus nomes e rostos estão sempre diante dele.

Podemos facilmente nos sentir negligenciadas e esquecidas, porém, é reconfortante saber que o nosso nome está escrito nas mãos de Deus, e que somos sempre lembradas, cuidadas e amadas por Ele. —*Lisa Samra*

Quando Deus a lembrou de Seu amor constante?

*Jesus, obrigada por Teu constante amor
e por jamais me esqueceres até quando
me sinto abandonada pelos outros.*

16 de dezembro

Celebrando a diversidade

Salmo 133

Como é bom e agradável quando os irmãos vivem em união!
—Salmo 133:1

Numa escola norte-americana, a cerimônia de graduação de 2019 reuniu 608 formandos. O diretor pediu que os alunos se levantassem quando fosse lido o nome do país onde nasceram: Afeganistão, Bolívia, Bósnia… Ele continuou até mencionar 60 países e cada estudante do país citado ter-se colocado em pé, aplaudindo. Eram 60 países representados naquela escola de Ensino Médio. A beleza da unidade em meio à diversidade foi uma imagem poderosa que demonstrou algo próximo ao desejo de Deus: pessoas vivendo "em união".

O Salmo 133 nos incentiva a ter união entre o povo de Deus. É uma canção para as celebrações anuais quando o povo entrava em Jerusalém. Relembra sobre os benefícios de viver em união (v.1) apesar das diferenças que poderiam causar divisão. Em imagens vívidas, a união é descrita como orvalho revigorante (v.3), óleo para ungir (Êxodo 29:7) "derramando" sobre a cabeça, e vestes sacerdotais (v.2).

Juntas, essas imagens destacam que, em unidade, as bênçãos de Deus fluem tão generosamente que não podem ser contidas. Para os cristãos, apesar de diferenças como etnia, nacionalidade ou idade, há uma unidade mais profunda no Espírito (Efésios 4:3).

Quando nos unirmos e celebrarmos esse vínculo da paz como Jesus nos orienta, poderemos aceitar generosamente as diferenças dadas por Deus e celebrar a fonte da verdadeira unidade. —Lisa Samra

Você já experimentou a bondosa união em Cristo?
Como isso a abençoou?

Pai celestial, ajuda-me a fazer a minha parte para viver em unidade com todo o povo de Deus.

17 de dezembro

Verdadeira identidade

1 João 2:28–3:10

*…como é grande o amor do Pai por nós,
pois ele nos chama de filhos, o que de fato somos.*
—1 João 3:1

Enquanto minha amiga olhava as fotos que tirei dela, apontou-me as características físicas que julgava imperfeitas nela mesma. Pedi-lhe que olhasse mais de perto e disse: "Vejo uma linda e amada filha do Rei dos reis. Vejo o Deus amoroso e compassivo cuja genuína bondade, generosidade e fidelidade fizeram a diferença em tantas vidas". Quando notei suas lágrimas, sugeri: "Acho que você precisa da sua tiara!".

Naquela tarde, escolhemos a tiara perfeita para que ela nunca mais esquecesse sua verdadeira identidade — filha do Rei dos reis! Quando conhecemos a Jesus pessoalmente, Ele nos recebe com amor e nos chama de Seus filhos e filhas (1 João 3:1). Ele nos concede o poder de perseverar na fé para que "quando ele voltar, estejamos confiantes e não nos afastemos dele, [envergonhadas]" (2:28). Embora Jesus nos aceite como somos, Seu amor nos purifica e nos transforma à Sua semelhança (3:2-3). O Senhor nos ajuda a reconhecer a nossa necessidade por Ele e a nos arrependermos enquanto nos alegramos com o poder de nos afastarmos do pecado (vv.7-9). Podemos viver em obediência e amor (v.10), com Sua verdade escondida em nosso coração e Seu Espírito presente em nossa vida.

Minha amiga não precisava da tiara, mas precisávamos nos lembrar do nosso valor como filhas amadas de Deus. —*Xochitl Dixon*

Saber que você é amada e, pela fé em Jesus,
recebida como uma das filhas do Altíssimo
a ajuda a praticar a justiça e o amor?

*Amado Deus, obrigada por me lembrares
de que quem eu sou baseia-se naquele a quem pertenço.
Pertenço a ti, Senhor.*

18 de dezembro
Ilustrando as Escrituras
Salmo 78:1-8

…contaremos à geração seguinte os feitos gloriosos do S<small>ENHOR</small>, seu poder e suas maravilhas.
—S<small>ALMO</small> 78:4

A porcelana azul e branca decorativa comumente usada nos lares dos holandeses é originária da cidade de Delft. Elas retratam cenas familiares da Holanda: belas paisagens, moinhos de vento e pessoas trabalhando e brincando.

No século 19, Charles Dickens escreveu em seu livro *Um hino de Natal* (Global, 2012) como as cerâmicas foram usadas para ilustrar as Escrituras. Descreveu uma antiga lareira construída por um holandês a qual exibia cerâmicas pitorescas: "Tinha Cains e Abéis, filhas de faraós; rainhas de Sabá e apóstolos indo para o mar". Muitas famílias usavam essas porcelanas como ferramentas de ensino ao se reunirem em torno de uma lareira e compartilharem as histórias bíblicas. Os filhos aprendiam sobre o caráter de Deus, Sua justiça, compaixão e misericórdia.

As verdades bíblicas são relevantes ainda hoje. O Salmo 78 nos encoraja a ensinar os "enigmas do nosso passado, histórias que ouvimos e conhecemos, que nossos antepassados nos transmitiram" (vv.2-3). Incentiva-nos a contar "à geração seguinte os feitos gloriosos do S<small>ENHOR</small>, seu poder e suas maravilhas […] e eles por sua vez, a ensinarão a seus filhos" (vv.4,6).

Com a ajuda de Deus, podemos encontrar maneiras criativas e eficazes de ilustrar as verdades bíblicas para cada geração enquanto nos esforçamos para entregar a Deus toda a honra e louvor que Ele merece. —*Cindy Hess Kasper*

Quem precisa conhecer os feitos gloriosos de Deus?

Amado Deus, ensina-me como ilustrar o que aprendi com as Escrituras para que outros te conheçam.

19 de dezembro

Doar com alegria

2 Coríntios 9:6-15

*Cada um deve decidir em seu coração quanto dar [...].
"Pois Deus ama quem dá com alegria".*
—2 Coríntios 9:7

Nicolau nasceu no século 3.º e não fazia ideia de que após sua morte ele seria conhecido como Papai Noel. Ele era apenas um homem que amava a Deus e, genuinamente, cuidava das pessoas. Era conhecido por doar alegremente seus próprios bens e praticar a bondade. Conta-se a história de que depois de saber de uma família que estava em grandes dificuldades financeiras, Nicolau foi à casa deles à noite e jogou um saco de ouro através de uma janela aberta, que caiu sobre um sapato ou meia perto da lareira.

Muito antes dele, o apóstolo Paulo encorajou os cristãos em Corinto a serem doadores alegres. Ele escreveu-lhes sobre as grandes necessidades financeiras de seus irmãos e irmãs em Jerusalém e encorajou-os a doar com generosidade. Paulo explicou-lhes os benefícios e bênçãos que recebem os que doam dos seus bens. Lembrou-lhes que "quem lança apenas algumas sementes obtém uma colheita pequena, mas quem semeia com fartura obtém uma colheita farta" (2 Coríntios 9:6). Como resultado de sua alegre generosidade, eles seriam "enriquecidos" em todos os sentidos (v.11), e Deus seria honrado.

Pai, pedimos a Tua ajuda para sermos doadores alegres não só durante a temporada de Natal, mas durante todo o ano. Obrigada por Tua incrível generosidade em nos dar o Teu "presente indescritível", Teu Filho, Jesus (v.15). —*Estera Pirosca Escobar*

Como você pode doar generosamente
do seu tempo ou recursos?

*Generoso Deus, obrigada por me encorajares
a ser generosa e por Tuas abundantes bênçãos.*

20 de dezembro

Uma grande multidão

Apocalipse 7:9-12

…vi uma imensa multidão, grande demais para ser contada, de todas as nações, tribos, povos e línguas…
—Apocalipse 7:9

Reunimo-nos para o culto dominical com alegria e expectativa. Embora estivéssemos espacialmente afastados por causa da pandemia do coronavírus, congratulamo-nos com a oportunidade de celebrar o casamento de Gavin e Tijana. Nossos amigos iranianos, tecnologicamente talentosos, transmitiram o culto para amigos e familiares espalhados pela Espanha, Polônia e Sérvia. O Espírito de Deus nos uniu e nos concedeu alegria.

A celebração com nossa maravilhosa congregação multinacional foi um pequeno gostinho da glória que virá quando pessoas de "todas as nações, tribos, povos e línguas" estiverem diante de Deus no Céu (Apocalipse 7:9). O amado discípulo João vislumbrava essa "imensa multidão" numa visão que é relatada no livro do Apocalipse. Lá, os reunidos adorarão a Deus junto com os anjos e anciãos. Todos cantarão: "Louvor e glória e sabedoria, gratidão e honra, força e poder pertencem a nosso Deus para todo o sempre" (v.12).

A união e o casamento de Jesus e Sua Noiva internacional no "banquete de casamento do Cordeiro" (19:9) será um momento incrível de adoração e celebração. Nossa experiência com pessoas de muitas nações aponta para este evento que um dia desfrutaremos.

Enquanto aguardamos esperançosamente por este alegre acontecimento, podemos abraçar a prática de festejar e nos alegrar entre o povo de Deus.

—*Amy Boucher Pye*

Como você imagina essa multidão
e o banquete das bodas do Cordeiro?

Cordeiro de Deus, que tiraste o pecado do mundo, obrigada pelo convite para o Teu casamento celestial.

21 de dezembro

Cuidando dos necessitados

Deuteronômio 15:7-11

...ordeno que compartilhem seus bens generosamente com os pobres e com outros necessitados de sua terra.
—Deuteronômio 15:11

Elvis Summers conheceu Smokey, uma mulher frágil que sempre lhe pedia latas vazias para vender. Elas eram a sua principal fonte de renda. Summers pediu que a mulher lhe mostrasse o local em que dormia. Smokey levou-o a um cubículo de 2 m de largura ao lado de uma casa. Movido por compaixão, ele construiu um abrigo simples que proporcionava a ela espaço seguro para dormir. Depois disso, Summers usou a página virtual *GoFundMe* (subsidie-me) e se uniu a igrejas locais para obter áreas para construir mais abrigos para outros sem-teto.

Na Bíblia, o povo de Deus é instado a cuidar dos necessitados. Quando Deus falou através de Moisés para preparar os israelitas para entrar na Terra Prometida, o Senhor os encorajou a não endurecerem o coração e a não fecharem a mão aos pobres (Deuteronômio 15:8). Mais adiante, a passagem afirma que "sempre haverá pessoas pobres na terra" (v.11). Não precisamos ir longe para ver essa verdade. Como Deus chamou os israelitas para que compartilhassem seus bens com os pobres e com os seus irmãos necessitados (v.11), também nós podemos ajudar os que necessitam.

Todos precisam de comida, abrigo e água. Mesmo tendo pouco, que Deus nos oriente a usar o que temos para ajudar os outros. Seja compartilhando um sanduíche ou uma roupa de inverno. As pequenas coisas podem fazer uma grande diferença! —*Julie Schwab*

Quem precisa da sua ajuda hoje?
O que você pode compartilhar?

Jesus, ensina-me a encontrar maneiras de ajudar o meu próximo. Por favor, dá-me um coração generoso.

22 de dezembro

O que eu deveria dizer?

Neemias 2:1-6

Depois de orar ao Deus dos céus, respondi...
—Neemias 2:4-5

Parei numa loja de livros usados e, ao manusear uma caixa de livros do autor C. S. Lewis, o dono apareceu. Conversamos sobre os títulos disponíveis e perguntei-lhe se ele se interessava pela fé que inspirou grande parte dos escritos de Lewis. Orei por orientação divina. Lembrei-me de sua biografia e conversamos sobre o enfoque do autor sobre Deus. No final, agradeci que a oração tinha reorientado a conversa a assuntos espirituais.

Neemias pausou para orar antes de uma conversa crucial com o rei Artaxerxes na Pérsia. O rei perguntou como ele poderia ajudar Neemias, que estava perturbado com a destruição de Jerusalém. Esse servo do rei não estava em posição de pedir favores, mas ele precisava de um grande favor. Neemias queria restaurar Jerusalém e orou "ao Deus dos céus" antes de pedir para deixar seu emprego para reconstruir a cidade (Neemias 2:4-5). O rei consentiu e concordou em ajudá-lo a preparar a viagem e adquirir a madeira.

A Bíblia nos encoraja a orar "em todos os momentos e ocasiões" e a sermos persistentes em "orações por todo o povo santo" (Efésios 6:18). Isso inclui os momentos que precisamos de coragem, autocontrole ou sensibilidade. Orar antes de falar nos ajuda a entregar o controle de nossas atitudes e palavras a Deus.

Como Deus deseja orientar as suas palavras hoje? Ore e descubra!

—*Jennifer Benson Schuldt*

Que situações em sua vida
podem se beneficiar mais da oração?

*Pai, entrego-te as minhas palavras.
Que sejam para a Tua glória e encorajamento a outros.*

23 de dezembro
Portadoras da imagem de Deus

Gálatas 3:26–4:7

*Pois todos vocês são filhos de Deus
por meio da fé em Cristo Jesus.*
—Gálatas 3:26

Entrei na sorveteria com meu filho birracial de 5 anos. O homem atrás do balcão olhou para nós, e perguntou-lhe: "Você é o quê?". Sua pergunta e tom me enraiveceram e trouxeram à tona a dor que, como mexicana-americana, eu experimentara como alguém fora do estereótipo. Aproximei-me de Xavier, olhando para o meu marido negro entrando na loja. O balconista nos atendeu em silêncio e com os olhos fechados.

Orei em silêncio por esse homem enquanto meu filho dizia os sabores do sorvete que queria. Arrependida de minha amargura, pedi a Deus que me desse um espírito perdoador. Com minha pele clara, mas não branca, eu tinha sido alvo de olhares semelhantes e dessa mesma pergunta ao longo de anos. Lutei com inseguranças e sentimentos de inutilidade até começar a aprender a adotar a minha identidade como filha amada de Deus.

Paulo declara que os cristãos são "filhos [e filhas] de Deus por meio da fé", de igual valor e lindamente diversos. Somos intimamente conectados e somos criados para trabalhar juntos (Gálatas 3:26-29). Deus enviou Seu Filho para nos perdoar e redimir dos nossos pecados. Tornamo-nos família através de Seu sangue derramado na cruz (4:4-7).

Somos portadoras da imagem de Deus, nosso valor não pode ser determinado pelas opiniões, expectativas ou preconceitos alheios. Somos filhas de Deus.
—Xochitl Dixon

Todos os filhos e filhas de Deus portam a Sua imagem.
Isso a ajuda a amar o outro como ele é?

*Deus Pai, ajuda-me a ver a mim
e os outros através dos Teus olhos e a amar
com o amor que procede de ti.*

24 de dezembro
O Príncipe da Paz

Isaías 9:1-7

…e ele será chamado de Maravilhoso Conselheiro,
Deus Poderoso, Pai Eterno e Príncipe da Paz.
—Isaías 9:6

Quando o resfriado de João virou pneumonia, ele foi hospitalizado. Alguns andares acima dele, sua mãe estava em tratamento devido ao câncer, e João sentiu-se sobrecarregado com as preocupações sobre a mãe e sua própria saúde. Na véspera de Natal, quando ele ouviu no rádio a canção "Noite Santa", João sentiu-se inundado por profundo sentimento de paz com Deus. Ele ouviu as palavras sobre essa ser a noite do nascimento do querido Salvador: "a alma cansada se alegra com tal esperança, pois ela traz o milagre de uma nova e gloriosa manhã!" (tradução livre). Naquele momento, todas as suas preocupações desapareceram.

Como Isaías profetizou — Jesus, o querido Salvador nascido por nós é o "Príncipe da Paz". Jesus cumpriu essa profecia ao vir à Terra como um bebê, trazendo luz e salvação para "os que viviam na terra onde a morte lança sua sombra" (Mateus 4:16; Isaías 9:2). O Deus encarnado concede paz àqueles que ama, mesmo quando enfrentam dificuldades e perdas.

No leito hospitalar, João experimentou a paz que "excede todo entendimento" (Filipenses 4:7) enquanto meditava sobre o nascimento de Jesus. Naquela área esterilizada e longe de sua família na celebração do Natal, esse encontro com Deus fortaleceu a sua fé e o sentimento de gratidão. Que nós também recebamos o presente da paz e da esperança em Deus. —*Amy Boucher Pye*

Qual o aspecto divino descrito em Isaías 9:6
que você mais precisa hoje? Por quê?

Deus da paz, quando estou ansiosa
e preocupada com muitas coisas,
ajuda-me a recorrer a ti e a receber a Tua paz.

25 de dezembro
A alegria de toda a Terra

João 3:1-8,13-16

Porque Deus amou tanto o mundo...
—João 3:16

Todo Natal decoramos a casa com presépios de todo o mundo. Temos uma pirâmide de presépio alemã, a cena da manjedoura feita de madeira de oliveira de Belém e uma versão folclórica mexicana. O favorito da nossa família é o presépio extravagante da África. Em vez das tradicionais ovelhas e camelos, um hipopótamo olha com atenção para o menino Jesus.

A perspectiva cultural única trazida à vida nessas cenas da natividade aquece o meu coração ao refletir sobre cada belo lembrete de que o nascimento de Jesus não era apenas para uma nação ou cultura. São boas-novas para toda a Terra, uma razão para as pessoas de todos os países e etnias se alegrarem.

O bebezinho retratado em cada um dos presépios revelou essa verdade do coração de Deus para o mundo inteiro. Como João escreveu em relação à conversa de Cristo com um fariseu muito inquisitivo chamado Nicodemos: "Porque Deus amou tanto o mundo que deu seu Filho único, para que todo o que nele crer não pereça, mas tenha a vida eterna" (João 3:16).

O presente de Jesus é uma boa notícia para todos. Não importa o local do seu lar, o nascimento de Jesus é a oferta de amor e paz de Deus para você. E todos os que encontrarem nova vida em Cristo, "de toda tribo, língua, povo e nação" um dia celebrarão a glória de Deus para todo o sempre (Apocalipse 5:9). —*Lisa Samra*

Como lembrar-se do amor de Deus pelo mundo inteiro pode trazer alegria neste Natal?

Pai, obrigada por proporcionares a salvação através do presente de Teu Filho.

26 de dezembro

Lembrada em oração

Gênesis 30:1-2,22-24

...Deus se lembrou de Raquel e, em resposta a suas orações, permitiu que ela se tornasse fértil.
—Gênesis 30:22

Assisti um culto no qual o pastor de uma igreja africana caiu de joelhos, orando a Deus e dizendo: "Lembre-se de nós!". Ele clamava e a multidão respondia: "Lembre-se de nós, Senhor!". Surpreendi-me por ter derramado lágrimas também. Isso lembrou-me de quando ouvia o nosso pastor fazer o mesmo apelo a Deus.

"Lembre-se de nós, Senhor!".

Quando criança, eu presumia que Deus às vezes se esquece de nós. Mas Deus é onisciente (Salmo 147:5; 1 João 3:20), sempre nos vê (Salmo 33:13-15) e nos ama além da medida (Efésios 3:17-19).

Além disso, como vemos na palavra hebraica *zakar*, que significa "lembre-se", quando Deus "se lembra" de nós, Ele age por nós. *Zakar* também significa agir em nome de uma pessoa. Assim, quando Deus "se lembrou de Noé e de todos os animais selvagens e domésticos que estavam com ele na arca. Deus fez soprar um vento sobre a terra, e as águas do dilúvio começaram a baixar" (Gênesis 8:1). Quando Deus "se lembrou" da esterilidade de Raquel, Ele "em resposta a suas orações, permitiu que ela se tornasse fértil. Ela engravidou e deu à luz um filho" (30:22-23).

Demonstramos confiança quando pedimos a Deus em oração para se lembrar de nós. Ele decidirá como responderá. No entanto, podemos orar sabendo que o nosso humilde pedido move o coração de Deus. —*Patrícia Raybon*

Em que área da sua vida você precisa que Deus se lembre de você?
Você está disposta a orar com essa intenção e propósito?

Pai, ensina-me a compreender-te ainda mais.
Molda-me, Senhor, como e onde achares necessário.

27 de dezembro

Não tenham medo!

Lucas 2:8-14

*Não tenham medo! […]
nasceu o Salvador, que é Cristo, o Senhor!*
—Lucas 2:10-11

Linus, em sua tira de quadrinhos Minduim, é mais conhecido por seu "cobertor de segurança" azul. Ele o carrega em todos os lugares e não tem vergonha de precisar dele para seu conforto. Sua irmã Lucy não gosta do cobertor e muitas vezes tenta se livrar dele. Ela o enterra, transforma-o em uma pipa, e chega ao ponto de utilizá-lo num projeto de feira de ciências. Linus também sabe que ele deve ser menos dependente de seu cobertor e o deixa de lado, de tempos em tempos, para sempre retomá-lo de volta.

No filme *O Natal de Charlie Brown* (1965), quando Charlie Brown frustrado pergunta: "Não há ninguém que saiba o que é o Natal?". Linus, com seu cobertor de segurança na mão, pisa no centro do palco e recita Lucas 2:8-14. E quando chega no verso em que declara: "Não tenham medo", ele deixa cair o cobertor — o objeto ao qual se agarrava quando sentia medo.

O que há no Natal que nos lembra que não precisamos temer? Os anjos que apareceram aos pastores disseram: "Não tenham medo […] nasceu o Salvador, que é Cristo, o Senhor" (2:10-11).

Jesus é "Deus conosco" (Mateus 1:23). Temos a Sua presença por meio do Seu Espírito Santo, o verdadeiro Encorajador (João 14:16), então não precisamos temer. Podemos nos desapegar dos nossos "cobertores de segurança" e confiar no Senhor. —*Anne Cetas*

Do que você tem medo?
Como a presença do Espírito Santo pode ajudá-la
com o que a preocupa?

*Deus, sei que és o maior Encorajador.
Ajuda-me a abandonar a
falsa segurança, e apegar-me somente a ti.*

28 de dezembro

A mão direita de Deus

Isaías 41:8-13

*...eu o seguro pela mão direita, eu, o S<small>ENHOR</small>,
[...] digo: 'Não tenha medo, estou aqui para ajudá-lo.*
—I<small>SAÍAS</small> 41:13

Levei meu cachorro já idoso para passear e, no processo, soltei a coleira do nosso cão mais novo, por apenas um minuto. Quando inclinei-me para pegar a guia, ele avistou um coelho e correu, arrancando a coleira da minha mão direita, com isso torceu o meu dedo anelar. Caí na grama e chorei de dor.

Depois dos cuidados de emergência, precisei de cirurgia. Implorei a Deus por ajuda: "Sou escritora! Como vou digitar? E as tarefas diárias?". Como Deus às vezes faz, Ele falou comigo por meio da minha leitura bíblica diária. "Pois eu o seguro pela mão direita, eu, o S<small>ENHOR</small>, seu Deus, e lhe digo: 'Não tenha medo, estou aqui para ajudá-lo" (Isaías 41:13). Estudei o contexto, e aprendi que o povo de Deus em Judá, a quem Isaías estava comunicando Sua mensagem, desfrutava de um relacionamento especial com o Senhor. Ele prometeu Sua presença, força e ajuda através de Sua própria justiça, simbolizada por Sua mão direita (v.10). Em outros lugares das Escrituras, a mão direita de Deus é usada para garantir vitórias para o Seu povo (Salmo 17:7; 98:1).

Durante a minha recuperação, Deus me encorajou enquanto aprendia a ditar no meu computador e treinar a minha mão esquerda em tarefas do cuidado doméstico. Deus promete nos ajudar com a Sua mão direita e a estar conosco encorajando-nos em nossas necessidades. —*Elisa Morgan*

Você precisa da ajuda de Deus hoje?
Você já experimentou a Sua ajuda antes?

*Poderoso Deus, preciso de Tua ajuda!
Coloco as minhas mãos cansadas em Tua poderosa mão.*

29 de dezembro

Melhor do que o ouro

Provérbios 3:13-18

A sabedoria é árvore de vida
para quem dela toma posse.
—Provérbios 3:18

Quando Edward Jackson partiu em busca de ouro para a Califórnia, durante a Grande Corrida do Ouro nos EUA, ele registrou no seu diário, em 20 de maio de 1849, a sua extenuante jornada de carroça, marcada por doenças e morte: "Não deixe meus ossos aqui. Se possível quero morrer em casa". Outro garimpeiro chamado John Walker escreveu: "É a loteria mais completa que você pode imaginar. Não aconselho ninguém a vir".

Walker, na verdade, voltou para casa e teve sucesso na agricultura, pecuária e política. Quando um parente seu levou suas cartas amareladas para um programa de TV, elas foram avaliadas em milhares de dólares. Como disse o apresentador: "Ele conseguiu algo valioso da Corrida do Ouro. Suas cartas".

Walker e Jackson voltaram para casa após adquirir a sabedoria que os fez viver com maior praticidade. Medite nestas palavras de sabedoria do rei Salomão: "Feliz é a pessoa que encontra sabedoria […] é árvore de vida para quem dela toma posse" (Provérbios 3:13,18). Uma escolha sábia "dá mais lucro que a prata e rende mais que o ouro" (v.14), tornando a sabedoria mais preciosa do que qualquer desejo terreno (v.15.)

"Com a mão direita ela oferece vida longa […] todos os seus caminhos levam a uma vida de paz" (vv.16-17). Nosso desafio, portanto, é nos apegarmos à sabedoria, não aos desejos esplêndidos. Esse caminho Deus abençoará. — *Patrícia Raybon*

Onde a sabedoria a pode levar?

Pai, inspira-me a buscar escolhas mais sábias
e a andar pelo caminho da Tua abençoada sabedoria.

30 de dezembro

Sabedoria e olhos abertos

Judas 1:17-23

Tenham compaixão daqueles que vacilam na fé.
Resgatem outros, tirando-os das chamas do julgamento...
—Judas 1:22-23

"O pastor precisa de muita sabedoria e mil olhos para examinar a condição da alma de todos os ângulos", escreveu João Crisóstomo. Essas palavras são parte de uma discussão sobre a complexidade de cuidar bem dos outros espiritualmente. Ele enfatizou que é impossível forçar alguém a se curar e que alcançar o coração do outro requer grande empatia e compaixão. Mas Crisóstomo advertiu que isso não significa nunca causar dor, pois "se for muito tolerante com quem precisa de grande cirurgia, e não fizer uma incisão profunda em quem a necessita, você a mutila e não atinge o câncer. Mas se você fizer a incisão necessária sem compaixão, muitas vezes, em desespero por conta de seus sofrimentos, o ferido abandona tudo e prontamente se joga de um penhasco".

Judas descreve complexidade semelhante na sua resposta aos desviados por falsos mestres, (1:12-13,18-19). No entanto, quando Judas mostra como responder a ameaças tão graves, ele sugere reação mais branda.

Judas ensinou que os cristãos devem enraizar-se ainda mais no amor de Deus (vv.20-21). Ao nos ancorarmos no amor imutável de Deus, encontramos a sabedoria para ajudar aos outros com a urgência, humildade e compaixão apropriadas (vv.22-23). Talvez seja essa a melhor maneira de ajudá-los a encontrar cura e o descanso no amor ilimitado de Deus. —*Monica La Rose*

Por que é crucial a "edificação no Espírito" (v.20)
antes de respondermos a ameaças?

Senhor, dá-me a compaixão para ver
"com os olhos bem abertos" os anseios dos outros
e mostrar-lhes Teu amor.

31 de dezembro

Fogos de artifício da vida

Efésios 2:12-18

Porque Cristo é nossa paz.
—Efésios 2:14

Na véspera de Ano Novo, os fogos de artifício estouram em todo o lugar. Os fabricantes dizem que eles se destinam a dividir a atmosfera, literalmente. As explosões do "repetidor" podem soar mais alto quando acontecem perto do chão. Os problemas também podem explodir em nosso coração, mente e lar. Os "fogos" da vida — lutas familiares, problemas de relacionamento, desafios de trabalho, tensão financeira e até a divisão da igreja — parecem explosões que sacodem nossa atmosfera emocional.

Porém, conhecemos o *Único* que nos eleva acima disso. Paulo escreveu: "Porque Cristo é a nossa paz" (Efésios 2:14). Ao permanecermos em Sua presença, temos a Sua paz que é maior do que qualquer perturbação e acalma o ruído da preocupação, mágoa ou desunião.

Os judeus e gentios viviam "sem Deus e sem esperança" (v.12). Enfrentavam ameaças de perseguição e de divisão interna. Mas em Cristo foram trazidos para perto dele e um do outro, pelo Seu sangue. "Porque Cristo é nossa paz. Ele uniu judeus e gentios em um só povo ao derrubar o muro de inimizade que nos separava" (v.14).

Ao começarmos um novo ano, com ameaças de inquietação e divisões estrondosas no horizonte, deixemos de lado as provações barulhentas da vida e busquemos a nossa Paz sempre presente. Jesus acalma os estrondos e nos cura.

—*Patricia Rayhon*

Quais "fogos de artifício" destroem a calma de sua vida?

Deus Consolador, quando as aflições da vida me chocam e perturbam, dá-me a Tua paz.

Pertence a

Pão Diário
Mulheres

Publicações
Pão Diário

Deus nos liberta de tudo o que pode nos paralisar pelo medo e vergonha.

Jesus pode transformar o pouco em muito.

Deus, fortalece a nossa fé para dependermos de Tua bondade e amor.

Deus nos envolve
com o Seu amor para
demonstrarmos graça aos
que nos magoam.

O Senhor nos dá sabedoria para percebermos Sua grandeza e glória em nossa vida.

A Palavra de Deus nos nutre e nos protege do pecado.

O Senhor nos resgata e nos traz de volta à Sua presença.

Deus nos sustenta com a Sua poderosa presença e amor.

O perdão de Deus nos transforma em novas criaturas.

Rendamo-nos a Deus que entregou o Seu Filho para morrer por nós.

Podemos compartilhar
a vitória de Jesus sobre
a morte com todos
ao nosso redor.

Jesus nos livrou da morte espiritual para que amemos ao próximo como Ele ama.

O amor do Pai traz justiça a todos.

O amor e o poder de Deus geram transformação e cura.

Deus nos ensina a prática da justiça, da misericórdia e do amor.

Deus é misericordioso e apaga a dívida que contraímos pelo pecado.

Deus é fiel e nos concede a fé para enfrentarmos as adversidades.

Deus alinha o nosso coração com a orientação do Seu Espírito para o compreendermos.

*O nosso Pai celeste
é imutável!*

Por pertencermos a Cristo temos a vida plena de esperança agora e para sempre.

Agradeçamos pelas bênçãos do Pai Eterno.

Deus sempre nos ajuda a reconhecer a Sua maneira de conceder alegria e paz.

Deus nos supre com o Seu amor infalível e substitui a nossa ganância por anseio por Sua presença.

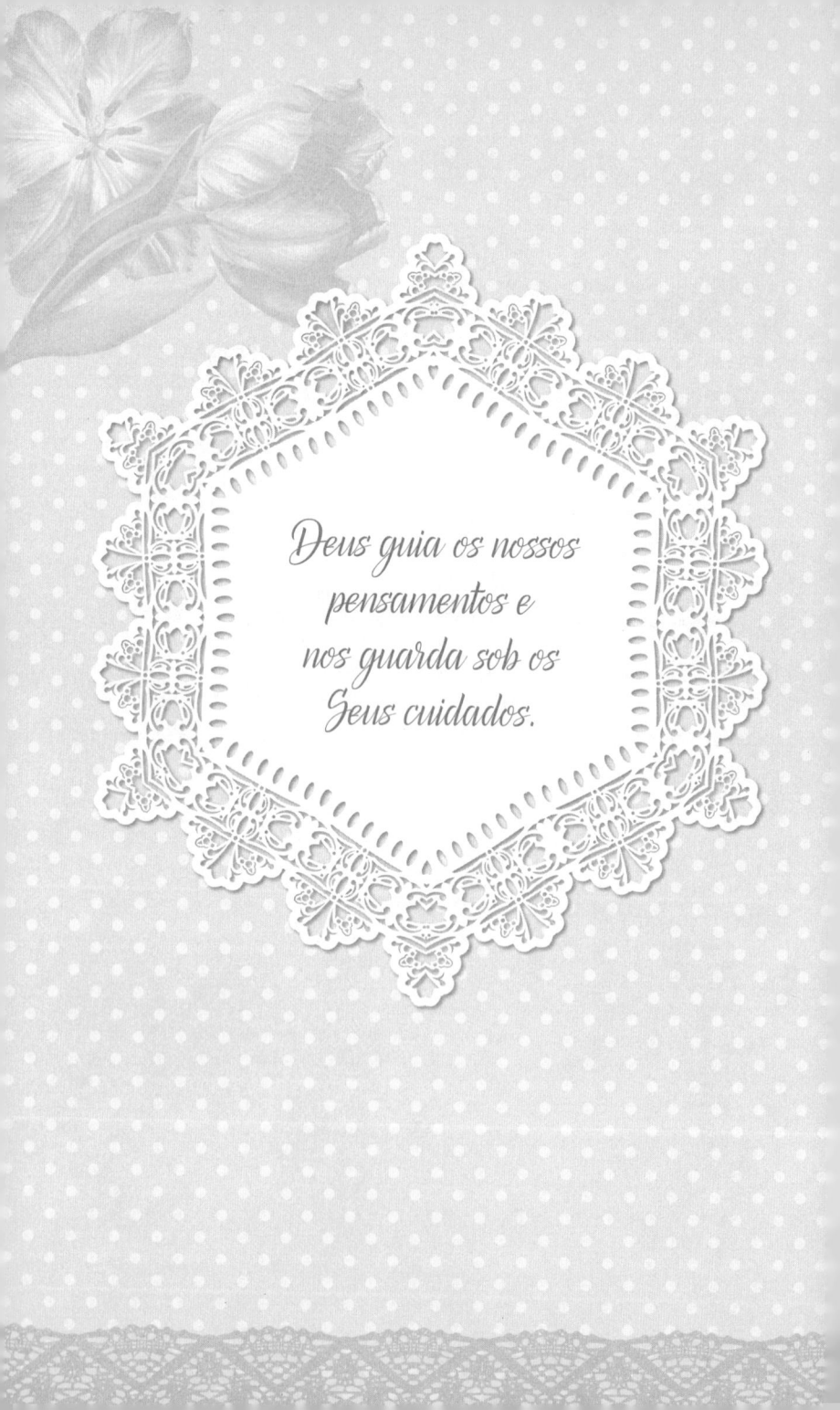

Deus guia os nossos pensamentos e nos guarda sob os Seus cuidados.

Frente aos desafios da vida, Ele nos concede a esperança.

Que gloriosa esperança! Um dia estaremos com Jesus na eternidade.

Vem, Senhor Jesus!

Deus sempre faz
"algo novo" em nós.
Confiemos nele em todas
as necessidades.

Ele ouve as nossas orações, conforta, concede paz e nos resgata do pecado.

Queremos conhecer o Senhor Jesus cada dia um pouco mais!

Queremos nos tornar mais semelhantes a Cristo.

Deus, celebro a minha identidade como alguém que foi criada por ti.

O Pai celestial nos dá discernimento para alcançarmos os outros pela amizade e comunhão.

O amor de Deus nunca falhará. Se faltar a esperança, a Sua fidelidade nos amparará.

O que precisamos deixar para trás para responder ao chamado de Cristo?

*O nosso amoroso Pai
nos guarda e nos abriga
ao trafegarmos pela
estrada da vida.*

Deus é bom e tudo o que Ele faz é perfeito!

Pai, ensina-nos a nos contentarmos quando nos colocamos em Tua fiel presença.

Deus abre os nossos olhos às necessidades das pessoas próximas ou distantes.

Senhor, ensina-nos a auxiliarmos uns aos outros.

Deus ouve as nossas petições e clamores.

O Senhor nos transforma para que cumpramos a Sua vontade.

*Pai celestial, ajuda-nos
a ansiar por ouvir a
Tua voz mais e mais.*

Deus de amor, ajuda-nos a confiar em Tua fidelidade sem nos importarmos com as circunstâncias.

Somos gratas pela presença reconfortante do Espírito Santo em nossa vida.

Jesus, ajuda-nos a te servir com alegria enquanto aguardamos o Teu retorno.

Temos o privilégio de entrar na presença de Deus em oração.

Deus Todo-poderoso, capacita-nos a permanecer em Teu amor.

Pai, que a Tua Palavra produza bons frutos em mim.

Pai, ajuda-nos a ser persistentes no estudo da Tua Palavra e na busca da Tua sabedoria.

Deus nos concede um porto seguro e de amor inabalável.

Deus é amor e nos incluiu em Sua história. Que o amemos como Ele nos ama.

Obrigada Senhor pelas amáveis cartas que a Bíblia contém!

Jesus, faz do nosso coração a Tua casa. Guia-nos para refletirmos a Tua presença.

Deus nos projetou para vivermos com alegria e propósito.

Agradeçamos ao Senhor pelo dom da oração intercessora.

Ele nos assegura de que ouve as nossas petições e cuida de nós.

Recebemos a amorosa correção do Senhor para crescer em sabedoria e entendimento.

Jesus traz significado e propósito a tudo o que fazemos.

Deus nos inclui em Seu plano de amor.

Jesus, ajuda-nos a representar-te bem com nossas palavras e obras.

O nosso Pai celestial é o amoroso Bom Pastor.

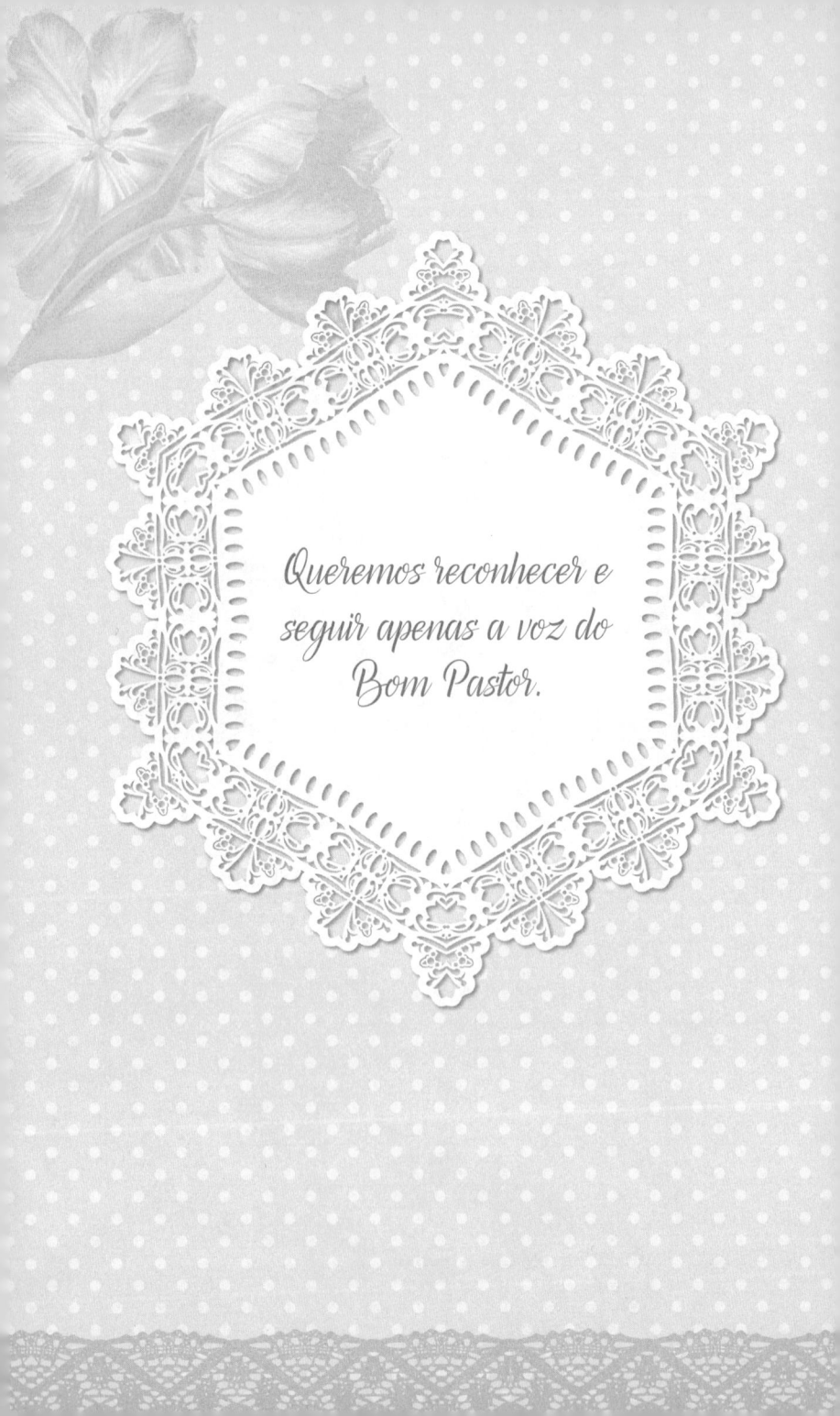

Queremos reconhecer e seguir apenas a voz do Bom Pastor.

O Senhor nos ama e remove as ervas daninhas que surgem pelo caminho.

Deus nos capacita para cumprirmos os Seus propósitos.

Celebremos a ressurreição e a nova vida que experimentamos em Cristo.

Somos agradecidas pela nova vocação que nos deste por meio de Jesus e do Teu Espírito que habita em nós.

O Bom Pastor cuida das Suas ovelhas.

Sentimo-nos humildes diante de Tua vasta criação, Tua provisão e amparo.

Deus é digno de todos os nossos louvores!

Deus nos capacita a passarmos pelas ondas da vida ancoradas em Sua fidelidade.

Pai, sempre te buscaremos, até quando estivermos perdidas no deserto.

Deus de amor, em meio às dificuldades, desperta em nós o espírito de louvor a ti.

Ajuda-nos a sermos empáticas e compassivas.

Jesus, graças te damos por nos libertares das consequências do pecado.

*Precisamos de ti
e agradecemos por
estares sempre ao nosso
lado, Jesus!*

Somos gratas por Tua presença reconfortante.

Ajuda-nos a ser conforto e encorajamento aos que nos cercam.

Deus de amor, recorremos a ti por inspiração para nos livrar-nos do medo.

Porque Deus nos ama, podemos amar uns aos outros.

Jesus, queremos criar raízes cada vez mais profundas em Teu amor.

Jesus, graças por brilhares mais do que o Sol e afastares as trevas.

Jesus nos concede a vitória sobre as tentações pelo poder da Sua ressurreição.

Pai, ajuda-nos a lembrar que somos preciosas aos Teus olhos.

Jesus é o presente de Deus para nós e Ele nos concede a verdadeira paz.

Deus é Criador e Sustentador de tudo e todos os dias nos convida a conhecê-lo mais.

Quando enfrentamos dias difíceis, Ele envolve o nosso coração com Seu doce Espírito.

Deus nos ajuda a encontrarmos as palavras certas para compartilhar Seu amor.

O Senhor nos criou, conhece-nos e nos ama.

Que nunca duvidemos do quanto o Senhor se importa conosco.

Reconhecemos que Deus é bom e fiel e que firmará os nossos passos.

Quando estamos desencorajadas, Jesus nos capacita para oferecermos o Seu amor com ousadia.

Deus nos dá oportunidades de doarmos com abnegação e sacrifício como recebemos do Senhor.

A generosidade demonstra confiança na amorosa e fiel provisão de Deus.

Quando a vida parece complicada e difícil, Deus ouve até mesmo os nossos gemidos.

Somos gratas pela salvação pela graça por meio da fé em Jesus.

Publicações Pão Diário
Caixa Postal 4190, 82501-970 Curitiba/PR, Brasil
publicacoes@paodiario.org
www.publicacoespaodiario.com.br
Telefone: (41) 3257-4028

Edição e revisão: Adolfo Hickmann, Rita Rosario, Thaís Soler
Projeto gráfico e diagramação: Audrey Novac Ribeiro
Imagens: © Shutterstock

© 2022 Ministérios Pão Diário. Todos os direitos reservados

Código: PS796

Impresso na China